総合商社の本質

「価値創造」時代のビジネスモデルを探る

垰本 一雄 ・著

Kazuo Taomoto

General Trading Company

東京 **白桃書房** 神田

はじめに

　筆者は，2017年3月に広島大学大学院社会科学研究科マネジメント専攻の博士課程後期を修了した。本書は，この課程において完成した博士論文，「総合商社機能の本質に関する研究―マーケティングの観点から―」に，一部加筆修正したものである。

　なぜこのテーマで博士論文を執筆することになったのか。それは論文の指導教官である村松潤一教授（現岡山理科大学）との出会いに始まる。

　大学を卒業してから筆者は，ある総合商社に勤務した。若くして他の職を求めてしまったが，学窓を離れて最初に勤務したのが総合商社であったことは，その後のビジネスマンとしての生き方に大きな影響を与えてきたように感じる。社会に出て最初に受けた総合商社での訓練が基礎になり，商社マン的な行動を好む人間になったのかもしれない。あるいは商社マンの生き方の中に，自分の性に合っている部分がたくさんあったのであろう。総合商社を離れてからは，主に経営戦略コンサルタントとしてのキャリアを積み，7年ほど前に大学で教鞭を執る身となった。

　ビジネスマンから，研究者に方向転換したわけだが，米国の経営大学院（ビジネススクール）で学んだ経験があるとは言っても，研究の世界では駆け出しである。研究者の道で生きて行こうとするなら，あるいは何らかの学問領域で社会的に真に貢献できる専門家になるためには，博士論文を世に出すプロセスを通じて，遅まきながら研究者としての実力を飛躍させておくことが必要ではないかと考えていた。

　その頃，紹介してくれる方があって，村松教授にお目にかかる機会を得た。そして，企業と顧客の価値共創を核とする起点論的マーケティングに初めて触れ，この理論を自分なりに研究し深く掘り下げていきたいと願うようになった。経営戦略コンサルタント時代に，『図解実践顧客満足経営』という書籍をコンサルティング経験に基づいて出版していたが（1998年，東洋経済新報

社刊），当時語られ始めた顧客関係を重視するマーケティング手法は，伝統的な理論ではうまく説明できないことを理解していた。この価値共創を核とするマーケティング理論であれば，顧客関係を重視する企業の行動をきちんと説明できるのではないだろうかと，期待を持った。また若き日の総合商社勤務時代は，まさしく本書で紹介する「商社冬の時代」そのものであり，総合商社の存在意義とは一体何なのかという真剣な疑問を感じながら仕事をする日々であった。そのことを思い出して，この理論を基にすれば，何らかの答えを導き出し総合商社にも社会にも恩返しができる，と考えた。

　さらに村松教授から，「総合商社は，価値共創型企業システムの源流として位置づけられるのではないか」という，貴重な示唆を得たこともあり，総合商社機能の本質を，価値共創を核とする起点論的マーケティングで解き明かすことが，博士論文のテーマになったのである。

　膨大な先行研究を見たが，総合商社とは本質的に何であるのか，その疑問にきちんと理論的な深みを持って答えてくれる研究はなかった。本研究を通じ，その答えを明らかにすることを目指した。そこでは，新しいマーケティング理論に基づく価値共創型企業システムを枠組みとして用いることによって，総合商社の本質的な機能，社会経済に提供している存在意義が何であるのかを，明らかにすることができたものと信じている。結論をいえば，総合商社機能の本質，存在意義は，ビジネス創造なのである。他の企業では，総合商社が提供しているようなビジネス創造の働きはできない。本研究によって，この点を明確にすることができたものと思う。もちろんまだ精緻化するべき部分も多い内容であり，読者からの批判や指摘を受けて，さらに研究を深めていきたいと考えている。

　本書の元となった博士論文をまとめる過程では，色々な方々にお世話になった。この場を借りて，心からの感謝を申し上げたい。

　指導教官であった村松教授には，博士論文の大前提となる新しいマーケティング理論に基づく企業システムの考え方を教えていただいた。それがなければ，この論文をまとめることはできなかった。また博士論文執筆にあたっ

ては，常に的確な助言を受けることができた。さらに，広島大学大学院社会科学研究科マネジメント専攻の椿康和教授，星野一郎教授には，博士論文の完成に向けて，副査として貴重な助言を多々いただいた。

当時広島大学経済学部におられた矢野順治教授（現鳥取環境大学）には，村松教授との出会いという素晴らしい縁を与えていただいた。所属する学会での発表の際にも，色々な研究者から的確なコメントを得て，その後の研究深化に活かすことができた。また，村松教授の下で共にマーケティング理論を学んでいる研究者達，あるいは所属する大学からも，多くの親身な支援を受けた。

総合商社や関係する企業の社員やOBの方々からも，懇切な協力を得た。博士論文で取り上げた事例についてインタビュー調査を引き受けていただいた各社の担当者の皆さん，そうした方々を紹介し論文の内容に助言をしてくれた個人的な友人達，かつての総合商社時代の上司・同僚などである。

さらに本書の出版を快く引き受けていただいた，株式会社白桃書房の大矢栄一郎代表取締役にも，お礼を申し上げる。

最後に，いつも私を支えてくれる家族の皆にも，感謝を捧げたい。

2017年12月
広島市の自宅にて
垰本　一雄

【目次】

$2_{章}$　先行研究のレビュー

3章　理論的枠組みの構築

4章 事例研究の方法と対象

5章 明治時代の三井物産による綿製品の清国輸出

6章 A社による国内化学品の商権ビジネス

7 章 三菱商事の中国における医療材料の流通効率化事業

8章 三井物産のアジアにおける医療サービス事業

9章 考察と結論

終章

序章

1▶研究の背景と問題意識

　総合商社の2016年度連結決算を見ると，これまで業界第1位・第2位の座を占め戦前から続く総合商社の典型とされてきた三菱商事と三井物産が，前年度の資源安による巨額の赤字から黒字に転換したほか，非資源分野を強化する伊藤忠商事が順調に業績を伸ばしている[1]。大手5社全体としては，三菱商事と三井物産の業績回復と共に当期純利益が前年度比著しく増加して，ほぼ10倍となった[2]。

図表序-1　大手総合商社5社の当期純利益（親会社の所有者帰属分）　（単位：億円）

国際 会計基準	2013 年度	2014 年度	前年度比 増減	2015 年度	前年度比 増減	2016 年度	前年度比 増減
三菱商事	3,614	4,006	392	-1,494	-5,500	4,403	5,897
伊藤忠商事	2,453	3,006	553	2,404	-602	3,522	1,118
三井物産	3,501	3,065	-436	-834	-3,899	3,061	3,895
住友商事	2,231	-732	-2,963	745	1,477	1,709	964
丸紅	2,109	1,056	-1,053	623	-433	1,554	931
5社合計	13,908	10,401	-3,507	1,444	-8,957	14,249	12,805

出所：各社有価証券報告書。

1　本書では基本的に，株式会社など法人の種類を表す名称は省略する。
2　総合商社の大手5社は，マスメディア報道などにおいて，財閥系の三菱商事，三井物産，住友商事と，非財閥系の伊藤忠商事，丸紅，とされている。

代表的総合商社とされる三菱商事の純利益の規模は，資源価格下落の影響などで激減した2015年度こそ1,500億円近い赤字となっているが，近年はほぼ3,000〜4,000億円のレベルで推移しており，わが国経済において巨大な存在であることは明白である。わが国でこのレベルの純利益を上げている企業は20社程度しかなく，上位の大手総合商社はその中に含まれている。そして，明治時代以来，わが国経済の発展に貿易面を中心に大きく貢献してきた存在として，日本株式会社をリードしてきた組織として，総合商社の重要性は際立っている。これからも様々な新しい動きを見せて，今回のような苦境を乗り越え，貢献を続けていくものと考えられる。

　しかし直近の業績激変を背景にして，この業種に関するマスメディアなどの否定的コメントも出ており，歴史的に何度も繰り返されてきた商社否定論が再び頭をもたげる可能性もあるのではないか，と危惧している。特にその総合性については，株式市場などからコングロマリット・ディスカウントの形で否定的に捉えられると，実力が過小評価されることにもつながる。

　総合商社は後述するように，ほぼ日本独自の存在であって，海外からも何をしているのかよく分からない業種として捉えられている。そもそも英語の会社名も，それを見るだけでは何をしている企業なのか理解できないものになっている。例えば，三菱商事は Mitsubishi Corporation，伊藤忠商事は ITOCHU Corporation，三井物産は Mitsui & Co., Ltd. であり，英語表記では，事業内容を示すと考えられる「商事」あるいは「物産」に該当する言葉は用いられていない。特に，三菱商事と三井物産については，理解の浅い外国人の目から見ると，戦前の三菱財閥・三井財閥そのもののように考えられてもやむを得ない面はある。この英語表記の会社名は，大手総合商社自身も，自分達の事業内容が総合的で，特定の事業だけを展開する企業であるとは考えていないことを示唆しているのではないか，と思わせる。

　そして過去何度も商社否定論が繰り返されてきた根本的な理由は，この「総合商社」なる企業・業種が一体何を存在意義としてここまで発展してきたのか，その機能の本質が何なのか，そうした点が，国内外の外部第三者の目で見た場合，明確に説明されていないからなのではないだろうか。

　特に過去の総合商社に関するマスメディアの捉え方は，その本質的な機能

をはっきりと理解しきれていないこともあり，財務的・表面的な実績だけを見た評価を繰り返してきたように見える。

戦後になって多々蓄積されてきた総合商社に関する学術的な先行研究を見ても，その独自の存在意義つまり機能の本質を，単純明快に示したものはないようである。

業界団体である一般社団法人日本貿易会の研究成果をまとめて出版した田中隆［2012］は，「あえて『収益モデル』を念頭に置いて現在の総合商社を表現するならば，それは『総合事業運営・事業投資会社』である」（240頁）としており，近著の田中隆［2017］もこの表現を繰り返している（20頁）。また2015年に三菱商事から出版された書籍の標題は，『BUSINESS PRODUCERS 総合商社の，つぎへ』であり，総合商社がビジネス創造者であることを示しているように見える。しかし，これらの表現はあまりにも総論的であったり，コンセプトを示していたりするにすぎないのではないだろうか。またそうした表現を裏打ちする何らかの理論的な枠組みを基に提示されているわけでもないので，これらの表現から直接に総合商社機能の本質を語ることは難しいと考えられる。

こうしたことから，総合商社が社会に提供している，総合商社にしか実現できない本質的な機能，存在意義は，今に至るまで，学問的にもマスメディアからもあるいは実務的にも，簡潔明瞭に整理され説明されてはいないのではないかと思慮している。

原型とされ，明治時代の後半には現在の総合商社の姿を実現していたとされる三井物産が，今もなお企業として存続し（戦後一度完全に解体され，全てにおいて一貫性・同一性を維持してきたわけではないにしても），有力な総合商社であり続けているのはなぜか。それは，同社が総合商社として持っている機能の本質，社会に提供している存在意義が変わっていないからなのではないだろうか。そうでなければ，今まで140年以上にわたって実質的に1つの企業として存在し続けることはできなかったであろう。

Schumpeter［1928］が企業について語った「企業は絶え間なく変化してはいるが，しかしその根本は変化していない。」（p.478，訳書10頁）という表現にあるように，総合商社も一見すると絶え間なく変化しているが，その根本

は変化していないのではないだろうか。

　大手総合商社の業績が激変しあらためて注目を集めている今こそ，「総合商社の機能の本質とは何か」を問い直し，端的に説明できようにすることが，無用の議論の混乱を避け，わが国の経済発展を牽引してきたこの業種を正しく評価するために必要なことであると考えている。

2 ▶ 研究の目的とアプローチ

2.1　研究の目的と課題

　上記のような問題意識を受けて，本研究の目的は，

　「総合商社の機能の本質とは何かを明らかにすること」

である。総合商社でなければ実現できない独自の機能は何か，他の業種が担当することのできない総合商社だけの本質的な機能は何か，この業種が社会経済から必要とされている理由，その存在意義，そうしたことを明らかにすることである。

　この目的を達成するために，次の研究課題を設定する。

　　課題１：総合商社の企業間関係は，どのように構成されているものなのかを解明し，提供する価値が何でありどこでどのようにして実現されているかを説明するための，理論的な枠組みを構築する。

　　課題２：その理論的枠組みを用いて，代表的な総合商社のビジネスの事例を分析することを通じて，働きの全体構造を整理して明確にする。

　　課題３：構築した理論的枠組みが，研究目的を果たすために妥当であったかどうか，検証してその正しさを確認する。

　本研究では，この３つの課題を解決して，研究目的を果たす。

2.2　課題の深化

　今も総合商社に関する新聞・雑誌の記事は常に目につくし，大学生の就職希望企業の人気ランキング調査では，トップの位置にあることも多い。総合商社は，何かにつけて，社会の注目を集める存在なのである。

　しかしこの総合商社なる企業・業種とは一体何であるのか，その点を突き詰めて分析し，理論的に解明した研究は，実はこれまでなかったのではないだろうか。

　総合商社研究については，すでに吉原［1979］が指摘していたように，特定のテーマの解説あるいは概観の総論的研究が多く，「これまでに多くの研究者によって，商業の分野における総合商社の競争上の地位について，以上みたようにさまざまのことが指摘されてきた。では，そこに指摘されたさまざまの点を統一的に説明できる理論的フレームワークは提示されたであろうか。残念ながらそのような理論的な研究は，まだ行われていないように思われる。それは総合商社研究の課題として残っている」（70頁）のが，現実であった。このことは，今も大きくは変わっていないようである。そして第2章において先行研究をレビューして理解できるように，残念ながら事実として，総合商社の機能の本質を何らかの理論的フレームワークによって明らかにした研究は，現在まで出ていない。

　本書は，そうした認識の上に立って，総合商社の機能の本質を新しい理論的フレームワークすなわち枠組み（本研究では，「枠組み」で統一する）を用いて明らかにすることを目指している。総合商社の企業間関係を解明するために，最も説明力の強いと思われる理論的な枠組みを構築して，それを用いて，総合商社が提供する価値とその実現の仕組みの明確化を行う。

　課題1については，そもそも総合商社が新たな事業を展開するほとんど全ての場合において，パートナーの存在を前提に活動していることが背景にある。新聞・雑誌の記事等で，総合商社が何か新しい事業を展開する際には，「総合商社X社は，Y社と『組んで』，新しい事業を展開することを発表した」などと紹介されている。したがって，事業のパートナー（その存在は多くの場合，営利企業であることから，本書では，総合商社にとっての「顧客企業」と呼ぶ）との関係を中心に，総合商社の企業間関係を理論的に解明するための枠組みが必要となる。新たな理論的枠組みを構築し，この課題を解決する。

　課題2については，過去，総合商社の個々の機能が数多く議論されてきており，日本貿易会が示す8つの機能に集約されている感があるが，そうした機能の「個別論」で本質は説明しきれないのではないか，という認識が背景

となる。既述のように，最近の代表的な総合商社研究である田中隆 [2012]・[2017] も，総合商社を総合事業運営・事業投資会社と表現して一面の真実を示しているが，何らかの理論的な枠組みを用いた上での説明ではなく，まだ収益モデルに着目した概観の総論的表現に止まっており，機能の本質を示しているとはいいにくいように思われる。

　そもそも，商業資本論の森下 [1977] が言うように，「およそ機能なるものは本質の展開としてとらえられるべきものであってその逆ではない。その機能をどれほど詳細に分析してみたところで，あるものの本質をとらえることはできない。」(24頁) のである。同様に島田 [1990] も，商社は「単に個々の機能を切り売りするわけではなく，諸機能を果たすかたちで，取引そのものの形成，遂行にかかわっている。」(16頁) とし，さらに「どの企業も見方によっては同じ機能を営んでいる。そのために商社の個々の機能を強調することが逆効果になることもある。」(17頁)，としている。

　つまり，総合商社の機能を本質として総体的に捉える努力こそが必要であり，商取引や金融など個別の機能を抽出してそれぞれについて論じるのではなく，総合商社が「全体構造」として創造している価値，そしてそれが実現されている仕組みをきちんと説明できるようにすること，それが重要なのである。

2.3　研究のアプローチ

　上の3つの課題を解明し，研究目的を達成するために，以下のアプローチで研究を進める。

　まず過去蓄積されてきた膨大な総合商社に関する研究について，課題1に対応し，企業間関係や価値の実現とその仕組みに焦点を当てて，これまでに語られてきたことを整理する。その上で，先行研究では，総合商社の企業間関係，価値，実現の仕組みなどについて何が語られてきたのか，そして総合商社の機能の本質，総合商社でなければできない働きが何であるのかをなぜ明らかにすることができなかったのか，その問題点を抽出する。

　そこでは具体的に，企業間関係，価値の実現およびその仕組みについて，先行研究で欠けていた点を指摘する。その上で，機能の本質に迫ることを困難

にしていた問題点を克服して分析を進めるために構築されるべき，理論的な枠組みの要件を整理する。そしてその要件にしたがって，総合商社の企業間関係を軸に働きの総体を全体構造として整理できる理論的枠組みを，先進的な研究に基づく理論を応用することによって構築する。

先行研究の整理と問題点の抽出，それを克服して分析を進めるための理論的枠組みに求められる要件の整理，そして要件に対応した理論的枠組みの構築，これらを行うことが，課題1の解決である。

それに続きこの理論的枠組みを用いて，総合商社の働きの全体構造を整理して明確にすることが，課題2の解決である。そのために，複数の事例を選定して，理論的枠組みを用いた事例分析を行う。

最後に，事例分析の結果をまとめて，総合商社機能の本質の明確化を実現する。また本研究におけるこの理論的枠組みの妥当性を検証し，正しさを確認することによって，課題3を解決する。

結果として，課題1，2および3を解決し，本研究の目的を達成したことを明らかにして，研究をまとめる。

3 ▶ 本書の構成

序章では，研究の背景や問題意識を述べた後，研究の目的とそれを達成するためのアプローチを提示して，本書全体の構成を要約する。

続いて第1章で，まず総合商社とは何かを定義しその歴史を簡単に紹介した後，第2章で，主要な先行研究のレビューを行う。総合商社の企業間関係の構成，実現する価値とその方法などの視点で，大きく3つの時代区分（1950年から1970年代まで，1980年から1990年代まで，2000年代以降）に対応させて，各時代の総合商社の状況に対応して発表された主要な研究の概略を紹介する。そして，まず本研究の課題1を解決するためには，どういう問題点があるのかを明示する。次に，問題点を克服するためには，どういう要件を満足する理論的枠組みを構築すればよいのかにつき，要約して示す。

第3章では，総合商社を見るために必要な視点として，商学の概念を捉え

直す。そして先行研究ではすでに，コンセプト的にではあるが，総合商社が果たしている役割はビジネス創造であると指摘されていることを，再確認する。さらに総合商社機能の本質を見るには，ビジネスモデルの考え方が重要であることから，ビジネスモデル（本研究では，「企業システム」と呼ぶ）について考察し，それが，ビジネスシステムと収益モデルに区分して捉えられることを明確にする。また，総合商社は常にパートナーとしての顧客企業と価値を共創しようとする存在であるので，組織間関係の理論を，本研究にどう持ち込むのが適切か検討し，それが本研究の基礎理論としては十分でないことを示す。その理論に代わって，企業と市場の関係を正面から捉えるマーケティング理論を取り上げる。総合商社機能の本質を的確に捉えるためには，マーケティング理論に基づく価値共創型企業システムの採用が適当であることを述べ，その企業システムが提唱された学問的な背景を整理する。そして，本研究の課題1の解決を目指し，総合商社を分析するための価値共創型企業システムを，その全体の構成要素を明らかにすることを通じて，理論的な枠組みとして構築する。

第4章では，構築した価値共創型企業システムの枠組みを用いて，複数の事例を分析するための，方法と対象についてまとめる。まず研究の方法について，本研究の目的を達成するためには，どのリサーチ戦略が効果的なのか，複数事例を用いるのはなぜかなどを，検討する。本研究では，歴史的リサーチとケース・スタディを用いることを確認する。その上で，研究対象の事例をどう選定したのか，その根拠を明確にして示し，各事例について簡単に紹介する。

以下，第5章から第8章で，総合商社の価値共創型企業システムの枠組みを構成する7つの要素を，分析の共通の概念カテゴリーとして用いて，歴史的リサーチとケース・スタディによる事例分析を行う。

第5章では明治時代の三井物産による綿製品の清国輸出という歴史的な事例を，第6章では高度経済成長期の総合商社A社による国内化学品の商権ビジネスという，戦後昭和期に創造され今も継続されている事例を，分析する。

さらに現在のビジネス創造の事例として，第7章で三菱商事の中国における医療材料の流通効率化事業を，第8章で三井物産のアジアにおける医療サ

ービス事業を，分析する。

　これらの事例研究は，課題1を解決するために構築した理論的枠組みを用いて事例を分析し，課題2を解決するためのものである。

　第9章では，事例分析の結果をまとめて考察を加え，総合商社機能の本質とは何であるのかを明確にする。また課題3の解決のために，理論的枠組みの妥当性を検証する。

　終章で本研究全体をまとめ，そのインプリケーション，残された課題などについて整理する。この研究は，マーケティング理論あるいは商学の観点に基づき，総合商社の現実をふまえて機能の本質を明らかにした研究，として位置づけられる。

図表序 -2　本書の構成

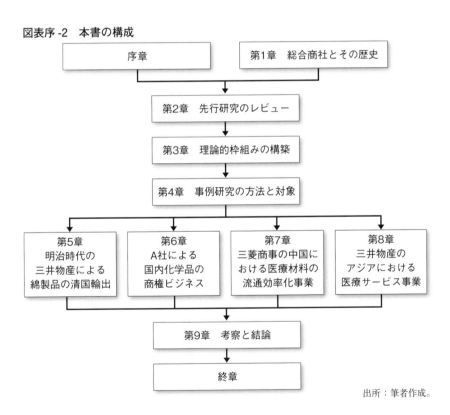

出所：筆者作成。

1章

総合商社とその歴史

先行研究のレビューや個別の研究課題の解決に入る前に，まず，そもそも総合商社とは何であるのか，どのような歴史をたどって現在企業として活躍しているのかについて，概観して整理する。

1▶総合商社の定義

理論的な総合商社研究が本格的に始まったのは，1960年代である。そもそもこの「総合商社」なる企業あるいは業種を示す言葉は，1955年頃からわが国の貿易業界およびジャーナリズムで使われるようになったとされている（栂井［1974］10頁）。学問的な研究としても，松井［1952］の中に，すでに三大繊維商社の1つG商社（江商のことと推測される）が，「繊維専門商社として発足しているけれども，今日ではその他の商品をも取扱ういわゆる綜合商社である」(72頁)，との表現も見られる。

そして数多くの内外の研究において，総合商社は日本独自の存在であることが指摘されている。

総合商社をどう定義するかについては，過去様々な意見があり，総合商社が生まれた時期についても多少の議論があった。後者についてはすでに明治20年代末期から30年代にかけて，1890年代末までには，最初の総合商社たる三井物産が体制を確立させていたという見解が一般化していると見られる（木山［2009］など）。

　総合商社の定義に関しては，栂井［1974］が，「わが国の諸学者の間において，『総合商社』についての共通した概念や定義が成立しているわけではない。」（9頁）としていたことは事実である。しかし最近の出版である田中隆［2012］・［2017］が現代の総合商社の定義として認めている，川辺［1991］（139-140頁）による以下の特徴を，本研究においても合理的な前提として認めたい。これは，他の貿易商社と区分して総合商社と呼ぶ理由として挙げられている特徴である。

①　取引商品が多種類にわたること。

②　国内および海外に多数の支店・出張所をもち，その取引分野が国内商業・輸出入貿易および三国間貿易（外国間貿易）にわたること。

③　取扱高が巨大であること。

④　一方で機械・技術・原材料を産業に提供し，他方ではその製品のための市場を開発するという活動を通じて，産業に対するオルガナイザー[1]の役割を果たすこと。

⑤　一手販売権の獲得などのため資金の供与によって，多くの子会社・関係会社をもち，持株会社的性格を備えること。

⑥　近代的経営管理システムを有すること。

　なお卸売業を中心に置く商業資本について，一般には，国内取引を中心とする卸売商業を問屋，貿易取引を中心とする場合を商社と呼ぶようである（例えば，内田［1967］20頁）。また，主として少数の特定商品の種類に取扱いが偏っている卸売企業を，専門商社と呼ぶ。

　しかし，総合商社という企業・業種が一体何をその機能の本質としているのかについては，こうした定義から，十分な理解ができるとは思えない。そもそも「何を生業としている会社なのか，海外投資家にいちばん理解してもらえないのが日本の総合商社だ」（小栗他［2011］30頁でオーストラリア企業であるマッコーリーキャピタル証券のポリーナ・ディアチキナ・シニアアナリストのコメントとして紹介）とまでいわれている事実は，総合商社の存在

1　川辺［1991］139頁，商社機能研究会［1981］28頁などでは，「オルガナイザー」あるいは「オルガナイズ」と表記されているが，本研究では，原文を引用する場合を除き，日本貿易会の表記「オーガナイザー」あるいはそれと同様の「オーガナイズ」に統一する。

意義の説明に対する疑問の提示であり，その解明は学問的にも大きな課題として認識すべきと考えている。

　なお序章の脚注2で示したように，マスメディア報道などでは，伊藤忠商事，住友商事，丸紅，三井物産そして三菱商事が大手総合商社とされている。日本貿易会では，この5社に豊田通商と双日を加えた7社を総合商社としているが，この5社が上のような特徴を強く持っており，典型的な総合商社として紹介されてきたことも事実である。本研究でも，これら大手5社を今の時代の代表的総合商社として認めて，分析を進めていく。

2 ▶ 総合商社の歴史

　総合商社の歴史を，先行研究を参考にしつつ，明治時代の創設期から現在に至るまで，簡単にまとめる。

　時代区分としては，明治時代の総合商社の創設から太平洋戦争に至るまでの戦前を1つの時代とする。そして太平洋戦争終結後，現在までの時代を3つに分ける。戦後から，高度経済成長の時代を経て，それが終焉し商社買占め批判が巻き起こった1970年代まで，その後，冬の時代を超えて総合商社がリストラをほぼ完了したとされる1990年代まで，そして2000年以降現在まで，3つの区分である。

2.1　誕生と発展：戦前

　最初の総合商社とされる三井物産は，1876（明治9）年[2]に，外国商人に牛耳られていた外国貿易の商権[3]をわが国に取り戻すために設立された。その後，同社などわが国の貿易商社の活躍により，外国貿易の商権は少しずつ回復されていった。同社は，1893年に合名会社に改組した後に，綿紡績業とも結びつき取扱品目を大きく増やして，総合商社化していき，1890年代末には日本

2　本書では，年の表記は原則として西暦に統一するが，その年が重要な場合には，1876（明治9）年のように，（　）内にわが国の元号による表記を示す。

3　総合商社の商権については後に定義を紹介するが，ここでは，「独占的に貿易取引を行うことのできる権利」の意味。

の総輸出入額の10％超，1900年代後半には20％前後を取り扱っており，1907（明治40）年頃には，総合商社として定着したとされている（栂井［1974］45頁）。

　なお総合商社ビジネスの原型は，江戸時代の問屋が家内工業的な職人層のために，原材料費を立て替えて販路を開拓し，商品に対する前貸しを行うなどして金融機能をも発揮していた方法にあるとされている。

　しかし明治期に圧倒的な競争優位性を持っていた三井物産も，第一次世界大戦期の商社間競争の激化を受けて優位性を後退させていき，1917年には鈴木商店が最大の総合商社となっている。また，三菱商事は翌1918（大正7）年に，三菱合資会社営業部の分離独立により設立された。ただし鈴木商店は，その後の恐慌のあおりと，当時高収益部門とされていた鉱山業と銀行業を欠いており，産業的・金融的基盤が脆弱であったことから，1927年に経営破綻してしまった。

　なお一般に，太平洋戦争終結時に総合商社といえる存在であったのは，三井物産と三菱商事であるとされている。

2.2　戦後復興と高度成長の原動力に：戦後から1970年代まで

　1947年，持株会社でもあった三井物産と三菱商事は徹底的に解体された。その後再開された民間貿易での輸出の中心は繊維製品であったこともあり，海外貿易の機能を持っていた関西五綿（伊藤忠商事，丸紅，日綿実業，東洋棉花，江商）などの繊維専門商社が活躍を始め，鉄鋼生産の拡大を受けて同時に躍進した日商や岩井産業などの鉄鋼専門商社も，事業を拡張した。戦前は専門商社の位置づけにあったこれら各社が，貿易・国内取引を拡大しつつ多角化を進めていった。朝鮮戦争の特需などの経済的な恩恵を受けて，事業は拡大し，各社は合併を繰り返しながら総合商社化した。その後，1959年までに，戦前の総合商社であった三菱商事と三井物産が再合同を完了し，住友グループの住友商事も設立されていた。総合商社の基礎固めがなされつつあった時期である。

　高度経済成長期のわが国経済の重化学工業化に伴いメーカーが巨大化したことを背景に，総合商社は鉄鋼・化品など基幹産業の流通窓口となって，貿

易・国内取引を拡大した。さらに株式持合い，新産業進出のリスク分散，銀行との結びつき強化などを目的に，6大企業グループ（財閥系の三菱・三井・住友と銀行系の芙蓉・一勧・三和）が形成されていった。当時わが国企業の資本蓄積は十分ではなく，資本市場も未発達であったことから，企業は銀行からの借入金を中心として資金を調達しなければならず，銀行が力を持っていた。そのため，財閥系以外は銀行を中心とするグループであった。企業グループの中での総合商社は，その流通窓口として集団内取引を推進し，海外展開を支援した。さらにプロジェクトのオーガナイザーとして活躍，中小メーカーには銀行に代わって与信機能を果たすなどして，銀行と並ぶ企業グループの中核的存在となっていた。

しかし，自動車・家電などの耐久消費財メーカーが，総合商社に依存せず自社による流通系列を整備し始めたことも現実であった。そうした動きを反映して，総合商社の発展に対して冷水を浴びせた「商社斜陽論」（御園生［1961］）は，社会的にも大きなインパクトを与えた。しかし高度経済成長の時代背景の中で，総合商社は，新しい重化学工業との連携，単なる商品販売だけでなくプロジェクトのオーガナイズなど複合的な活動を始めて，発展を続けた。

その後，1973年の石油ショックの際の商社買占め・売惜しみ批判を受けて，総合商社の行動に対する攻撃が強くなり，1974年には公正取引委員会の「総合商社に関する調査報告」が発表された。業界団体である日本貿易会は，1973年に「総合商社行動基準」を発表し，さらに公正取引委員会報告に対する見解も出している。各総合商社は，あらためて企業としての社会的責任を明確に示して行動するようになった。

この時期，総合商社は，わが国企業の海外展開の先兵役を務めて商品の輸出入取引を進めるだけでなく，ブルネイのLNG（液化天然ガス），オーストラリアやブラジルの鉄鉱石等の開発輸入や，大型の機械プラント輸出など，新しい大きな展開を見せていた。しかし，石油ショックを契機とする高度経済成長の終焉を受けた景気悪化，主要顧客であるメーカーの不振などにより，総合商社の業績は厳しさを増し始めた。

なお戦後の総合商社は，1960年代にその企業としての基礎固めを終えたとされている。そして，1968年の日商と岩井産業の合併後は，安宅産業，伊藤

忠商事，兼松江商，住友商事，東洋棉花，日綿実業，日商岩井，丸紅，三井物産，三菱商事の10社体制となり，1977年の安宅産業の伊藤忠商事への吸収合併で，9社体制に落ち着いた。

2.3　冬の時代の到来：1980年から1990年代まで

わが国戦後の高度経済成長を通じてメーカーも巨大化し，自社でノウハウを蓄積して輸出入や海外展開を行う力を持ち始めたこともあって，総合商社の活動の余地が小さくなり，1980年代には「商社冬の時代」といわれるようになった。国内の中小企業向け取引で総合商社が存在意義を発揮していた商社金融も，銀行のこの分野への本格進出，メーカーの流通機能強化などにより，必要性が小さくなっていた。

しかし，1985年のプラザ合意後急速に進んだ円高と低金利を受けたバブル経済の時代，総合商社はその高い格付けを活かした低金利による資金調達を背景に財テクを行い，財務収益を拡大した。この頃，円高に対応するために，メーカーは海外進出や海外買収を増やすようになり，総合商社も積極的に協力した。またそれまで商権を維持するための補助的手段として行ってきた投資活動を，海外資源開発などに対する事業投資の形で，明確な収益獲得手段として本格化し始めた。1986年の三菱商事の経営計画「K-PLAN」などで示されたように，各社は，売上高重視から収益重視へ方針転換，連結経営重視なども目指すようになっていった。そして大型景気で，商社冬の時代は話題にならなくなった。

ところが1990年，バブル経済が崩壊し，総合商社各社の業績は一気に悪化した。さらにこの頃から急速に普及したインターネットによる情報通信革命を受けて，国内企業はもちろん海外企業とのコミュニケーションや取引が容易になったことで，コスト削減に迫られるメーカーが，「中抜き」として商社を介在させない動きを増やすようになっていった。

こうした事態に対して，総合商社は，専門性を基にした対応の充実や効率化のために，国内の鉄鋼や化学品等の伝統的な商権ビジネスのオペレーションを子会社・関連会社に移し，本社（親会社）は投資案件など新規事業の開発と投資先管理を行う体制に移行し始めた。

さらに，伊藤忠商事のファミリーマートの経営権掌握（1998年）や三菱商事のローソンとの連携（傘下に収めたのは2001年）など，川下事業への展開も進め始めた。

2.4　構造変化の完了：2000年から現在まで

総合商社が従来の商取引によるものよりも事業投資による収益に重点を置くようになったこの時代，バブル経済崩壊後のリストラ，「選択と集中」が効果を上げ始めた。また，中国経済の急激な発展などによる世界経済全体の好調も業績に好影響を与え，特に資源価格の高騰から，それまでの資源分野における事業投資が大きく収益に貢献した。

さらに，伊藤忠商事とファミリーマート，三菱商事とローソン，三井物産とイトーヨーカ堂およびセブン-イレブン・ジャパンなど，川下産業との連携も効果を上げつつあった。

こうした総合商社自身のリストラ，新しい動きと経済環境の好転の結果，2003年度決算で三菱商事の純利益が総合商社として初めて1,000億円を超え，各社も軒並み過去最高の純利益を記録して，「商社夏の時代」といわれるまでなったのである。

この頃，総合商社業界では，長く9大総合商社と呼ばれていた時代が終わりを告げた。1999年に兼松（旧兼松江商）が総合商社の看板を下ろした後，日商岩井とニチメン（旧日綿実業）の合併による双日の設立（2004年），トーメン（旧東洋棉花）の豊田通商との合併（2006年）があって，総合商社は今，7社（大手5社に豊田通商と双日）といわれる時代になっている。

なお，2000年代に入って好業績を継続してきた大手総合商社であるが，近年の資源価格の下落を受けて，既述のように2014年度から業績が悪化し，2015年度には三菱商事・三井物産が赤字に転落，2016年度に大きく回復するという，乱高下の結果を見せた。あらためて，この業界の今後の展開が注目されている。

2章

先行研究のレビュー

　先行研究は膨大であるが，その主要なものを取り上げて，本研究の課題の1つである，総合商社の企業間関係を基にしつつ，提供する価値やその仕組みを解明するための理論的な枠組みを構築することを目指して，語られてきたことを整理し，問題点を抽出する。

1 ▶ 先行研究の概観

　明治以来のわが国経済の発展と共に，総合商社の業績も変遷を経て拡大してきたが，時代背景に対応して，色々な総合商社論が語られてきた。

　総合商社が戦後の日本経済復興の立役者となった1950年代以降，学問的な研究だけでなく，一般のマスメディアも総合商社をテーマに取り上げて，多数の論文・記事・書籍などが世に出た。特にその源流とされ，戦前最大の総合商社であった三井物産については，戦後になって，1965年に財団法人三井文庫（現在は公益財団法人）が発足して，多くの資料が公開されるようになったことに伴い，無数の研究が蓄積されている。また戦前は三井物産に次ぐ存在であり，戦後は総合商社業界をリードする存在になった三菱商事についても，三菱史料館が，1996年に財団法人三菱経済研究所（現在は公益財団法人）に併設されて開館し，多数の史料が公開されたことから，近年研究が進展している。

　以下，本章では，総合商社に関する主要な先行研究を取り上げて，戦後の

1950年代からの歴史区分に対応させて，総合商社の本質的な機能，あるいは企業間関係，提供する価値とそれを実現する仕組みや個別の機能などについて，何が語られてきたのか，あるいは何が語られてこなかったのかという視点で，概要を紹介する。

2 ▶ 戦後から1970年代まで

2.1 1950年代 戦前の総合商社とマルクス経済学の視点

　戦後すぐの時代，太平洋戦争後の財閥解体と三井物産・三菱商事の解体を受けて，持株会社整理委員会としての分析がある。山口［1951］は，戦前の三井物産と三菱商事について，その特色を次のようにまとめている。三井物産は持株会社としての性格を持ち，台湾製糖，郡是製糸，東洋レーヨンなどのメーカーを傘下に，その製品を全て自社の機能によって販売しており，事業内容は物品販売，問屋，運送，代理業，工事請負，製材，海運業の他，各種事業への投資ならびに融資，有価証券および不動産の取得保有など，幅広かった。三井物産のネットワークは世界各地をカバーし，わが国の海外進出はほとんど皆同社の組織を通じて行われていた。三菱商事も同様に，日本生糸，日魯漁業，千代田石油などのメーカーを傘下に持つ持株会社で，幅広い業務内容を持っていた。

　また大澤［1951］も持株会社整理委員会の立場で，戦前のわが国の経済状況と総合商社の支配力を次のようにまとめた。戦前，わが国の経済構造は輸出入への依存度が高く，それも輸入超過傾向にあり，主として繊維製品の輸出の見返りとして，鉄類・機械類・石油・棉花等を軍需工業や重工業，輸出品の原材料などとして用いるために輸入していた。そこで財閥商社の占めていた比重は大きく，わが国貿易における輸出入品をほとんど網羅した特定品目輸出入高を見ると，1937〜43年平均で，三井物産が全国輸出入高の約18%，三菱商事が約10%，東洋棉花が約6%を占めていた。また，財閥商社を含む10社内外の商社が，わが国の必要とする原料取得・製品販路を掌握していた。

　さらにこの頃の時代背景から，マルクス経済学的な視点で，総合商社を捉

えた研究が出始めている。例えば，芹澤・秋山［1951］は，商業論の立場で戦前の財閥商社について研究した。彼らは，財閥商社の産業支配は一手販売権によること，それは販路拡張の能力と資金融通に対して得られたことを示した。また三井物産は，日本のほとんど全流通商品を取り扱っていたが，農村・手工業生産物に関しては前期的前貸資本の性格を持っていた，とした。

このように，流通の問題を経済学の中に明確に位置づけたのがマルクスであることもあり（商業資本論），マルクス経済学の見方は総合商社論に大きな影響を与えてきた。そこでは，「商業自身が価値や利潤を本来的に生み出しているのではなく，産業資本が生み出した価値／剰余価値の一部の分配にあずかっているとの理解が重要」（大西［2015］188頁）とされており，商業自身は付加価値を生むものではない，と規定されている。その視点が，経済学的に総合商社を評価する場合の，見方の基本線となったと考えられる。

この頃から2000年頃に至るまでの総合商社に関する経済学的な研究は，マルクス経済学者であるHilferdingの理論の影響を，強く受けているようである。彼が *Das Finanzkapital*［1910］で述べたことの中で，わが国の総合商社論にも影響を与えたと思われる指摘は，次のようなものであろう（"Kapitel：Die kapitalistischen Monopole und der Handel" pp.255-280，「資本主義的獨占と商業」（訳書『金融資本論（中）』58～92頁））。

① 利潤は商業ではただ取得されるにすぎない。この利潤そのものは，生産において生産された利潤からの控除分である。

② 集中の進展と共に産業経営の数が小さくなればなるほど，一般に商人はますます余計なものになり，集中された大きな生産者が独立商人の介入なしに相互に直接関係を結ぶことが簡単になる。産業における集中は，単に商業の集中を招くだけではなく，商業を余計にもする。

③ 独占的諸結合は，商業の独立性を完全に廃止する傾向を持つ。カルテル結成は，資本の投下局面としての商業を廃止する。それは商業操作を制限し，その一部分を排除し，残りの部分を，カルテル自身の賃金労働者すなわちその販売代理人によって遂行する。

④ 譲渡利潤の迷信，商人は単に彼の費用価格への付加によって利潤を得ているという信仰，これだけが，商業費用の縮減は何らかの仕方で生

産物の価格を消費者のために低下させうるという期待を，呼び起こす。

後述する「商社斜陽論」以来，数多くの商社否定論は，理論的な背景としてこのようなマルクス経済学の考え方の影響を受けて，その視点から総合商社を評価しようとしていたと考えられる。

なお参考までに記述すると，戦前（1939年）にまとめられたものであるが，長井［1989］には，三井物産の創業者である益田孝が，当初から，コミッション・ビジネスを前提に事業展開をしていたことが紹介されている[1]。戦前においては，この原則が前提で，その上でリスクを取った見込商売も付加していったとされる。

　「コミッション・ビジネスでなければいけない，売りと買いとの組み合せ商売でなければならぬ，自分で危険を負担するような商売をしてはいけない，思惑をしてはならぬと言うた。」（長井［1989］119頁）

2.2 1960年〜70年代　その１．商社斜陽論・問屋滅亡論

1960年頃からわが国経済は重化学工業化を進めて，産業構造の高度化を実現した。総合商社も，重化学工業製品の輸出を促進し，国内ではメーカー・中小企業の資金力不足を埋める商社金融をも展開して，取引網を拡大し成長していった。

この時代の経済発展の推進力となったのは，復活した三菱・三井・住友の財閥企業グループと，都市銀行を中心とする新興企業グループであった。そして，各総合商社は，それぞれの企業グループの中核として，株式の相互持合いを進め，グループ企業の流通窓口とされる働きをした。

ようやく発展を始めた総合商社業界であるが，この時代，先に述べた

1　コミッション・マーチャントが行う委託販売（コミッション・ビジネス，他人勘定による取引）は，かつての総合商社の商取引の典型的な形式である。総合商社はメーカーから商品を委託され，所有権の移転を伴わず，ユーザー企業（あるいは販売代理店経由で最終的にユーザー企業）にメーカーが認めた金額で販売しコミッション（口銭）を得る。商品は多くの場合，メーカーから直接ユーザー企業に納入される。総合商社は販売先から代金を受け取り，メーカーに仕入代金を支払う。一般には，販売代金から口銭分を差し引いた金額をメーカーに支払う内口銭形式である。総合商社は，販売先への与信リスクを負うが，その他の価格リスクなどは負わず，一般に在庫・納入費用などロジスティクス費用も負担しない（長廣［2011］などを参考に記述）。

Hilferding説の視点を基に，後年まで続く商社否定論の最初の提示となる「総合商社は斜陽であるか」が発表されて，大きな衝撃を与えた（御園生［1961］）。その主要な指摘は，以下のような点であった。

① 　戦前，旧三井物産の取扱商品は「とりのえさから軍艦まで」とされていたが，この時期，総合商社の取扱商品の範囲は「即席ラーメンからミサイルまで」とされるように総合化し拡大している。しかし，商社独自の問屋機能を発揮していた固有の分野は，メーカーの系列化が進むと次第に狭くなる。総合化は，それに対応した，追い詰められた商社の姿である。

② 　近代的基幹産業における流通上の機能の変化としては，商社の代理商化，コミッション・マーチャント化がある。一部，雑貨や繊維製品の輸出では，商社が自社の負担で商品を買い取り自社の計算で輸出する独自の姿が残されているが，鉄鋼，船舶，工業薬品などの分野では，メーカーの指示に基づいた商社活動になっている。鉄鋼製品の販売マージンも従来の５％から３％に下げられ，うまみはなくなりつつある。一部メーカー（例えば，三菱造船や旭化成）は，機械類や合成繊維の輸出で，独自の販売網を構築しようとしている。要するに，近代的大メーカーとの関係では，商社の独自活動の余地はなくなり，輸出取引の実務をメーカーに代わって担当して５％以下の手数料を手にするだけである。

　この御園生［1961］には，そもそもわが国総合商社として最初にその体制を完成したとされている三井物産が，設立当初から営業方針をコミッション・マーチャントとしていた歴史的事実を無視して，Hilferdingなどの理論をあまりにも愚直にわが国総合商社を見るために応用していることや，そのマージン率の見た目の低さをなぜ総合商社のマージン率が一般に低いのか分析せず批判的に取り上げていることなど，いくつかの問題点がある。しかし，総合商社が，売買の仲介者として行う伝統的な商取引においては存在意義をなくしていき，危機を迎える1980年〜90年代を予見している面もあり，一定の評価はできる。

　当時，商学の観点から，米国のマーケティング・チャネル論を意識して流

通を見た『流通革命』（林［1962］）が，大量生産体制という時代背景の下，社会的にも大きな話題となった。林はそこで，家電業界や自動車業界のメーカーによる流通系列化，スーパー・マーケットの展開による小売企業の巨大化などの状況を受けて，中間経路である問屋の滅亡論に賛成した。総合商社についても，国内では大メーカーの販売部・営業部的存在となり自主性ある商売の余地がなくなること，メーカー化しようにも余地は小さいこと，違いの大きい国内業務と海外貿易業務の組合わせは困難であることなど，否定的な見解を述べている。

2.3　1960年～70年代　その2．商社機能論

　商社斜陽論や問屋滅亡論に対しては，早くから，現場の商社マンの反論があった。

　例えば東洋棉花の帯刀［1963］は，総合商社が生き残るためには，オーガナイザーとしての役割の発揮（例：コンビナートにおける生産者の新企業集団形成），強力なマーケティング活動の展開（例：ソール・エージェント的活動），生産分野への積極的進出（例：中小企業によって構成される二次加工部門への進出）などの方法があることを挙げて，機能論的な立場で反論した。

　貿易論の立場からは，内田［1967］が，きちんとした整理としてはおそらく初めて，その時点で重要な総合商社の機能を，国際貿易における商取引，セメント・プラントやLNG開発輸入等の事業開発，企業グループのコーディネーター，中小企業向けの商社金融などとして示した。またこの頃すでに，小口で口数の多い国内販売部門を人件費の安い子会社へ移し替える子会社化の動きがあったことも，指摘している。それに続いて内田［1973］は，1960年頃から商社の機能が資源開発，情報産業，オーガナイザーなどに多角化したが，その中心はオーガナイザー機能であるとした。ただしこれに対して中川［1973］は，主導的総合商社の場合には，戦前すでに広汎なオーガナイザー機能，情報企業機能を発揮していたことを，あらためて強調した。

　1970年代の石油ショックの時期，総合商社が買占め・売惜しみで社会的な批判を浴びたこともあって，さらに色々な総合商社論が唱えられた。

　典型的な総合商社の機能論としては，栂井［1974］が，①取引機能，②金

融機能，③情報・調査および審査機能，④リスク・ヘッジ機能，⑤輸送・在庫・軽加工機能，⑥コンバーター機能，⑦オーガナイザー機能およびプロモーター機能，⑧開発機能，⑨総合力の発揮，を整理しており，その後の議論や後述する日本貿易会の整理にも影響を与えたと思われる。

　商社斜陽論や問屋滅亡論に対して理論武装を迫られた総合商社自身によってまとめられた商社機能研究会［1975］は，それまでの議論も受けて，1960年代の総合商社の金融面での働きを，「大メーカーといえども，基幹設備の近代化に伴う巨額の資金需要を賄うのが精一杯であったし，与信リスクの回避という大メーカー，金融機関側の要請もあった。」（16頁）と評価した。また色々な商社否定論的な意見に対しては，個々の商社機能を独立したものとして捉えており，有機的に結合して発揮される時に強力な力を持つことを理解できなかったこと，商社機能をスタティックなものとして把握したことを，欠陥として指摘した。そして，ここで総合商社が活動範囲を広げた結果の例は，「システム思考による，新たな需要の創出ともいうべきオーガナイザー機能」（277頁）であり，多方面の機能を統合・集積し，新たな産業分野を効率的に創出した，としている。

　また貿易論の立場から津田［1975］は，1960年代の後半以降，総合商社が，従来の基本機能とは異なる機能として，オーガナイザー機能とコングロマリット機能すなわち，外部企業に働きかけて力を発揮する組織としての機能と，異業種部門と複数の市場を持つ複合企業としての機能を持つようになり，合成繊維部門のコンバーター，鉄鋼・木材などの流通加工センター，リース業などに進出していることを強調している。

　経営史の視点から大東（だいどう）［1975］は，「戦後の総合商社は，戦前の総合商社の経営を一つの有力なモデルないし目標として持つことができた」（231頁），要するに，新たな機能として唱えられているものの多くは実は戦前の総合商社がすでに持っていた，とした。さらに，総合商社による1955年以降の技術導入による新産業の成立期の活動，つまり，技術導入，設備・原材料の供給そして製品流通などは，昭和初期のそれと変わらない，とも述べている。また総合商社による，プラント輸出，開発輸入，海外工事などは，それ自体が高収益であることよりも，波及効果の中から新たな取引が生まれることを期待

されており，スケールメリットを追求できる取引機会を創出するための一種の先行投資となっている，とまとめた。後の総合商社の商権論につながる見方である。

1970年代の商社批判を受けて，公正取引員会は，調査報告を発表し総合商社の取引などに関する分析結果をまとめた。それに対する日本貿易会の「公取委報告に対する日本貿易会の見解」（1975年）の中に，「国際商品としての市場性を持たなかった中小企業製品の輸出を可能にし，無資源国の悩みを解消するために，五年から十年の歳月をかけて開発輸入の道を開き，さらに，新技術の導入，新産業の育成に努めてきたことは，総合商社の特筆されるべき機能」と述べている部分があり，総合商社機能の本質を考える際に，きわめて重要なコメントであると思われる。

流通調査の専門家の視点から，有田［1976］は，総合商社があらゆる分野の商品や技術を結びつけて創造的商品またはプロジェクトを創り上げていけば，単体商品を売るのではなく独創的システムを売ることとなる，とした。そして，メーカーの商品・技術はその一部に組み込まれていき，ユーザーも商品よりもシステムそのものに高価な代金を支払うから，ニーズも満たされ，総合商社も利益を上げられる，と述べている。この当時すでに，総合商社機能の本質のある部分を指摘していることになる。有田はまた同時に，三井物産などの代表的総合商社は，創業が古いだけではなく，創業者ないしは後継者達が，きわめて革新的な貿易活動を推進した存在であったことを重要とする。例えば，三井物産が1908年，満州大豆のヨーロッパへの売込みによって，三国間貿易を始めたこと自身が革新的であった，と述べた。そしてその成功の理由として，同社が清国において，1898年に買弁（特殊な中国人の仲介業者）を廃止，彼らを通さないで，日本人社員が農民と直接に交渉して大胆な代金前渡しで仕入れをするという取引機構を開始し，品質改良，夾雑物の混入防止，鉄道輸送力の拡充，運賃低減，船積設備の改善などを行ったことがあったが，これらの行動そのものも革新的であったと指摘した。

2.4　1960年〜70年代　その3．経営史による総合化の論理

この時期，経営史学会初期の総合商社に関する学術的な著名研究として，そ

の後も論争の対象となった中川［1967］が発表されている。中川が示した，創立期総合商社の「総合化」の論理に関する見解の中で，本研究の観点から最も重要なものは，わが国の貿易商社が総合商社として発展したことを述べた以下であろう。

①　明治期の棉花輸入に活躍した先駆的な企業などのわが国外国貿易企業は，取引対象の多様性を持っていた。「三井物産会社のごとき，1907年すでに100種以上の商品を取引していた。すなわち日本の外国貿易企業は，あらゆる種類の商品を地球上のいかなる地域とでも取引する商社，すなわち全き意味でのジェネラル・マーチャント，『総合商社』へと発展することになるのである。」(29頁)

②　工業化初期の日本には専門的な仲介商業企業（外国為替取引商や海上保険ブローカー）は存在しておらず，専門的な海運企業も成長していなかった。日本の外国貿易商社は，これらの補助的業務をも自社の中に確保するしかなかった。また国際商業が補助的業務をも兼ね営む強力大企業として成り立つためには十分な取引量が必要だが，当時の日本にはそれだけ大量に輸出しあるいは輸入しうる（単一の）商品はなかった。「日本の商社は，広汎，多様な諸機能を維持するに必要な大きな取引量を確保するために，不可避的に Jack of all trades すなわちジェネラル・マーチャントにならなければならなかったのである。」(30頁)

③　「三井物産のような総合商社は単に商業・金融業務にのみ従事したのではなくて，世界中の最新技術を求め，それに基づいて新しい産業企業を組織し，先進工業国への推進をはかったという意味では，正に日本の工業化の組織者としての役割を果したのである。」(33頁)

なお同じく経営史の立場で三島［1973］は，三井物産に遅れて総合商社となった三菱商事についても，1918年の設立以来，三菱財閥の重化学工業ラインを強化して工業化のオーガナイザーとなったことを示している。

この中川説②に関して，同じく経営史の立場から森川［1976］は，補助的業務の兼営は総合商社化の促進要因であって原因・説明原理ではないと否定した上で，確保した高価な人材をフル稼働させ，人件費負担をできるだけ吸

収することが総合化の原因であったとしている（人材フル稼働説）。

2.5　1960年〜70年代　その4．その他の総合商社論

　戦前期の総合商社について，マルクス経済学の立場からは，商業資本が流通だけでなく幅広い分野で力を持っている状況を日本の特殊性あるいは後進性と捉える見解が多数出されている（先駆的研究とされる秋本［1961］など）。

　柴垣は『日本金融資本分析』［1965］を著し，1900年頃から三井物産は，単なる商業資本として産業資本の流通面を担うだけでなく，それ自身多くの産業企業を支配集中し，傘下事業の多角化を流通面から促進する役割を果たすようになった，とした。そして，以下の点を述べた。

① 非三井系の諸企業（例：北海道炭礦汽船，小野田セメント，湯浅電池など）に対し，製品の「一手販売権」の獲得による支配関係を形成，資金的にも投融資することにより三井の傘下に吸収していった。

② 三井物産自身の手によっても，直接的な事業経営や事業投資による子会社の設立という形での多角経営を展開した（例：三機工業や東洋レーヨンの設立など）。

③ 戦前の日本経済の貿易依存度はきわめて高かったが，重化学工業製品の自給度が低く，綿工業のような軽工業が産業構造の中枢を担い，重化学工業製品輸入のための外貨獲得源として，生糸など原料的半製品の輸出も重要な地位を占めていた。そのことが，貿易商社の役割をきわめて重要なものにした。

④ 財閥金融資本の支配体制が多角的・縦断的な形であって，特定事業部門における横断的・産業的独占を形成しなかったため，個々の事業部門ごとの専門商社的なものが形成されにくく，財閥商社が総合商社化する体質を維持していた。

　戦前の総合商社については，その資料の豊富さから，原型とされる三井物産に関する経営史的な研究が数多く行われた。代表的な研究である栂井［1974］は，明治期の日本経済の発展の中核であった綿業の確立に三井物産が果たした役割を高く評価して，同社について次のような点を指摘した。

① 綿糸紡績工業に対して，機械と原料棉花の供給，製品の販売市場の開

発を行い，紡績・織布会社の育成，国内紡織機械工業の育成などを通じて綿業の組織主体となった。

②　政府の命令により1878年パリ万国博覧会出品の調達と輸送を担当し，パリ支店を開設したが，それに対し政府は荷為替貸金の取扱い，官営富岡製糸所製糸の一手販売を同社に委託し，その利益金を支店維持費に当てることを許した。

③　1900年頃には，生糸の輸出などで，従来営業方針としてきたコミッション・マーチャントの域を超えて，自己の計算による商売を行うまでに成長していた。

④　創立当初，官営三池炭鉱の一手販売権を獲得し，国内販売と輸出を行い大きな利益を上げたが，国内販売の口銭率は2.5％であった。

　同じく経営史の松元［1979］は，三井財閥発展の中で三井物産が中心的な役割を果たしたことをまとめた。石炭に関して，三井物産の事業拡張の手段は，炭鉱への前貸的投融資を条件とした排他的一手売買契約の締結であり，コミッション・ビジネスは，生産者に売買の主導権があったのではなく，口銭（コミッション）が天引きされており，産業資本の脆弱性を前提とした流通独占であったこと，またそれは生産自体を第一義的に掌握することを目指してはいなかったこと，などを述べている。

　戦前の三菱商事については，三島［1973］が「後発財閥型総合商社」（8頁）として規定した上で，三菱合資は，三井物産と比べて棉花を中心とする繊維産業の原料やその製品の取扱いへの参入に大きく出遅れたが，三菱直系諸企業や旭硝子・キリンビールなどの準三菱系企業の製品輸出・原料輸入によって営業活動を多角化し，営業部が鉱産物販売機関から総合商社化していった，とした。そして1918（大正7）年，三菱商事が設立されたことは，総合商社としての定着の形式的完成であった，としている。

　戦後の総合商社は，その大きな発展を受けて，海外からも存在が着目された。1967年，*The Economist*誌は二度に分けて"The Risen Sun"（訳書『日本は昇った』）とする特集記事を掲載した（Macrae［1967］）。Macraeは，日本の外国貿易の4分の3と国内商業の大きな部分が一握りの大商社の手を通じて行われているが，これは他の先進国ではあまり見られない独自の機構で

あることを指摘した。彼が示す，日本の総合商社に関する結論は，次のようなものであった（No.6458，p.xxviii，訳書171-172頁）。

① 日本のビジネスの特殊構造に由来するグループ結合の役割を果たす。

② 生産機能と販売機能が歴然と区分されているため，大メーカーは生産能力向上と製品近代化に集中し，販売は卸売業者に任せる（欧米における正統的なビジネス観念ではない）。

③ 日本の大商社は優れた外国製品の輸入よりも，国家の近代的製品生産に貢献するために情報を利用する。

④ 大商社の利点は，市場調査よりも，様々の国で必要とされる販売技術を知っていることにある。

この見解は，当時の総合商社のあり方をよくまとめていた。

また日本経済の発展理由を分析した米国ニクソン大統領の国際問題担当補佐官 Peterson は，ビジネスマンとしての経験をふまえて，その報告書で，わが国経済の様々な特色と共に，貿易における総合商社の存在の大きさを「世界で最も効率的な国際マーケティング・チャネル」（Peterson［1971］p.66）であると強調している。この報告は，後に米国で「1982年輸出商社法」が成立する背景にもなった。

2.6 1950年から1970年代までの総合商社論の要点

戦後，戦前の専門商社が総合商社化し，総合商社は発展を続けたが，マルクス経済学的な視点からの商社斜陽論が出て衝撃を与えた。それに対して総合商社の現場からの機能論が展開されたが，オーガナイザー機能等の重要性が指摘されてはいても，主として個別論に止まっていた。

経営史の視点では，なぜ総合化したのかについて議論が展開され，資料が公開された三井物産を中心に，研究が進んだ。

ただし，総合商社の働きを構造的に見つつ価値実現の仕組みとして解明するという，本質に至る議論はなかった。

3 ▶ 1980年から1990年代まで

3.1　1980年〜90年代　その1．商社冬の時代論

　石油ショック以後，わが国経済全体が低成長になり，メーカーがそれまでに自社で蓄積したノウハウや海外企業との関係を活かして，貿易取引や海外展開を自力で行うようになった。その頃，リスクの大きい海外事業の失敗も多く，総合商社は苦境にあった。こうした事実に基づいて，マスメディアも批判的なコメントを繰り返した。この時代を象徴する書籍として，『商社─冬の時代』（日経ビジネス［1983］）がある。これは，素材不況の時代，総合商社が従来，鉄鋼など重厚長大産業に大きく依存してきていて，新しく発展する軽薄短小産業に対応できていないこと，また設備投資や在庫に関する金融や海外の情報提供に対するメーカーのニーズがなくなったこと，などを指摘した。そしてメーカーが，商社が持っていた情報機能，金融機能，販売力などを獲得したため，商社離れが進むとした。また高度経済成長期には大きな力を発揮した中小企業向けの商社金融も，取引先企業が自己金融力を強め銀行が中小企業向け融資に積極的になった結果，ニーズが少なくなったことも述べた。なお，「投資は商権の拡大をめざすためのもの。配当金だけをねらうのは正道ではない」（永島・三菱商事副社長，53頁），とする意見も明記されており，当時の総合商社の投資に対する考え方を示すものとして興味深い。

　ほぼ同時期にマスメディア的な視点から『総合商社の崩壊』（美里［1984］）も出版され，財務的な業績の悪化，海外プロジェクトの失敗などを受けて，今のままでは総合商社に将来はないとした。意見として，川下分野への本格参入や，営業部門のスピンアウト，連結決算の重視などを提言しており，その後現実となった将来予測としては，評価できる内容であった。

　当時のソニー会長であった盛田昭夫が，「国内，海外を問わず，どんな商社のお世話にもなっていない。」とし，「ハードウエア（商品）を右から左へただ動かしているのではなく，ソフトウエア（使い道）を入念に伝達することが大事」で，「繊維などのように，製作意図をあまり説明しなくてもすむ製品とか，原料輸入のように大量に扱った方が効率的な場合は商社を利用した方

がトクだろう。」としていることも，この時代の商社の退潮の理由を示している（朝日新聞経済部［1985］13-15頁）。

証券アナリストの視点からも，商社のコア・コンピタンス（中核事業）がよく分からない，コミッションが無駄なおカネという考え方に変わり商社不要論につながった，子会社が多すぎるので整理するべき，日本企業をベースとした収益ではもう食っていけない，などと厳しい意見が出ていた（村上・吉田［1999］）。

3.2 1980年〜90年代　その2．商社機能論

総合商社自身によって再度まとめられた商社機能研究会［1981］は，機能について，金融機能や情報機能などの個々は商社独自のものではなく，それらが有機的な関連をもって発揮される時に他の追随を許さない力となることを強調した。「総合」については，商品の総合性だけではなく，機能の総合性をも意味しているとした。そしてその中核は，取引機能（物流への介在），金融機能，情報機能であり，外延的な機能として資源開発（大型プロジェクトの展開），産業オーガナイズ（投資プロジェクトに関連する企業集団の取りまとめ），ソフトウェア・システム化（流通・経営・事業開発等のシステム形成による効率化）などの機能が生まれてきた，と述べた。また総合商社経営の原理では，規模の利益とリスクの軽減が重要であり，将来の総合商社に期待される役割は，「情報力と金融力をも生かして新しい成長産業を事業として開発すること」である，としている（265頁）。

このオーガナイザー機能について水上［1987］は，総合商社の経営者であった自身の意見として，「商社はあくまでもオルガナイザーに徹し，優れた技術の導入など〝媒介者〟なのである。言い換えれば，コミッション・マーチャントであるべき」と強調した（225頁）。

商業資本論の立場で幅広く総合商社を論じた山中［1989］は，重要な指摘として，日本の企業集団が流通管理の投資よりも生産設備の投資を選択したこと，総合商社の取引先の中心は中小企業ではなく，わが国のビッグ・ビジネスであり，貿易についてはほとんどがビッグ・ビジネスとの取引である，としている。

　同様に商業資本論の立場で，総合商社を流通支配する存在として分析した杉野［1990］は，商社活動の最も重要な機能は市場開拓機能であり，代表的な付随機能である物流と金融も市場開拓の決定的手段となることを述べた。しかし，従来の商業論でそれらが商業資本固有の機能とはみなされず，低く位置づけられていたことが，商社斜陽論のような総合商社の役割を軽視する議論の背景にある，とした。また総合商社の営業活動は，継続取引を安定的に遂行できるように買先または売先と長期的な取引関係を築くことであり，大規模商業資本が，取引拡大のために買先や売先に投資して垂直統合を企てることは海外でも普遍的である，と述べた。さらに，資源取引の投融資や経営参画は商権確保が目的である，としている。

　なお鈴木［1998］によれば，商取引において，明治期に入り江戸時代の問屋が，問屋と卸売に分化して，問屋は委託販売による口銭収入を目的とする手数料商人となり，卸売は自己の計算に基づき自己資本で商品を買付け・販売して売買価格差を収入する差益商人となって，口銭の収入はなかった。また，江戸の問屋口銭（1888年調査）を見ると，東京絵具染料問屋組合が仕入金高の５％，東京清酒問屋組合が売上高の３％などである（同論文146頁図表「江戸問屋口銭」）。委託販売の口銭率は，戦前戦後の総合商社のコミッション・マーチャントとしての口銭率と類似した大きさであった。

　1990年代，インターネットの急速な普及などで，商社「中抜き」がいわれるようになった時，日本貿易会創立50周年特別研究事業の成果をまとめた『商社の未来像』の中で，中谷［1998］は，一般企業が海外展開などの力を身につけ始めた結果として，商社が存在意義を失ってきたことを認めた上で，以下のような見解を示した。

① 買手と売手の間を仲介し，取引に必要な情報をタイミング良く提供することによって取引コストを引き下げ，「市場の失敗」を防ぐという大きな役割を果たしたのが，日本の商社であった。

② 21世紀における商社の役割は，「グローバル・ビジネス・クリエーター」である。ビジネス機会を発掘し価値を分析して，そのビジネスを立ち上げるために経営資源を動員，社会的に価値あるビジネスとして結合する「ビジネスの創造者」である。その場合の商社の社会的価値

は，もし商社が存在していなければ生まれなかった新規ビジネスが生み出す，付加価値の大きさによって示される。

③ 戦略策定部門とオペレーション担当の現場部門の権限の配分，すなわち，「集権と分権」のオプティマルな組合わせをどう実現するかが重要である。

これらの見解には本研究にとって，きわめて重要な指摘が含まれている。

総合商社自身の観点で宮坂［1985］も，冬の時代を脱出するには，戦前の三井物産が数多くの企業を生み出したり（例：東洋レーヨンなど），設立に深く関与したり（例：トヨタ自動車など）したように，戦前型総合商社が持っていた新事業開発機能を新しい武器として強化しなければならない，インベストメント・バンク的な行動も大きな目的の１つになってくる，と主張している。

3.3 1980年〜90年代 その３．商権論と企業間関係

総合商社の「商権」という概念は，すでに三菱商事の戦後再合同にあたって重要視されているように（三菱商事［1986］下巻16-17頁），総合商社ビジネスの鍵となるものであったが，学問的に正面から取り上げた研究は少なかった。

企業間関係の観点から商権を分析してまとめられた『商社商権論』（島田［1990］）は，総合商社の収益モデルにおいてこの当時核となる存在であった商権についての，初めての本格的研究書である。島田は商権を，「一般にのれんとか営業権などといわれる企業の独占的営利機会（それによって一般レベル以上の収益力が生まれる）のうち，企業の組織と一体化されたかたちで取引関係が存在しているもの」（21頁）と規定した。当時わが国でも紹介され始めた，個々の顧客を独立のアカウントとして捉え個別的な対応を行う関係性マーケティングの視点で，顧客関係とそれへの投資に着目したものである。著名事例であるブルネイのLNG対日供給においては，三菱商事と日本側ユーザー（東京ガス・東京電力等）との信頼関係に加え，ロイヤル・ダッチ・シェル（シェル）との間に同様な関係が形成されていたことが，三菱商事に大きな商権と投資収益をもたらした，と指摘した。そして，総合商社が新しく商権を生み出す過程を定式化すると，①新ビジネス等の具体的な構想，②メーカー，ユーザー等の取引関係主体の選定，情報提供等の実行，適当な相手が

ない場合の自らによる創出，③商権確保を目指す，技術導入の斡旋，市場参入のための流通投資，関係法令の改善整備の働きかけ等，④一手販売・買付委託等の権利を得て行う具体的な商談，⑤具体的な取引，⑥取引の継続化のための諸活動等，のプロセスからなると示した。またこのプロセスは，商社のオーガナイザー機能を反映しており，商社とメーカー間の一定の関係が基礎にあることが多く，全く新しい関係の形成というよりも既成の関係との関連において生ずるのが一般的，と述べた。そして，「商社は商権によって成り立つ」（103頁）とし，総合商社の企業間関係は両者のコミットメントによって支えられており，販売先（市場）の開拓，技術導入，原料確保等に関して大きな役割を果たし，それが評価された時に総合商社に商権が与えられる，と明示した。その上で，商社が顧客関係に投資しそれがメーカーへのギブとなり，その見返りに販売あるいは仕入れの特権的地位が与えられ維持されること，商社にとっての事業投資の重点は大企業取引に結びついていること，を述べた。

　さらにこの商権も空洞化するが，それは，商社がメーカーと機能的には競合しているため，取引がルーティン化するにつれて収益力が低下することであり，いわゆる「眠り口銭」批判に対する機能論による商社側の理論武装は商業一般の理論提示にすぎず強い力はない，とした。また，顧客関係への投資のコストは具体的な取引の中で回収されていくが，その場合の平均利潤率を超える収益が投資の成果（レント）である，と示した。

　この商権論の見方は，朝日新聞経済部［1985］が，わが国では情報提供という知的サービスに対し正当な対価を支払う習慣が確立していないため，総合商社は情報を物流サービスの潤滑油として，モノを経済的に動かすことを通じて口銭を得てきた，としていることによっても支持される。

　なお鉄鋼国内取引における典型的な総合商社の商権ビジネスである「紐付き商売[2]」において，その口銭率は元商社マンが著した八木他［1992］によれ

2　鉄鋼の国内取引の「紐付き商売」とは，総合商社の商取引ではあるが，鉄鋼メーカーと販売先のユーザー企業（例えば自動車メーカー）が価格・納期・決済条件等について直接交渉して全て決定し，製品も鉄鋼メーカーからユーザー企業へ直送される取引。商取引としては総合商社を通るが，実質的には与信リスクを取るくらいしか機能がなく，ユーザー企業が大手自動車メーカーなどの場合はそれもない。結果として，単に取引の事務処理を行うだけしか働きがないこの商売形態を，表現した言葉である。そこで総合商社が得るコミッションは，「眠り口銭」と呼ばれる。

ば3％であった（73頁）。この口銭率は，総合商社が本来の意味の卸売業としての機能を追求していないことを示唆している。同書によれば，一般の卸売業のように商品を仕入れて，危険を負担し在庫を抱えて販売する場合，10％程度の利益を取らないと経営が成り立たない。そうすると，総合商社が国内の商権ビジネスで果たしている商取引の機能は，本来の意味の卸売業としてのものではないということになる。このことは，総合商社の商取引の中心が，自社の危険負担による自己勘定取引ではなく，危険負担のほとんどない委託販売（他人勘定取引，コミッション・マーチャントとしての取引）であったことを理由としている。なお，現在の総合商社において，こうしたビジネスが占める比重は，第6章で試算している。

組織間関係論の立場で戦前の三菱商事の一手購買・販売契約を分析した萩本［1996］は，組織間関係論の支配的パースペクティブである資源依存パースペクティブ（山倉［1995］）の見方によって，一手購買・販売契約（それを基にして商権を確立する）については，しばしば企業支配の方法と説明されるが，むしろ企業間の関係の1つとして捉え，商社とメーカーとの間で互いに欠けている資源を補う相互関係をベースにした関係と考えるべき，と指摘した。そして，総合商社の行動は，取引量を増やして「規模の利益」を求め，双方の取引コストを削減し，委託販売形式によって事業上のリスクを回避することである，と述べた。この時，メーカーはこの契約があることにより，物的・人的投資を生産に集中して生産面での規模の経済を享受することができた，としている。

企業集団と総合商社を分析した奥村［1994］は，総合商社は，各企業集団の中核となって，集団内取引や集団内企業と集団外企業との取引を仲介している，財閥または企業集団とは切っても切れない存在であり，企業集団を背後に持たなければ総合商社になれないし総合商社をグループ内に持たないと企業集団にはなれない，と示した。

3.4 1980年〜90年代 その4．経営史による総合化の論理

経営史の観点から米川［1983］は，「商社の歴史的論理としては，成長を持続しようとする限り，『総合化』せざるを得ない」（322頁）と，総合化の論理

をまとめた。また，メーカーが製造し商社が海外向けの販売を担当するという機能分化は，明治期に製造と貿易の技術が同時に欧米から輸入されたことによっており，総合商社の形成に最適の歴史的条件となった，とした。

　同様に経営史の観点から山崎［1987］は，それまでの総合化の論理に関する議論が，必要性の面からのものであったとして，成立し得た条件を問うことが重要であるとし，三井物産について検討した。そして，三井物産が総合商社化することに成功した理由として，①創業者である益田孝の役割，②発展の初期段階における政府御用商売の役割（コミッション・ベースによる安定的収益源など），③リスク管理組織の形成とそれに基づく見込商売への進出，④三井財閥との関係，の4つを示した。その上で，総合商社の発展については，有効なリスク管理組織を形成し有力製造企業との「共生」関係を作り出すことで，見込商売をコミッション・ビジネスと有機的に結合させたことの重要性，専門商社，特に三綿（日本綿花，東洋棉花，江商）が，戦前すでに総合商社と同じく見込商売とコミッション・ビジネスの結合に成功していたことが，戦後これら企業を総合商社化することを可能にする条件として強力に働いたことの重要性，この2つを強調している（189-192頁）。

　また経済史の観点から橋本［1998］は，その時代の総合商社の事業内容の変革をふまえて，総合商社本来の事業機能は何かという論点は，先行研究によっても明確にされていないと述べた。そして先行研究は，総合商社の発生が，「19世紀後半の日本における制約された資源賦存条件下において試みられた創造的適応 creative response の結果，達成された組織的革新 organizational innovation であることを捉えていない」と批判している（145頁）。また，中川［1967］が総合商社を Jack of all trades すなわちジェネラル・マーチャントと特徴づけたことはきわめて重要であるが，取扱商品，国・地域の多様性の程度は，総合商社の発展の程度を計る尺度ではあっても，総合商社を専門商社と区別する本質ではなかった，と指摘した。また，中川［1967］が補助業務の兼営が総合商社化の原因であるとした点を批判した森川［1976］の説の妥当性を認めて，人材フル稼働説については優れているとしつつも，その内容が明示的でない点を指摘した。山崎［1987］の説については，見込商売を過大視したと批判し，三井物産が見込商売を開始したのは総合商社化の後，

1890年代半ば以降のことであったと述べた。さらに，売上高の数％という低率の費用では卸売・貿易事業が経営できないから，生産者は卸売・貿易事業への投資を行わずにそれを製造分野に集中することに利益を見出したとした。そして，「総合商社が供給したネットワーク外部性によって日本の産業企業は投資額を節約しただけでなく，貿易・卸売事業に習熟する負担から解放されて，成長テンポを高めえた可能性が高い」（168頁），と総合商社が提供した価値を示している。

3.5 1980年〜90年代　その5．その他の総合商社論

　マクロ経済理論の観点から総合商社の海外直接投資（FDI）を分析した小島・小澤［1984］は，総合商社が新しい形の海外直接投資（マイノリティ所有あるいは非出資形態の採用，製造業の海外進出支援，開発途上国の製造業の創設・拡大，グループ投資の大型プロジェクトでのオーガナイザーとしての存在，などの特色を持つ）を推進している，と述べた。そしてそれは，総合商社の，情報網による優れた比較優位判断能力つまりビジネス機会探知能力と，限られた資本で手広い海外投資活動を，リスクを分散・最小化しながら進めるという創造的・開拓者的挑戦，この2つに負うところが大きい，とした。さらに総合商社は海外直接投資によって，海外生産拠点のための調達と販売の一手取扱権すなわち商権を拡大する，と指摘した。そして，製造会社と商社との間に「企業間機能分業」（Division of Corporate Functions）（24頁）が生み出されたことが，日本産業組織のユニークな特徴であることも示した。また総合商社は，新市場の開拓的存在であり，同時に倉庫業，運送業，保険業，コンサルタント業，金融業などのビジネス・インフラストラクチュアとも呼ばれるものを提供し製造業を支援するが，重要なのは，総合商社が海外生産事業の所有そのものではなく，事業に付随した物流をコントロールすることに主眼を置くことである，とした。結局，総合商社は新しい市場の創造に努力し仲介業者としての利益を得ようと，協力関係にある海外企業や海外事業のパートナーとの関係を活用し，一手取引市場を創造するが，少数株式所有からの配当収益や直接融資からの利子収入は，収益源として二次的，と述べた。

　海外研究者による総合商社研究もこの頃進み，例えば経営戦略の観点によって分析したYoshino and Lifson［1986］がある。彼らは，総合商社は単なる商品売買をはるかに超える働きをしているが，この組織を単純明快に説明するためのモデル，コンセプト，表現がないとした。そして，総合商社を，"a coordinator of product systems"（p.43）と規定して，次の点を指摘した。

① 総合商社は，顧客との関係を維持拡張するために新しいビジネスを創造する。

② 鉄鋼商権についても，高炉メーカーとの連携によって自社のリスクと費用負担で鉄鉱石や石炭の資源開発を進めるが，成功すれば資源納入の商権を獲得し同時にメーカーとの関係を強化する。

③ その後の取引で総合商社に高炉メーカーから支払われる口銭は，こうした先行投資への補償であるが，時間がたつとその支払いの正当性を疑われるようになる。

④ 総合商社は投資収益を目的に，鍵になる国で大きな海外直接投資を展開し始めた。過去の，商取引の補強のための小さな投資という戦略からの転換である。

　このYoshino and Lifsonのコメントも，きわめて的確なものと思慮する。

　貿易論の視点からRauch［1996］は，ネットワーク／サーチの見方によれば，企業グループを通じて産業横断的に持っている顧客接点が範囲の経済を追求する総合商社を成功させたことと，政府の補助が重要であることを述べている。

　経営史の観点から商社を研究するJones［1998］は，商社に関する研究が遅れていることを認めつつ，以下のように述べた。

　日本の総合商社をはじめとして，商社の果たしてきた役割は大きい。さらに歴史的に商社を見ると，常に新しい機会に敏感で，そうした機会を開発しようと，システムを構築し柔軟な組織を創出するための資源を十分持つ，きわめて起業家的な会社形態である。そして商社の定義は難しく，歴史上のどの時期においてもまたどの国においても，商取引（trading）以外の運輸・保険・製造・資源開発などの活動を行ってきた。こうした商社は，探索・交渉・取引のコストを縮小するので，少なくとも国際貿易のリスクが大きい最初の

段階では起用される。しかし商社は買手と売手をつなぐので、双方が直接取引を始める脅威が常にあり、それを防ぐために買手・売手に出資したり、彼らが用いる流通チャネルに投資したりする。また商社は歴史的に、契約関係の構築・少数持株保有・合弁企業設立などを行ってきたが、その目的はバリューチェーン全体をコントロールすることではなく、商取引の流れと接点を持つことである。

　これらのJonesのコメントは、わが国の総合商社をもよく説明している。

　この総合商社の不調と好調の時代、海外メディアもそれに着目していた。

　The Economist［1995］は、企業が直接取引を進める流れの中、商取引においてもコア・コンピタンスを求められる時代に、明確なコア・コンピタンスを持たない総合商社が、経営理論に反して生き延びてきたとして、その理由をまとめている。この時代、総合商社は、粗利益率が3％を超えることのない代理人ビジネスや商社金融を縮小し、その代わりに、自社リスクで（粗利益率が20％を超える）売買取引を行い、またより直接に、エネルギー・電力・通信などのビジネス運営に進出した。そうした長期的なギャンブルは欧米の投資家には受容されにくいが、投資対象事業は欧米企業のように市場が成熟したら売却することになる。商社は日本の環境の中のニッチ領域で、恐竜のように発展しているのではないか。

　こうした*The Economist*誌のコメントも、有意義である。

3.6　1980年から1990年代までの総合商社論の要点

　低成長とバブル経済、そしてその崩壊を受けて、総合商社はリストラを進めた。この時期の総合商社論は、商社冬の時代論に代表されるが、商権論、組織間関係論などの鋭い議論もあり、経営史による総合化の論理に関する議論も継続された。機能については、個々の機能ではなくその総合性を強調する見解があり、将来の総合商社の役割をグローバル・ビジネス・クリエーター、ビジネスの創造者であるとする意見が出された。

　しかし多くがまだ商取引を意識した議論であり、総合商社機能の本質に迫る議論には至らなかった。

4 ▶ 2000年代以降

4.1　2000年代以降　その1．商社不要論と対応

　日本貿易会の「IT革命と商社の未来像」特別研究会の成果をまとめた『IT革命と商社の未来像―eマーケットプレースへの挑戦』で中谷［2001］は，IT革命が本格化する中で再び「商社不要論」がいわれていることを示した。その上で，インターネット取引を通じて売手と買手が直結すると，流通業者の「中抜き」が起こる，売手と買手を結びつける仲介業者の仕事が依然として商社の中心的な仕事ではあり，IT革命が本格化する前から，コミッション・ビジネスで食っていけないことは常識化していた，とした。しかし，取引には社会的信用や長い年月をかけて培われた顧客基盤，ハイタッチのサービス，多数のプレーヤーをつなげるオーガナイザー機能などが不可欠で，仲介業者生存の余地はある，と述べた。そして，IT革命に対応する商社の未来の姿の1つとして，メーカーサイドに立ってサービスをする従来型の商社から，顧客サイドに立ったニューミドルマン，「購買代理人」（44頁）に変身し，個別化されたサービスを提供する姿を提示していたことも，着目できる（本書第7章の三菱商事の事例がそうである）。

　同書の中で塩見［2001］は，未来商社のコア・コンピタンスは，プロジェクトを組成しオーガナイズする「ビジネス・クリエイター」の働きになるとした。そして未来商社の組織は，①「e商社」部門（eマーケットプレースの企画・構築と管理・運営等），②「オペレーショナル・プロセス」部門（実際の物流・ロジスティクス，決済，融資などを伴う取引や実務処理を行うための，財務，経理，法務，審査，金融，マーケティング，物流，貿易取引等），そして③「ビジネス・クリエイティング」部門（新規ビジネスを創造し，プロジェクト・チームやコンソーシアムを組成して大規模プロジェクトを完遂する等）になる，と予測している（153-156頁）。今の総合商社の組織構造をある程度予測するものとして，重要である。

　企業の海外展開についても，吉原［2001］が国際経営の観点から，かつては多くの企業が間接輸出から現地生産に切り替える際に商社をパートナーとし

たが，1990年代には自社輸出部門によって直接輸出しているので，現地生産を始める時も現地パートナーとだけで合弁企業を設立していることを示した。言い換えると，製造企業は，直接輸出によって輸出ノウハウを蓄積し，海外生産の経験を経て海外での経営ノウハウも蓄積しており，商社の助けを借りる必要がなくなってきた，とした。

日本貿易会の『商社の新実像—新技術をビジネスにするその総合力—』で，柴田［2004］は，商社には変化してやまない環境の中で様々な「課題」に着目し，それを解消する「仕組み作り」を行うという行動原理があることを強調し，その「仕組み」とはビジネスモデルである，とした。そしてモノやサービスの取引は，仕組みを作った結果として生じるものである，と明言している（138頁）。なおこの総合商社のビジネスモデルは，ソリューション・プロバイダーとしてのものである。また投融資事業への取組みが拡大し，商社の収益構造も，従来の仲介手数料に加えて，事業会社に対する投融資事業からの収益が増加していることを述べた。

4.2　2000年代以降　その2．商社機能論

総合商社の経営史の観点で大森［2011］は，「総合商社の場合，時代に先がけて新しいビジネス分野を開拓し，そこに進出することが，他社に対する優位性の確保の源泉となる。」（205頁）と述べた。木山［2011］は，2000年前後には，メーカーが取引で商社を介在させない「中抜き」がいわれ商社不要論も叫ばれたが，その頃から総合商社は，以前は一手販売権と派生する仲介手数料の獲得を主たる目的にしていた投資活動を，投資の純益または事業・株式売却からの利益獲得を目的とするものに変化させた，とした。そして，1980年代後半からの総合商社の事業投資拡大が，平成不況期に一挙に加速した，と述べた（215頁）。

財務分析を中心に総合商社のコア機能を分析した孟［2008］は，かつて総合商社のコア機能は商取引機能であったが，新たに事業投資機能へとシフトしているとする研究が有力となっている，とした。そして，受取配当金と持分法投資損益を事業投資活動の収益を計る指標として用い，商取引の収益を示す連結営業利益との比較を行っている。孟の分析によれば，総合商社大手

5社を見ると，1992年度までは，営業利益が事業投資収益（受取配当金＋持分法投資損益）のほぼ6倍から8倍に達していたが，2002年度以降はほぼ2倍から3倍までに縮小しており（125頁），事業投資が商取引と並んで総合商社のコア機能になる可能性があると考えられる。そして孟は，総合商社のビジネスモデルとして，商取引機能による「トレード・ソリューション」モデルすなわちバリューチェーンの各段階でソリューションを提供するモデルと，事業投資機能による「事業経営」モデルすなわち成長性の豊かな分野に投資し投資収益を得て，新産業・新事業を創出することを目指すモデルの，2つがあるとした。また，総合商社のビジネスモデルについては，Porterの競争戦略による市場構造のポジショニングのみに依拠したものではなく，Barneyの資源ベースの理論も考慮し，経営資源や能力を基に構築する必要があることも指摘した。

　現場の商社マンが総合商社について語った三菱商事［2011］は，多くの有意義な指摘をしている。

　例えば，廣田［2011］は，IT技術の進化を受けて総合商社は業態を変え体質改善を行ったが，それは投資会社化することとサプライチェーンをつなぐということであった，投資におけるインベストメント・カンパニーとの違いは，総合商社が事業主体となって経営することである，としている。上野［2011］は，総合性について，トレーディングは，売手と買手の間に介在して口銭収益を上げる商社ビジネスの基本をなすものであり，この基本機能に絡めて，金融，投資，物流，情報などの機能を組み合わせ高度化して，複合的なサービスを提供する方向に変化してきた，要するに総合性は商品の総合性から機能の総合性へと変化した，と説明した。さらに，バリューチェーンの設計を通じた自社ビジネスモデルは，「さまざまな機能を使って，取引先と長期的な関係をつくり出した上で，提供した機能とかサービスに対する対価をトレーディング収益あるいは配当収益の形で継続反復的に回収する」（28頁）ことであるとした。

　藤山［2011］は，メーカーになる危険を冒さないとバリューチェーン全体が強くならない時にはそうする，バリューチェーン全体を見て必要なところ

に具体的な投資をしていくことは多いと，投資の意味を説明した（71頁）[3]。小島［2011］は，知見や経験の少ない分野に先行投資して事業開発するには，その分野の先進企業，技術・資源の保有企業との連携が必須，と企業間関係を強調している（216頁）。

続編の三菱商事［2013］の中では，藤山［2013］が，総合商社は，「コンサルティング会社と投資会社と貿易会社の３つの機能を持っている複合企業だ」とした（66頁）。さらに例として，メーカーのヨーロッパへの輸出網を三菱商事がほとんど無料で作って，その代わりにコミッションを得ていた取引を紹介して，その取引では時間の経過と共に存在意義を疑われ切られてしまったと，典型的な総合商社のビジネスの盛衰の形を示した。藤山は，「使ってもらえたのは，貿易実務で使ってもらえたのではありません。貿易実務はそれほど付加価値が高い仕事ではないわけです。すると，何をすることが付加価値を生むのかというと，再び出発点に戻ってその顧客の暗黙のニーズを再発掘することです。この循環こそが総合商社業態のシークレットなのです。」（67頁）とも述べている。

総合商社の重要な機能の１つは，その企業規模の巨大さを活かした金融機能であるが，近年の総合商社について，わが国のメガバンクからは，「『ヒト・モノ・カネ』の揃った最強の『プライベート・エクイティ・ファンド』機能」（高田［2014］２頁），つまり資本性資金の供給者としての機能を持つ，とする見解も出ている。

ジャーナリストの立場で久保［2012］は，商社の複合的な機能を組み合わせ

3　本来Porter and Millar［1998］によるバリューチェーンとは，「企業の活動を，ビジネスを進めるうえで技術的・経済的な意味で区分できる複数の活動に分割」（p.77，訳書135頁）したものであり，あくまでも企業内の活動の区分である。しかし孟［2008］や三菱商事［2011］に限らず多くの研究等で用いられている「バリューチェーン」の場合は，自社組織内で多様な活動を営んでいる総合商社であることを前提として，いわゆる「サプライチェーン」と同じような意味をもって用いられているようである。つまり，複数の企業間での調達から生産，流通を経て消費者に至るまでの活動の連鎖であるサプライチェーンを，自社あるいは自社グループ，顧客企業なども含めた連鎖として解釈し，バリューチェーンと呼んでいると思われる。本来はサプライチェーンと呼ぶのが適当なプロセスも，総合商社の多様な事業活動を反映して，企業グループとしてのバリューチェーンと呼ばれている場合もある，と考えられるのである。本研究では，そうした意味で総合商社に限って，サプライチェーンとほぼ同義の用語として，バリューチェーンを用いる。

た「バリューチェーン」という考え方が主流となっていることを指摘し，「このビジネスモデルは川上（資源，原・素材料）から川中（加工，物流），川下（流通，最終製品）に至るまで効率性を追求するもの」（132-133頁）であり，総合商社は各段階で商取引，金融，投資などの機能を果たし全体を通じて利益を獲得する，と説明した。そして，例えば，総合商社（三井物産・三菱商事），シェルと，ロシアの石油・天然ガス会社ガスプロムが関係したサハリンⅡのような，総事業費200億ドル規模の大型資源開発は，政府も関連する複雑な関係があり長い年月を要するもので，日本で取り組むことのできる企業体は総合商社の他にないとして，その力を強調している。また，BRICs諸国など新興国の台頭により世界的に資源価格高が本格化した2004年頃から，総合商社の業績は急速に好転し，「盛夏の時代」ともいえる状況で，単なる貿易会社から資源分野を中心とする投融資事業会社になりつつあり，ポートフォリオ戦略が重要性を持っている，とした（218頁）。

　日本貿易会が立ち上げた総合商社原論特別研究会の最終報告としてまとめられた『総合商社の研究―その源流，成立，展開』（田中隆［2012］）は，現在の総合商社を，バリューチェーンを商取引でつなぐだけでなく，その中の収益機会を，子会社を含むグループ全体で捉える戦略を持つ存在とした。そして，「総合商社はその構造を変化させ，『連結子会社を通した，多様な製造業・サービス業への進出』の動きと『事業投資会社化』の動きを同時に進めてきた。」（239頁）と，変化の方向性をまとめた。その上で，「あえて『収益モデル』を念頭に置いて現在の総合商社を表現するならば，それは『総合事業運営・事業投資会社』である」（240頁）と説明した。

　佐々木［2003］は，三菱商事代表取締役社長としての立場で，同社の収益モデルは，従来，技術の目利きをする部分の対価を商流の中で口銭として得るものであったが，今は特許などの知的所有権も押さえて，最適なパートナーとのアライアンスを組み事業化することで収益を上げるものになり，主体的にビジネスを展開する形を作り上げている，とした。同社のビジネスモデルは，商流に根づいたビジネスの流れに金融や投資，コンサルタント能力を付加し，その融合の中から新たな付加価値のあるバリューチェーンを築き上げるもので，「複数の機能を備えた，インベストメント・トレーダー」（27頁）

図表 2-1　三菱商事のビジネスモデルの変化

従来は「仲介（貿易）事業者」

取引先の間に立ち，仲介手数料・金融手数料を得ることが中心。投資によって手数料の拡大を狙う。

今では「総合事業会社」へ

業界全体を見渡し，取引先，投資先の競争力強化・企業価値向上を支援，サービス対価を得るとともに，投資先からの配当，連結収益の拡大を狙う。

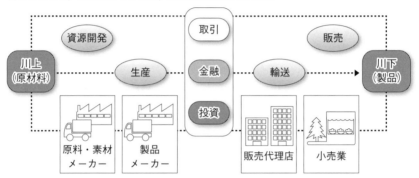

川上から川下の各段階で，顧客のニーズに応じ，必要なところに「資源開発」，「生産」，「輸送」，「販売」等の機能を提供。

出所：三菱商事ホームーページ［2017］「ビジネスモデルの変化」。

と呼べる存在になった，と説明した。本研究の視点では，こうした働きが総合商社機能の本質である，と捉えることもできる。

　2015 年，三菱商事によって出版された書籍は，その名も『BUSINESS PRODUCERS 総合商社の，つぎへ』であるが，その中で楠木［2015］は，「より重要なのは，商売の仕組みをつくって動かしているという点だ。これこそが総合商社の本質的な機能であり」（25頁）と，総合商社機能の本質を明言している。

　また今，三菱商事はホームページで，ビジネスモデルの変化を図表2-1のように，「総合事業会社」への変化として説明している。

　さらに商社機能論も洗練されて整理され，今では，日本貿易会によって，①

図表2-2　総合商社8つの機能

機能	説明
①商取引	グローバルにトレードを推進するコア機能
②情報・調査	広範多岐に亘る情報を収集・分析し，ビジネスに活かす
③市場創造	需給動向を分析し，グローバルな市場を創造
④事業開発・経営	事業の開発・育成とグループ経営の強化
⑤リスクマネジメント	ビジネス上のリスクを最小限にとどめる
⑥ロジスティクス	全体最適の物流を目指す
⑦金融（ファイナンス）	商社独自の金融機能を提供，リース事業を展開
⑧オーガナイザー	各機能を有機的に組み合わせ，プロジェクトを推進

出所：日本貿易会［2017］5頁を基に筆者作成。

商取引，②情報・調査，③市場創造[4]，④事業開発・経営，⑤リスクマネジメント，⑥ロジスティクス，⑦金融（ファイナンス），⑧オーガナイザー，という8つの機能が公式に提示されている（図表2-2）。なお，日本貿易会は最近の商社のビジネスモデルについて，「伝統的なモノのトレードと事業投資を『車の両輪』とする」，と紹介している（日本貿易会［2017］2頁）。

4.3　2000年代以降　その3．商権論と企業間関係

　商権論を研究する島田［2003a］は，あらためて，商社の事業展開は内外の有力企業との密接な継続的取引関係の上で行われること，こうした関係的取引や継続取引は取引費用の論理によってコスト節約が可能なものとして認知されている，とした。そして，「商社は関係性の下で取引先の役に立つ働きをし，それに見合う収益を得るために商権を求める。」とした（6頁）。商社が特定の販売先に対して多種類の商品を販売することは範囲の経済性からみて合理化されうること，商社としての多面的な問題解決能力が評価され特定の

4　日本貿易会［2017］や同会ホームページ［2017］は「市場開拓」とし，「新たな市場の創造，新技術の紹介や導入先企業の発掘，取引先が開発した新規商品の販売支援など」（ホームページ「具体的な商社機能」）と解説する。本研究では同様の意味を持つ用語として「市場創造」に統一し，主としてユーザー市場の開拓の意味で用いる。「エンドユーザー」あるいは「ユーザー」とは，消費財であればそれを消費する消費者，産業材であればそれを用いて加工・生産を行い新たな製品を生み出す製造企業（メーカー）である。マーケティング理論では一般に，「市場」とは消費者集合であるが，本研究の「市場」は消費者と企業を含むユーザー集合である。

大企業の多くのニーズに応えること，総合化はリスクの分散を可能にしていること，などもまとめた。島田［2003b］はさらに，商権を，特定の相手との関係において生まれるもの，一種の独占的性格があるもの，そこでレント（利得）が発生するものとし，「そもそもレントは革新的行動の対価として存在する」と，革新性を強調している（269-270頁）。また商社の機能は，問屋のリテールサポート機能と比較してより広い企業・産業サポート機能（一種のソリューション機能）で，その機能に対して手数料が支払われているとした。そして商社は，コンサルタント料やアイディア料ではなく，成立する取引の額に応じて手数料を得るが，それは商社が単なるビジネスの企画・提案者ではなくビジネスの遂行者であることを反映しており，「ここに商権概念の有効性がある。」とまとめている（291頁）。

経営史の田中彰［2003a］は，戦後，専門商社が総合商社化する際，戦前の三井物産・三菱商事，特に三井物産の成功体験がモデルとなったことを指摘した（23頁）。また商社の事業投資は，基本的には本業である取引仲介ビジネスの拡大・強化を目的としていたが，コミッション・マーチャントの限界が指摘されてから，リスクテイキングな投資に乗り出し，口銭収入よりも直接の投資収益（受取配当金）を目的にした投資が増えたことも示した（41頁）。さらに田中彰［2003b］は，エネルギー分野での三菱商事のブルネイLNGプロジェクトに関する企業間関係の鍵として，シェルとの密接な関係と国内の電力・ガス会社との強固な関係を挙げ，国内企業との商権は「三菱商事がこれら顧客に対して戦後一貫しておこなってきた有形・無形の『投資』の成果である。」（155頁）と，商権論で指摘された総合商社による先行投資の重要性を強調している。

また田中彰［2003c］は，口銭収入を目的とするビジネスとは一線を画す21世紀型総合商社のビジネスモデルとしての事業投資について，ベンチャー的に立ち上げたり萌芽的な段階で取得したりした事業を育成し付加価値をつけた上で売却し，一種の創業者利得を得る方式であるとした（49頁）。さらに三井物産の国後島発電施設不正入札事件などに関連して，総合商社のODAビジネスは，入札に至るまでに2〜3年の準備活動のかなりの部分を先行して負担（「仕込み」と呼ばれる）し，落札後に口銭によって回収する構造があり，

この「仕込み」をフォーマルなコンサルティングサービスとして，独立して対価が支払われるような制度に移行する必要性の指摘がある，とした（54頁）。

　総合商社と資源調達システムの比較経営史研究である田中彰［2012］は，企業間関係の観点で総合商社の資源調達システムを捉えている。そこで田中彰は，WilliamsonがChandlerの現代企業論をミクロ経済学に持ち込み，市場と階層組織という対立的に区別される２つの資源配分メカニズムをモデル化したが，両者の中間に第三のメカニズムが，「関係的契約」，「中間組織」あるいは「ネットワーク」として認識されるようになった，企業グループは階層組織に属し企業集団と系列はネットワークの具体的存在形態である，と基本概念を整理した（5-7頁）。その上で，以下のように述べた。

① 20世紀後半の日本では，海外の採掘企業（サプライヤー）と国内製錬・精製企業との長期契約ベースの継続的取引による，ネットワーク型の資源調達システムが一般的であった。取引される資源の銘柄や数量を最終決定するのは製錬・精製企業であるが，ネットワークの形成・維持業務の大部分は総合商社に委託されており，総合商社は対日輸入実務を担当しつつ実質的にネットワークを組織する機能を果たしていた。

② 口銭は単なる中間マージンではなく，企業ネットワークを組織化する機能に対する対価であり，基本的に戦前から連続した機能である。

③ 1960年代以降の巨大な国際コンソーシアムの形を採る海外鉄鉱山開発では，日本側の共同購入の契約交渉窓口を総合商社が務めた。この方式は，原料炭，アルミニウム，銅など他の原料資源や石油・天然ガスなどエネルギー資源でも試みられ，ほぼ全て総合商社がオーガナイズする長期契約方式をベースとする資源調達システムである。巨額投融資を要するこの方式に総合商社が対応できた理由は，資金調達能力，投融資リスクや金利負担に耐えうる財務体質であった。

④ 鉄鉱石分野において，商権の空洞化が，1990年代以降に表面化した。総合商社は山元への投資を進めて，取引仲介業務よりもリスクを負った事業投資を通じての収益確保を目指し，伝統的な商権ビジネスからの脱却を進め，商取引と事業投資から構成される新しいビジネスモデルに移行した。

商社商権論の立場で商社金融を分析した向［2003］は，総合商社について，現代ではビジネスの創造者としての側面が大きいが，起業家としては，単なる利鞘稼ぎの投資会社と異なり，ビジネスを創造してその企業の取引に密接に介在しながら商権を守っていくという側面が大きい，とした。総合商社は，古い経済学から見れば，流通過程における位置が独占的・支配的であるように映るが，実態は大量の商取引による規模の経済の実現というサービスを提供する企業で，流通コストを最小化し取引を円滑化するコスト・パフォーマンスの高い近代的企業であり，前近代的で高利貸的な問屋制前貸資本と同じではない，と指摘した（40-41頁）。さらに，投資銀行や投資会社のような利鞘稼ぎではなく，関係会社の創出を通じた商権拡大を目指して持株会社化したのが，今の総合商社である，と述べた（46頁）。

英国の商社の経営史をまとめたJones［2000］は，実際の商社はきわめて曖昧な企業形態をしており，特定の業種として扱うことができないと述べた。その上でなぜ貿易商社が多角化するのかは，市場に関する知識やノウハウを，スケールメリットを活かして他の利益機会追求のために使えることが理由である，と指摘した。さらに，日本の企業グループのような企業集団に相当するものは，英国にはなかった，と述べた。英国の投資家は，利益率が高く将来性ある中核事業に集中していて，より効率的に監視できる単一の企業を選択する傾向があり，多様な事業を有する複合企業体を好まず，自らが多くの企業に分散投資したため，複合企業体は消えていった（440頁）。

4.4 2000年代以降 その4．経営史による総合化の論理

総合商社論の中で早くから議論されてきた総合化の論理について，経営史の木山［2009］は，江戸時代の国産会所方式が，領内に紙幣を貸しつけて生産を振興し，生産された物品を藩権力が強制的に集荷し領外へ売却して正貨を得る方式であったことを重視した。木山は，それが全国単位で，明治新政府の政策として，売れるものなら何でも売る姿勢となって受け継がれたこと，そして国産会所方式と商権回復が融合していく過程でそこに深く組み込まれた存在として三井物産が開業し，創業期から多様な商品を取り扱おうとしていたことを，強調している。その上で，三井物産が総合商社化した要因を，①

創業期以来一貫して取扱商品を制限する姿勢を採らなかった，②近世諸藩で一般的であった国産会所方式と類似の手法を採用した明治政府の勧業政策および貿易政策があり，そこに取扱品を制限しない三井物産は組み込まれ忠実に政府の要請に応えた，③旧幕臣ネットワークの影響が三井物産と他商社を分けた，の３つとした（261-265頁）。この木山の説については，「日本でなぜ総合商社が成立したのかという問題を解明した。」と，高く評価する見解もある（大島［2015］275頁）。

　経済史的な観点から橋本［2000］は，20世紀の総合商社の凋落を説明した。19世紀に国際交通システムが成立した際，投機を行う旧式のジェネラル・マーチャントが他業者の持たない取引情報を掌握することの意味が小さくなり，国際貿易では専門領域で取引仲介業務に特化して手数料を得るコミッション・マーチャントが主流になった。三井物産はコミッション・マーチャントの台頭条件に適応し，著しく安い手数料で貿易取引を仲介したので，日本の輸出入業者は後発国特有の割高な仲介手数料から解放された。「三井物産を一言で特徴づければ後発国で新たに甦ったジェネラル・マーチャントであった。」（38頁）。しかし，「20世紀末のデジタル革命は国際交通システムの革新であり，それを利用した貿易・卸売業務の費用を劇的に低下させたから，約一世紀にわたり日本経済の発展に貢献した総合商社固有の存在意義を希薄にした。（中略）19世紀末の国際交通システム革新に創造的に適応した総合商社は，20世紀末のデジタル革命でその歴史的使命を終わった。」（39頁），とまとめている。

4.5　2000年代以降　その５．その他の総合商社論

　国際経営の観点から三宅［2006］は，総合商社のFDI（海外直接投資）は，単純な内部化を目的とせず，マイノリティ出資による合弁が通例で，商社は取引先との継続的な関係構築と共にインサイダーとなることで情報を得ることを目的としていた，とした。商取引を軸とするビジネスモデルで「市場形成型」FDIのような随伴取引に伴う口銭収入を期待する場合，マイノリティ出資が基本であったが，高度な付加価値の提供に見合った事業収益を期待するビジネスモデルに変化した，と述べた。そして1990年代以降，総合商社は口銭収入への依存から脱却しようと，事業配当収入を目当てとしたFDIを増や

しており，投資事業収益を重視する姿勢が明確である，とした。しかし，国際的なプレゼンスの大きさに比べて実態がよく理解されていないため，1990年代以降，総合商社の「総合性」に対する市場や投資家の見方は，その効果が不透明で企業価値の予測が困難であるとして，コングロマリット・ディスカウントが生じ否定的なものであった，とまとめている（88-89頁）。

さらに企業間関係に着目して，三宅［2014］は，総合商社が他企業との連携で付加価値を生み出す存在であるとし，「総合商社の活動の基本には他企業との何らかの関係が必ずあり，この企業間関係のあり方にこそ，総合商社のビジネスの本質があるのではないか」（240頁）と，総合商社ビジネスの本質が企業間関係を前提にしていることを強調した。さらに，組織間関係論において支配的とされている資源依存パースペクティブにおいて「中間組織」とは，依存を認めた上で他組織との間の妥協点を見出し，良好で安定した関係を形成する協調戦略の下，「双方依存」の状態を作るための組織間調整メカニズムである，とした。そして，取引コスト・パースペクティブのアプローチも組み合わせて考え，中間組織による取引コストの方が低ければそれが選択される，とする。その上で，「『中間組織』の形成は総合商社の活動の出発点であり，かつ本質であって，総合商社は，形成する『中間組織』の態様変化によって環境適応を図ってきた，との仮説」（253頁）を導出している。

同じく国際経営の観点から飯田［2015］は，「実際の総合商社の事業開発は，本社ではなく子会社を通じて行われており，大半の収益が子会社から得られているのが実態」（51頁）と指摘する。そして総合商社の経営課題は，連結経営の維持・発展のためのグループ・マネジメントであり，本社組織と子会社の組織間関係が研究の焦点であるとし，子会社を軸にイノベーションを実現するための方策などを提言した。

2000年頃以降の総合商社の資源分野を中心とする投資会社化を受けて，*Financial Times* のMcLannahan［2014］も，総合商社の顧客であった電力・ガスのエネルギー企業が，燃料・原料の購買者から，自らLNGを生産・販売する統合エネルギー企業に変身しようとしていることを述べた。その上で，総合商社は非資源分野への投資を強化していることを紹介した。記事の中で日本貿易会の木村は，総合商社がバリューチェーンの中の弱い部分を見つけて

参入するアメーバ組織であり，"ubiquitous business enabler"（「どこにでも出ていくビジネス実現者」）である，と表現している。

　なお日本貿易会からは数年に1回程度の頻度で，総合商社に関する研究を基にした書籍が出版されており，政府が進める経済政策の総称であるアベノミクスを受けて，2014年にも『日本の成長戦略と商社：日本の未来は商社が拓く』が出版されて，多数のビジネス創造の事例を紹介している。本書でもその中から，医療分野の事例2つを取り上げて分析していく。

4.6　2000年代以降の総合商社論の要点

　2000年前後の総合商社は，連結決算を前提にして，収益構造を，それまでの商取引による営業利益を中心にするものから，事業投資による収益（受取配当金＋持分法投資損益）を中心にするものに転換した。その変化に関する研究も，多数提示されている。

　またインターネット時代の商社不要論に対して，購買代理人としての機能を示す見解があり，プロジェクトを組成しオーガナイズするビジネス・クリエイターの働きも示された。商売の仕組みを創って動かすことこそが総合商社の本質的な機能である，とする鋭いコメントもあった。また収益モデルを念頭に，総合事業運営・事業投資会社とする表現もあり，商権論や組織間関係論からの有意義な指摘もあった。

　三菱商事の現場からも，バリューチェーンの設計を通じたビジネスモデルの説明など，多数のコメントが出されている。

　この時期には，総合商社の機能の本質を示す見解が示され始めている。

5 ▶ 先行研究の問題点と克服するための要件

　ここまでの先行研究レビューの結果をまとめ，本研究の目的に照らして，どのような問題点があったのか指摘し，それを克服するために求められる理論的枠組みには，何が必要なのかを整理する。

5.1 総合商社機能の本質の見方の問題点

　第一に，これまでの総合商社研究の多くは，総論的研究あるいは一般理論を当てはめようとする研究であった。総合商社機能の本質とは何かを明らかにしようとする本研究の目的から見て，事実に基づいた上で理論的に十分な解答を与える研究はない。

　すでに長沢［1990］が指摘していたように，過去の総合商社論としては，①総合商社が何をしているのかを説明する総論的研究，②経済史的に商業資本と産業資本，金融独占と産業独占の関係などを分析する研究，③海外直接投資（FDI）など多国籍企業論の視点からの研究，そして④経営史的に総合化の論理を中心にする研究など，事実の整理，マクロ的な総論研究，あるいは現象面の分析が多かった。その後，今に至るまでの研究でも，商社機能論は個別機能の整理の上に立って機能の総合性が重要であることを強調し，商社商権論は企業間関係を基に商権の構造を示し，組織間関係論も的確な視点を提供した。しかし，全体としての総合商社の本質的な機能，なぜ存在しているのか，他の企業体が提供する機能と何が根本的に違うのかなどを，十分な合理性をもって説明できる内容ではなかったと考えられる。経営戦略の観点から総合商社を分析したYoshino and Lifson［1986］も，この組織を単純明快に説明するためのモデル，コンセプト，表現はないと指摘した。こうした現実は，今も大きくは変わってはいない。

　このように総合商社に関する議論を俯瞰すれば，かつてはマルクス経済学的な一般論から商業資本の衰退を説く商社否定論が多く，それとは別に経営史の観点から総合化の論理が議論されたり，否定論に対抗する機能論が提唱されたりしてきたが，総合商社機能の本質に焦点を当てた議論はほとんど見られなかった。総合商社が多岐にわたる事業を展開し，収益モデルを大きく変化させてきて，著名大企業ばかりであるにもかかわらず何をしているのか総体として捉えにくいこともあり，昨今の議論でも，コンセプト提示を超えて現実をふまえ，組織全体を構造的に見た機能の本質論は提示されていない。

　この原因は，そのための適切な理論的枠組みが提示されていないことにあるのではないだろうか。

　第二に，総合商社が事業展開を始める場合，今もそのほとんど全てにおいて，

パートナーとしての顧客企業と一体となった展開であることを，企業間の関係に基づいて構造的に捉えた分析はない。企業間関係を見た商権論や，組織間関係論による分析も，主として商取引に基づいた分析である。企業間関係が総合商社ビジネスの本質と指摘した研究（三宅［2014］）もあったが，現実を見た本質論には至らなかった。結局，収益モデルの変化も反映しつつ，企業間関係とそれによる働きの本質を捉えた研究はない。

　第三に，連結決算の時代となり，従来の商権ビジネス等のオペレーションを連結子会社・関連会社に移して，本社はビジネス創造や投資先管理を行う体制に変化したこと（その現代的な姿は第7章の三菱商事の事例でも示されている）を受けた，総合商社グループ全体の働きの議論が，ほとんど見られない。中谷［1998］は戦略策定部門と現場部門の権限配分が真剣に討議されるべきと指摘し，飯田［2015］は本社と子会社の組織間関係の重要性を示したが，それに止まっている。

　連結決算の時代，総合商社を研究対象とする際，グループ経営における本社と連結子会社・関連会社の役割分担を見ないで分析を行うことは，すでに難しくなっている。しかし，この現実に立脚して総合商社機能の本質を構造的に捉えようとする試みは，必ずしも十分にはなされていない。

　第四に，総合商社は独創的システムを売る，ビジネス創造者である，創造的・開拓者的挑戦を行う，商売の仕組みを作って動かす，ビジネスモデルを作る，事業を創るなど，コンセプトとしての表現が，研究者（有田［1976］，小島・小澤［1984］，Yoshino and Lifson［1986］，中谷［1998］，楠木［2015］，垰本［2015b］等）や実務家（柴田［2004］や小島［2005］等）の見解として示された。歴史的にも総合商社は，19世紀の環境下で創造的適応の結果達成された組織的革新である，とする見解もあった（橋本［1998］）。

　このような学術的な先行研究や実務家の見解を見ると，総合商社はビジネスを創造することを重要な機能としていることが，コンセプトの形で強調されているのは事実である。確かに明治時代に始まり，戦後から今に至るまで，総合商社が国家的な規模でわが国経済発展のために果たしてきた機能の本質は，ビジネス創造ではないかと思われる。したがってこれらの見解自体は，本研究にとってきわめて重要であるし，正しいものであると推察される。しかし，

そのコンセプトを何らかの理論的な枠組みを用い，きちんとした説明として，実現している価値とその仕組みを基に，構造的に示した研究は出ていない。

　埠本［2015a］が指摘したように，先行研究では総合商社機能の本質は的確に整理されておらず，全体構造を理論的な枠組みによって分析する努力は十分になされなかった。総合商社機能の本質をビジネス創造とする見解はコンセプトの提示に止まっており，理論的な枠組みを基に全体構造の形で示した研究はなかった，といえるのではないだろうか。

　第五に，総合商社が，2000年前後を境に，収益モデルを従来の商権ビジネスによる商取引中心のものから事業投資を中心とするものに変えたこと，その意味をどう捉えるべきなのかという議論が少ない。

　まず商権ビジネスの位置づけが明確になっていない。今もなお，総合商社を卸売業として捉える見解もあり，商取引主体であるという理解もまだ根強い。一般に卸売業のマージン率は10〜20％程度とされるが（例えば，経済産業省の平成9年商業統計では，卸売業の平均マージン率は16.6％），総合商社の典型的な商権ビジネスの口銭率は今も昔も2〜5％程度であると思われる。それは総合商社の多くの商取引が，事務代行すなわち他社の依頼を受けて与信リスク程度しかリスクを取らず商品を売買して手数料を得る収益モデル（益田孝が言った「コムミッション・ビジネス」（長井［1989］119頁））であることによるものである。それでは，その薄口銭の収益モデルが何を意味しているのか，なぜその形の収益モデルが許容されてきたのか，そうした点を追究した分析もほとんど見られない。商権論は，鉄鋼の国内商権ビジネスで総合商社が何もしないで「眠り口銭」をむさぼっている，と批判されていることを紹介していた。しかしそれでは，なぜ総合商社はその口銭を「むさぼる」ことができたのか，なぜその商権が与えられているのか，島田［1990］のいうメーカーへのギブとは何であるのか，そういう点を一定の理論的枠組みをもって説明しようとした研究は少ないのである。

　藤山［2013］が示すように，貿易実務の仕事の付加価値が大きくないこと，それ以前に顧客の暗黙のニーズを再発掘することが総合商社の付加価値であること，そうしたコメントの重要性を認識するべきであろう。

　産業分類的に総合商社は卸売業とされるが，その分類を基に総合商社を単

に卸売企業として見ることは，機能の本質を捉えにくくしているのではないか。さらに，総合商社の収益モデルは，ビジネスの構造の中でどう位置づけられるべきなのか。それらの点を見た研究はほとんどない。

　以上をまとめると，総合商社論の先行研究については，次の問題点が指摘できると考えている。

①　総合商社の組織全体の働きを理論的枠組みで捉えて，機能の本質を，実現している価値とその仕組みに基づいて構造的に分析しようとした，現実をふまえた研究はほとんどない。

②　総合商社はほとんど全ての場合，パートナーとしての顧客企業と一体になり事業展開を行うが，収益モデルの変化をふまえて，企業間関係とそれに基づく働きを正面から捉えた研究はない。

③　連結決算の時代，グループ経営において，商権ビジネス等のオペレーションは連結子会社・関連会社が担当し，本社はビジネス創造や投資先管理を行う組織体制の役割分担について，現実を見て構造の意味を分析した研究はない。

④　総合商社はビジネス創造者である，ビジネスモデルを作るなど，コンセプトとしての表現はあり，ビジネス創造が重要機能であることは明らかである。しかしそれは，理論的な枠組みを用いて，個別機能やビジネスモデルの内容と合わせて，構造的に整理されてはいない。

⑤　総合商社の収益モデルは，商取引から事業投資に中心を移したが，ビジネスの構造の中で収益モデルはどう位置づけられるのかを明確にした研究は，ほとんどない。

⑥　要するに，総合商社の本質的な機能が何であり，どういう企業間関係によって，どのような価値をどのような仕組みで実現するのかを，理論的な枠組みを基にして全体構造として明確な形で示すことは，まだできていない。

5.2　企業間関係を見た研究に欠けていたもの

　総合商社の活動はほぼ全て，顧客企業すなわちパートナーの存在が大前提である。したがって総合商社の本質的な機能を分析しようとするなら，パー

トナーとしての顧客企業との関係を軸にすることが必須であると考えられる。しかし、収益モデルの変化も見ながら、それを正面から試みた現実をふまえた研究はほとんどない。

例えば、島田［1990］などの商社商権論では、顧客企業との長期的な関係を前提に、総合商社が何らかの投資を行い、その貢献に対して顧客が商権という収益獲得のチャンスを与える構造が描かれており、顧客との信頼関係の重要性が強調されている。しかしそれでは、総合商社がその構造の中でどういう働きをして、どういう価値をどういう形で創り出しているのかは、明確な形では描ききれていない。また現在、総合商社は既存の商権ビジネスのオペレーションを連結子会社・関連会社に移管し、本社はビジネス創造に関連する動きや投資先管理を業務の中心にする体制になり、収益的にも事業投資に依存する程度が大きくなっているが、商権論だけでは、その事実に基づいた本質の議論ができない。

組織間関係論の観点から戦前の総合商社を分析した萩本［1996］などの研究は、この理論の視座を総合商社に適用して優れた分析を行っている。しかし、パートナーとしての顧客との関係を軸に働きの全体像を整理しようとするものではない上に、商権論と同じく商取引中心の時代の事例によっており、現在の総合商社を分析するための参考にはできにくい。

三宅［2014］は、この点、総合商社が企業との関係のあり方をビジネスの本質としていることを明示し、市場と階層組織の間にある中間組織として働いていることを指摘した。そして、取引コストの観点からその存在意義を説明したが、組織論を超えて、総合商社がどのような働きをどのような仕組みを基に行って、どのような価値を実現しているのかまでは、示していない。

このように、総合商社が常に顧客企業の存在を前提としてビジネスを展開していることは周知のことであるとしても、近年の収益モデルの変化をも見つつ、そこでの具体的な動きに焦点を当てた、事実に基づく詳細な研究はなかった。総合商社と顧客との関係を中心に、働きを一定の理論的枠組みにより分析して、全体構造として機能の本質を明確にしようとした事実に基づく先行研究はなかった、と考えられる。

5.3　機能に関する研究に欠けていたもの

　第一に，総合商社の機能が総合されてどう働くのか，その構造を正面から論じた先行研究は少ない。それこそが機能の本質といえるはずである。

　総合商社の機能論は多々展開され，結果は日本貿易会が整理した現在の8つの商社機能に集約されている。そこでは，商取引，情報・調査などの個別機能が説明されており，商社機能研究会［1981］や上野［2011］などは，機能の総合性が重要であることを強調している。1つ1つの機能だけ見れば，総合商社固有の機能ではないことから，常に存在意義を疑われる脅威を抱えた業種であることも，島田［1990］などによって示されている。ただそうした議論でも，総合された機能で実現している働きの全体構造については，明確に示されていないようである。

　第二に，ビジネスを創造する機能が重要であることは，コンセプトとして示されてきた。しかし，総合商社の中心となる収益モデルの変化や本社と連結子会社・関連会社の役割分担などは，そのこととどう関係するのか，現実をふまえてビジネスの構造を捉えた分析はほとんどない。

　個別の機能として整理されている機能の中心は，大型プロジェクトを企画し新たなビジネスを効率的に創り出していくオーガナイザー機能であろうことは，すでに内田［1973］，商社機能研究会［1975］や中谷［2001］などでも示されている。また，中川［1973］によってこの機能はすでに戦前から発揮されていたことが指摘されており，歴史的にも総合商社の本質的な機能の中核であることは間違いない。このオーガナイザー機能は，日本貿易会の説明によれば，「各種機能を有機的に組み合わせ，大型プロジェクトを推進」する機能として説明されている。[5]色々な研究においては，関連する市場創造機能や事業開発・経営機能の重要性も指摘されており，そうした機能と共に，オーガナイザー機能が総合商社機能の核であることは理解できる。

5　日本貿易会ホームページ「具体的な商社機能」の説明は，下記の通り。
　「各種機能を有機的に組み合わせ，大型プロジェクトを推進いたします。プラント商談や資源開発など大型プロジェクトの推進に際して，商社の持つ各種機能を有機的に組み合わせ，情報収集，企画・立案，パートナーの選定，コンソーシアムの組成，資金調達，原料・資機材の調達，建設受託，製品販売先の開拓などを包括的に遂行し，プロジェクトを牽引します。例えば発展途上国における大型発電所のBOT・BOOなどは，商社のオーガナイザー機能を象徴するプロジェクトと言えるでしょう。」

しかし，コンセプト的に提示されているビジネス創造が，このような機能の働きや収益モデルの変化そして役割分担とどのように結びつくのかは明確でない。島田［1990］の商社商権論で，顧客関係への先行投資がギブとなって，商権の獲得者という特権的地位が与えられ維持されることが説明されており，この先行投資をビジネス創造活動の一部であると理解すれば，商権に基づく商取引の収益モデルの位置づけについては，一応の説明が得られていることになる。しかしそれでは今，事業投資を収益モデルの中心とするようになった総合商社の姿を見て，ビジネス創造をどう構造的に説明するのか，そういう視点の現実をふまえた研究はほとんどない。田中彰［2003c］も，先行投資をコンサルティングサービスとみなして，独立して対価が支払われるような制度にする必要性に言及したが，投資と結果としての収益モデルとの関係については十分な議論といいにくい。また総合商社が果たしている機能は本来の卸売業のものではないとする見解もあるが，こうした議論と結びつけられていない。

　第三に，ビジネスモデルというコンセプトが，明確な定義・整理に基づいて用いられていない。

　数多くの先行研究などでは総合商社のビジネスモデルが変化したことが述べられており，総合商社はビジネスモデルを作る存在であるともされている。しかしそこで用いられている総合商社の「ビジネスモデル」とは何を意味しているのかに関する，明確な定義はない。

　また柴田［2004］も，商社は課題に着目してそれを解消する仕組み，すなわちビジネスモデルを作る，そして商取引はその結果として生じるものである，と説明しているが，その構造を具体的に説明してはいない。総合商社の経営者などからも，ビジネスモデルに関するコメントが多々出ているが（例えば小島［2009］），そのコンセプトは十分整理されて用いられているとは考えにくい。

　以上のように総合商社の機能については，個別の機能論，ビジネス創造者とするコンセプトの提示，オーガナイザー機能の重要性の指摘，ビジネスモデルによる説明など，様々な角度からの言及があった。しかし，総体として総合商社が実現している価値とそれを可能にする仕組みは何なのか，理論的

そして構造的に整理した見解は，十分詳細な形では示されていない。

5.4　問題点を克服するための要件

先行研究が持つ既述の6つの問題点は，全て，本研究の目的を実現するための課題1，総合商社の企業間関係の構成，提供する価値，その実現の仕組みを説明するための理論的な枠組みの構築に関連する。

こうした問題点を克服することによって，課題1を解決するためには，次のような要件を満たす理論的あるいは構造的な枠組みを用意する必要があることが確認できる。

　a）総合商社機能の本質とは何かを，企業間関係を基にそのビジネスモデルを明確にして，事実の分析を通じて正面から説明できる。

　b）グループ経営における，本社と連結子会社・関連会社の役割分担を説明できる。

　c）総合商社のビジネスモデルを，オーガナイザー機能などをふまえて明確な形で整理して，すでに示されている総合商社はビジネス創造者であるとするコンセプトを，総合商社でしか生み出せない機能，機能の働きの結果である価値とその実現の仕組みと共に，全体構造として整理できる。

　d）ビジネスの構造を見た上で，総合商社の収益モデルが，商取引を中心にするものから事業投資を中心にするものに変化しても，総合商社が継続して存在していることの理由，そして総合商社の機能の本質は卸売業ではないことの理由を説明できる。

　e）以上を総合することによって，総合商社機能の本質を，明確な形で全体的な構造として説明できる。

次章では，こうした先行研究が持つ問題点を克服するための要件を前提に，総合商社の機能の本質に迫るための理論的な枠組みを構築することによって，本研究の課題1の解決を目指す。

3章

理論的枠組みの構築

1 ▶ 理論的枠組みの構築に向けて

　第2章で整理したように，総合商社の本質的な機能，総合商社でしか実現できない働きが何であるのかを明らかにするためには，5つの要件を満たす理論的な枠組みを用意して分析を進める必要がある。

　本章では，これらの要件を満たすと考えられる，理論的な枠組みを開発していく。簡潔にまとめると，総合商社が実現している働きを全体構造として総体的に整理することのできる，企業間関係を基にする理論的な枠組みを開発することになる。

　その後，この枠組みを用いて行う事例研究を通じて，総合商社が社会経済に提供している独自の価値と，それを生み出している仕組み，すなわちビジネスモデルが何であるのかなど，機能の本質を，現実をふまえて明確にしていくことを目指す。

2 ▶ 前提としての商学の概念

　本研究は，総合「商」社に関する研究である。ここでこの「商」の概念についてあらためて整理し，以後の研究を進めるための前提としたい。

　今のわが国で商学は，商業あるいは商取引に関する学問とされているよう

である。例えば，商学において最も一般的とされる入門書『商学通論（九訂版）』（久保村［2016］）を見ても，商とは，「個々のあきないが総合されて生ずる『流通』を意味するのがふつうである。」（1頁）とされ，小売・卸売・物流・流通金融などを含む，「生産と消費の間の隔たりを架橋する」（3頁）ものとされている。ここで示されている商概念は，流通すなわち商取引とその周辺の活動を商とするものである。

かつての通商産業省の貿易業態統計表（1994年まで作成されていた）によると，いわゆる商社とは卸売業および小売業の貿易業者とされていて，その定義の中心は貿易取引を行うという点であり，上の流通としての「商」概念に近い。2014年施行の最新の日本標準産業分類でも，過去と同様に，総合商社は「各種商品卸売業」とされており，産業分類としてはあくまでも「卸売業」に区分されている。もちろん歴史的に貿易商社から発生した総合商社は，2000年頃まで商取引をその中核的な収益モデルとしてきて，今も子会社を中心に商取引を行っていることから，こうした分類は間違ったものではない。

しかし林［1999］がいうように，本来，商学は「商人」に関する学問であって，商人とは，「自己の経済的危険において，市場裡へ自発的かつ継続的に立現われて，主として営利を目的に，その活動を営む人間主体」（2頁）である。そして，「時代ごとのその外姿や呼称がいかように変ろうとも，冒頭の定義で示した商人の本質は少しも変るものではない。」（6頁）ともいう。林は，メーカーもロジスティクス企業も皆商人であることを認めたのである。

そもそもわが国の会社法によれば，会社が「その事業としてする行為及びその事業のためにする行為は，商行為とする。」と規定されている（第5条）。そして商法によれば，「商人」とは，「自己の名をもって商行為をすることを業とする者」の意味である（第4条）。こうした規定によると，小売業・卸売業などの流通業者だけでなく，メーカーなどの会社組織が何であれ事業として行えばそれは商行為となり，これらもここで議論されている「商人」の範疇に入るのである。

また林は，商人を意味する英語の merchant という単語は，販売商人を指すだけでなく，工人を含む最広義の商人の義に対応していることも指摘している。そして，「歴史的に商人の活動の役割は，生産的であるよりも，むしろ

主として創造的であった。」(133頁) と述べている。

　なお内田 [1967] (20頁) によれば，商社という言葉が一番初めに使われた
のは，徳川末期であり，それは英語のカンパニーの翻訳だった。その事実も，
「商」概念が単なる商取引，流通を超えたものであったことを示している。

　このように「商」の概念は，商品を右から買ってきて左に売る商取引とそ
れに付随する行為つまり流通だけではなく，広くビジネス，営利行為一般を
意味していることを確認できる。わが国の商法も，貿易商社，卸売業，小売
業などの流通業者だけを対象にした立法ではない。

　しかし，これまでのわが国の経済学や商学は，久保村 [2016] がそうであ
るように，商取引と，物流・金融などその周辺の機能だけに着目して商概念
を捉える傾向が強く，単なる卸売業の商取引をはるかに超えた広がりを見せ
る総合商社の本質的な機能を捉えようとする場合，理論的な基礎として十分
ではないのではないか，と思われる。

　また，江戸時代の身分制度「士農工商」の思考は，戦後の商社マンの意識
にも反映されていた。かつてある総合商社の経営者が「士魂商才」，すなわち
「武士の高邁な精神と商人としての抜け目ない才能を共に持つ」という言葉を
好んで使っていたのも，商を最下層に置く古い身分制度の意識が残っていた
からであろう。そのような商人を一段低いものと見る一般社会の意識が，現
在においても多少なりとも残っており，戦後の商社否定論に影響を与えてい
るのではないか，と考えられる。

　ここでは，総合商社がビジネスとして展開しているのは，商品を右から左
に流す商取引だけではないことを，強調したい。さらに，商人の本質は時代
を経ても変わらないこと，林 [1999] が示したように，商人の活動は主とし
て創造的であることも，本研究における重要な認識として，確認しておく。

　そして総合商社を考える場合，近年の総合商社の収益モデルが，商取引で
はなく事業投資を中心にするようになっている事実こそ，真の商概念が何で
あるのかをあらためて思量する契機になる。なぜ総合商社は，かつては商取
引，近年は事業投資と，中心になる収益モデルを変化させても，同じ企業体
として存続することができているのか，その点が重要なのである。

　ここまで述べてきたことをふまえると，より広い商概念の捉え方を前提に

して，単なる流通業者としての見方を超えて，総合商社の存在理由を追究するべきではないか，と思われる。以下では，そうした広義の商学の観点を基にして分析を進めていく。

3 ▶ すでに示されてきた総合商社のビジネス創造

3.1 総合商社のビジネス創造の指摘

先行研究のレビューで示したように，すでに研究者・実務家双方から，総合商社機能の本質がビジネス創造であると示す見解が多数出ている。

例えば，研究者の立場で中谷［1998］は，21世紀における商社の役割を，グローバル・ビジネス・クリエーターあるいはビジネスの創造者であるとしているし，楠木［2015］は，総合商社の本質的な機能として，商売の仕組みを創って動かしているという点を強調している。また海外の研究者であるYoshino and Lifson［1986］も，ビジネスを創造する存在であることを述べている。総合商社の実務家の立場では，塩見［2001］がビジネス・クリエイターという言葉を示している他，三菱商事［2015b］も，その書籍名として，総合商社をBUSINESS PRODUCERSと表現した。

また有田［1976］は，流通調査の専門家として，総合商社は商品や技術を結びつけて創造的商品またはプロジェクトを創り，単体商品を売るのではなく独創的システムを売ることを通じて，そこにメーカーの商品・技術を組み込むため，ユーザーも商品よりもシステムそのものに高価な代金を支払い満足する，と指摘している。この表現では，ビジネス創造のためにシステムつまり仕組みを創り出していることが，強調されている。

さらに橋本［1998］が，総合商社を，19世紀後半の日本における創造的適応の結果，達成された組織的革新であるとしていることも，総論的な意味でこうした創造性を表現しているものと考えられる。

最近も，戦後の総合商社業界をリードしてきた三菱商事の垣内威彦社長が，今後の成長エンジンは「事業経営」であるとして，以下を述べている。[1]

1 「そこが知りたい 商社で利益首位 どう奪回?」『日本経済新聞』2016年6月5日，7頁。

「当社から出資先に人材を派遣し，経営インフラをフルに提供する。販売網や原料調達，法務，株主総会の進め方といったあらゆる引き出しで支える。これまでは出資しても，会社全体の経営に踏み込んでいなかった。出資先に原料や製品を売ることが目的だったからだ」

　この事業投資の位置づけの変化に関する表現が示唆するのは，総合商社の役割が単なる商品の売買あるいは事業投資ではなく，その基礎にある事業経営そのものを確立すること，すなわちビジネス自体を創造することであると，より一層明確になってきた事実ではないだろうか。

3.2　オーガナイザー機能によるビジネス創造

　本研究では，日本貿易会が示す8つの機能を，総合商社の個別機能の標準として認める。その中で最も重要な個別機能としては，オーガナイザー機能が研究者からも実務家からも挙げられている（内田［1973］など）。日本貿易会の説明では，プロジェクトの推進が強く意識されているが（第2章脚注5），より大きくこの機能を捉えて，総合商社とパートナーとしての顧客，関連する組織が持つ様々な機能を組み合わせて統合し，効果的に働くようにする仕組み作りこそが，オーガナイザーとしての総合商社のビジネス創造の中核的な働きであると考える。ビジネス創造において，この機能がきわめて重要であることは，間違いない。

　総合商社の強みは，例えば原料炭ビジネスであれば，それを輸入し日本の鉄鋼メーカーに売り，鉄鋼メーカーの製品を造船会社に販売すると同時に船主と交渉して船舶の注文を取り，船主に対しては鉄鉱石輸入の際にその船を利用することを約束し，積荷の鉱石を鉄鋼メーカーへ納入する，という形で取引をつなぎ広げていけることにある。こうした色々な関係企業との取引をつなぐことが総合商社の典型的なオーガナイザーとしての働きであり，三菱商事［2013］その他が強調するバリューチェーンを作ることでもある。

　また現場の商社マンの経験を記述した八木他［1992］（100頁）においても，この仕組が解説されている。例えば，三井物産のプラスチック樹脂営業部

門が担当する，セブン‐イレブンの弁当の生産・販売・運送の事例では，三井物産が運送業務の情報ネットワークを完備するなど細かい流通システムを開発して，コンビニエンスストアの多頻度配送の仕組みを変えたことを紹介している。そして，このようなイノベーションを解剖すると，必ず新規事業の中に総合性の要素が加味されており，総合的な要素を活かした展開である，と解説した。これもオーガナイザー機能の発揮であろう。

　ここでは，総合商社はオーガナイザーとしての機能を中心にしつつ，8つの機能を発揮してビジネスを創り上げることをその存在意義としている，と理解することが，合理的であると考える。

　なお関連機能として，日本貿易会が示す事業開発・経営機能がある。同会ホームページ［2017］の説明では，「さまざまな機能を駆使し，事業の開発・育成とグループ経営の強化を目指します。」とされており，さらに詳しく，「社会・産業の変化のなかで，満たされないニーズに対して，情報収集・分析，原材料調達，製品販売，物流手配，資金調達，人材育成などの機能をフルに活用することにより，ニーズを満たすための新たな商品・サービス開発と事業化を支援・育成します。また，様々な分野の事業経験を生かして，川上から川下までのバリューチェーン再構築，既存バリューチェーンの他分野への適用など，産業の変革を支援します。」となっている。詳しい説明には「経営」の二文字がなく，それが最初の説明のグループ経営を意味しているとすれば，詳細な説明は主として「事業開発機能」の解説となる。ここには，他の機能の活用，バリューチェーンの再構築や他分野への適用も含められており，かなりビジネス創造のコンセプトと重なる。ただし，本研究でいうビジネス創造には，より大きく，企業間の関係構築，新しい市場の創造や機能の外部との統合などまでが含まれる。以下では，事業開発機能はビジネス創造の完成を担当する重要な機能であり，ある部分ではビジネス創造そのものでもあると考え，他の市場創造やオーガナイザー機能などと並び，ビジネス創造の核となる機能の1つとする。

3.3　商権ビジネスもビジネス創造から

　かつては総合商社にとって典型的な商権ビジネスであり今は主として子会

社の鉄鋼専門商社（三菱商事系のメタルワンなど）が担当している，国内鉄鋼取引における「紐付き商売」（第2章脚注2参照）も，総合商社のビジネス創造を基にしている。そうした商売で総合商社が得る数％の口銭は，「眠り口銭」と呼ばれて批判的に見られていたが，当然のことながらそこにも当初はビジネス創造の働きがあったから，この収益獲得の方法が可能になっているのである。総合商社はただ利権的に商取引に介在して，口銭を得ているのではない。また八木他［1992］（73頁）によれば，この口銭は3％であったとされており，一般にこの形態の商取引の口銭率はその程度の低率であったと推定できる。田中彰［2012］（207頁）によると，1990年代，新日本製鉄をはじめとする高炉メーカーに限れば，普通鋼鋼材の国内販売の8〜9割までがこの形態の取引であった。

　ここで，その商取引のオペレーションだけを見るとほとんど何も機能していない総合商社に，収益を上げる仕組みがなぜ許容されたのか，その理由を考えてみる必要がある。商権論で島田［1990］が示したように，総合商社は顧客企業との長期的な関係を前提に，何らかの事前投資を行い，その貢献に対して商権を得てきた。この国内鉄鋼取引の商権についても，歴史的に総合商社が何らかの貢献をしたことに対して与えられている権利である，と解釈することができる。具体的には，総合商社は，1901年に操業開始した官営八幡製鉄所と，その後1900年代に設立された民間製鋼会社である神戸製鋼所・日本製鋼所などの鉄鋼メーカーの販売を一手に担当し，保証金や問屋売りの立替え払い，在庫金融のような金融も行って，経営の立上げを積極的に支援した。こうした民間製鉄会社の新設の多くは，三井物産や鈴木商店などの鉄問屋を中心とする商業資本に依存していた（内田［1967］）。もちろんその間，鉄鋼メーカーは，流通に関連する投資を抑えて，開発・生産に集中することができた。こうして例えば，八幡製鉄所の場合は，三井，三菱，岩井，安宅の4社が指定商として販売を一手に担当し，その構造が戦後も維持されて，紐付き商売になっていった。

　以上から，紐付き商売の現時点だけを見れば，総合商社の存在意義が小さいように見えるが，歴史的な経緯を知ると，当初の事業立上げというビジネス創造を支援した貢献に対する商権付与であることが理解できる。

八木他［1992］はまた，かつて素材メーカーが新規事業を開発した際，成功原因は営業やマーケティング，すなわち「事業化の仕組みづくり」にあったはずで，技術は良いが事業にはならない新規事業を収益性の高い事業に育てる働きを総合商社はできる，「産業構造の仕掛けづくり屋である」とした（103頁）。総合商社のビジネス創造は，総合力を活かしたオーガナイザー的展開であり，産業構造の仕掛けを創っている，との解釈である。

3.4　本研究の目的の精緻化

このように，過去色々な角度によって，研究者からも実務家からも，総合商社のビジネス創造が最も重要な働きとして，あるいは機能の本質としてコンセプト的に語られており，そこで重要な個別機能は，オーガナイザーの立場で様々な機能を統合し何らかの仕組み（言葉としては，ビジネスモデルと表現できる）を創る機能である，と指摘されてきた。しかしここで鍵となるのは，第2章で示したように，総合商社の機能の本質はビジネス創造であることが，理論的な枠組みを用いた分析と説明を基にして，全体的な構造という形で整理されていないことなのである。

そもそもなぜ，総合商社がきわめて多岐にわたる商品分野で幅広い事業を展開することができるのか。それは間違いなく，かつて御園生［1961］が述べたような，追い詰められてやむを得ず採った行動ではない。しかし，過去多々議論されてきた商社機能論，今は日本貿易会が集約した8つの機能によって，その理由を明確に説明することはできない。わずかに，個々の機能ではなくオーガナイザーとしてそれらを統合し，総合性を発揮して事業を展開すること，そして何らかの仕組みを創っていることが言われているだけである。実際に総合商社が「何でもできる」のはどういう働きによるのか，色々な機能を統合して実現する本質的な機能は何なのか。それは総合商社が持つビジネス創造の働き，つまり新しく巨大なビジネスの仕組みを創り上げる機能なのではないだろうか。これこそが，総合商社にしか実現できない機能であり，その土台の上で，総合商社の幅広い事業展開が可能になっているのである。紐付き商売，商権ビジネスという，総合商社がほとんどリスクを取らない商取引が成立する理由なのである。その機能を，本研究では明らかにし

ていく。結果として，すでに多くの研究者・実務家が指摘してきた，総合商社機能の本質はビジネス創造であるという言葉としてのコンセプトを，全体構造を見た説明として理論的に整理して示す。

　また上のような考察を基にすると，本研究の目的である「総合商社の機能の本質とは何かを明らかにすること」は，精緻化されて，

　「総合商社の機能の本質とはビジネス創造であるというすでに示されている
　コンセプトを，理論的な説明として全体構造の形で整理して示すこと」

と，より詳細な表現となる。

　このことを，序章の課題1から3を解決することによって，実現する。そのためにまず，本章で，分析のための理論的な枠組みを構築して，課題1を解決する。その上でこの理論的な枠組みを用いて，第5章から第8章において，実際のビジネス事例を分析することを通じて，全体構造を捉えた説明として整理し，課題2を解決する。

4 ▶ビジネスモデルの定義

4.1　不明確な総合商社のビジネスモデルの意味

　先行研究においては，総合商社のビジネスモデルあるいは仕組みに関する色々な言及があった。

　例えば田中彰［2012］は経営史の研究者として，2003年頃の三菱商事の新しいビジネスモデルは，「大別してトレードと事業投資から構成され，事業投資を抜本的に強化し，その事業をめぐるバリューチェーン構築の一環としてトレード（取引仲介ビジネス）をおこなうというもの」（104頁）とした。実務家の立場で柴田［2004］は，総合商社が「提供するのは基本的に『仕組み』である。商社にとって，モノやサービスの取引は，あくまでも仕組みを作った結果として生じるもの」（138頁），「ビジネスモデル実現のために，様々なソースを持ってきて，組み合わせるところに商社の機能がある。」（144頁）と，仕組みあるいはビジネスモデルの構築を強調した。

　このように，総合商社のビジネスモデルについては，多々言及されてきた。

しかし，それは一体何なのか，仕組みなどの意味を超えて，定義し理論的に明確にした研究は，ないようである。

本研究においてもすでに第2章で，先行研究の問題点として，総合商社がビジネスモデルを作るということが何であるのか，理論的な枠組みを用いた構造的な説明になっていないことを指摘した。

4.2　一般的なビジネスモデルの定義

それでは，ビジネスモデルとは何なのかを，ここで明確にしておきたい。

この言葉は，近年知的財産の世界でビジネスの方法も特許として認められるようになったことからわが国でも注目されるようになり，一般に研究者・実務家，あるいはマスメディアによってよく使われ，総合商社に関する議論でも用いられてきた。海外でも多数の研究が積み重ねられている1つの大きな経営概念として，学問的にまた実務の世界でも定着している。しかしその厳密な定義は，一般的に定着しているわけではない。

Klang *et al.*［2014］（pp.454-455）は，この「ビジネスモデル」というコンセプトに言及した学術的な文献の数が，1995年から2011年にかけて60倍近くに増えたことを指摘して，ビジネスや経営の世界できわめて一般的な言葉になったことを示した。さらに，この言葉には色々な定義があり，戦略論の研究者からは，紛らわしいコンセプトであると批判を受けていることも紹介している（例えば，Porter［2001］）。

しかしTeece［2010］は，企業が設立される際には，必ず，明示的であるかどうかはともかく，ビジネスモデルが構築されているとした。そして彼は，ビジネスモデルの真髄は，企業が顧客に価値を提供し，その価値に対して支払いをする気にさせ，その支払いを利益に変換する方法の定義であるとしている（p.172）。さらに，収益モデル（revenue model）を，ビジネスモデルの一構成要素として明確に位置づけている（p.177）。

またItami and Nishino［2010］は，ビジネスモデルが，ビジネスシステムと利益モデル（profit model）からなるとして，ビジネスシステムを，企業が製品やサービスをターゲット顧客に提供する，「仕事の仕組み」（生産／提供システム）とする。利益モデルは，あるビジネスにおいて利益を上げるパタ

ーンとされる（p.364）。西野［2006］でもこの点の説明があるが，そこでは，上とほぼ同様に収益モデルは「収益を上げるためのビジネスの仕掛け」，ビジネスシステムは「製品やサービスを顧客に届けるまでの仕事の仕組み」，とされている（265頁）。

　ビジネスモデルは抽象的な議論の多いコンセプトであり，一般論として定義が確立しているものでもないが，上のビジネスシステムと収益（あるいは利益）モデルの区分は，本研究において参考にできると考えている。

4.3　総合商社のビジネスモデルの定義

　総合商社機能の本質を考察する場合，既述のようにすでに多数の先行研究で言及されていることもあり，ビジネスモデルのコンセプトを用いて分析を進めていく必要性はあると思慮する。したがって，今後の分析で用いる総合商社のビジネスモデルを，ここで定義しておきたい。

　まず本書では，総合商社の働きがパートナーとしての顧客企業との企業間関係に基づくものであることから，その関係に着目して見たビジネスの仕組みの意味で，ビジネスモデルを「企業システム」と呼ぶこととする。

　そして，三菱商事［2011］などが総合商社の重要な仕事はバリューチェーンの組成であると強調していることから，西野他の見解もふまえ，本研究のビジネスモデルすなわち企業システムを，次のように規定する[2]。

　総合商社の企業システム（ビジネスモデル）は，Teece［2010］や西野［2006］の考え方を受けて，ビジネスシステムと収益モデルから構成されている，とする。ここでビジネスシステムとは，「顧客との関係に基づいて総合商社が価値を共創するためのバリューチェーンを含む仕組み」である。総合商社と顧客企業との関係を中心に，他の企業に及ぶネットワークを視野に入れてこの仕組みを捉えていく。

　総合商社のビジネス創造そのものは，ビジネスシステムの構築である，と規定する。ビジネスシステムの構築がビジネス創造である，と考える。

2　第2章の脚注3で述べたバリューチェーンとサプライチェーン，そしてここでいうビジネスモデルは，学術研究においても実務においても，用語としてやや混乱している。前掲のように，本研究では，総合商社に限って，サプライチェーンとほぼ同義の用語として，バリューチェーンを用いる。総合商社のビジネスモデルは，そうしたつながりも含むものとして定義した。

　その上で，「共創された価値を基にして総合商社が対価としての収益を確保する仕組み」を，収益モデルであるとする。構築されたビジネスシステムの上で，総合商社が実際に収益を獲得する仕組みである。ただしここでは，収益モデルを狭く捉えて，実際に財務的な収益（財務的な「利益」だけではなく，その元となる売上高・取扱高を含む言葉としての「収益」）を獲得するための仕組みとする。収益獲得の前提としての活動（例えば，商権論の示す事前の貢献，先行投資など）は，ビジネスシステムに含める。また総合商社の場合には，直接に財務的な収益を獲得する仕組みのバリエーションは少なく，そこだけを見るならあらためて複雑な仕組みを構築する必要は少ないものと思われる。簡単にいえば，伝統的な商取引（口銭あるいは商品の売買差益による利益を生み出す），近年中心である事業投資（受取配当金と持分法投資損益などを生み出す），この2つが核となる収益モデルが採用されている。そして，総合商社のビジネス創造は，収益モデルの前提となるビジネスシステムの構築である，と考える。

　要約すれば，総合商社は，ビジネスを創造するために，パートナーとしての顧客企業と一体となり，ビジネスの仕組みであるビジネスシステムを創り上げ，その上で財務的に対価を回収する仕組みである収益モデルを稼働して，財務的な収益を得る存在である。その全体を，総合商社のビジネスモデル，すなわち本研究における企業システムと呼ぶ。

5 ▶企業間関係の理論

5.1　総合商社にとっての企業間関係の重要性

　本研究の課題1は，総合商社が構築する企業間関係[3]がどのように構成され働いているものなのかを明確にすることである。そこで考慮するべき点は，総合商社の事業活動のほとんど全てが，顧客企業（パートナー）の存在を前提

3　松本［1996］（3頁）は，組織間関係論における組織には，企業の他，様々な団体，機構，政府が含まれる，としている。総合商社については，主として企業との関係が重要であり，企業間関係の言葉を中心に用いる。

にしている，ということである。また第2章で示した先行研究の問題点を克服するための要件としても，企業間関係を基にビジネスモデルを明確にすること，グループ経営における本社と連結子会社・関連会社の役割分担を説明すること，などが示されている。

　総合商社の新しい動きは，ほとんど全ての場合，他の企業，パートナーとしての顧客企業と共同し一体となった展開である。総合商社単独での事業展開は，一定の場合以外，基本的に想定されていない。

　例えば，伊藤忠商事の最近のインドネシアにおける石炭火力発電所建設プロジェクトの発表[4]も，他社と共同事業体（コンソーシアム）を組成した展開であることを言明している。そこで伊藤忠商事は，韓国の大手エンジニアリング会社Hyundai Engineeringおよびインドネシアの大手エンジニアリング会社Truba Jaya Engineeringとコンソーシアムを組成して，石炭火力発電所のEPC（設計，調達および建設）契約をインドネシア国有電力会社（PLN）との間で締結し，工事着工に至った。主要機器は，日本のIHI製ボイラーと富士電機製蒸気タービン発電機を採用しており，PLNには国際協力銀行と三菱東京UFJ銀行による協調融資が提供され，三菱東京UFJ銀行の融資部分には日本貿易保険による保険が付保される。

　このように総合商社の事業展開は，本研究で顧客企業と位置づける事業のパートナー（上の事例では，Hyundai EngineeringとTruba Jaya Engineering）との関係を中心に置いて分析することが重要で，その次に，外に広がる様々な企業等との関係を見て，働きを考察することが必要となる。上の事例でも，納入先（エンドユーザー）であるPLN（インドネシアの国家が保有する電力会社）のための事業に，主要機器の製造会社，協調融資担当銀行，保険会社など，伊藤忠商事のオーガナイズで，幅広い企業が関係している。

　総合商社の展開する事業は，このインドネシアの事例のように，国家との結びつきが大切であることも多い。

　例えば，1970年代における三菱商事のサウジ石油化学プロジェクトは，投資額数千億円の，日本とサウジアラビアによる国家プロジェクトであった。直

4　「インドネシア石炭火力発電所建設プロジェクト契約締結について」『伊藤忠商事プレスリリース』2017年7月31日。

接的には，日本側の三菱油化（現三菱ケミカル）と，サウジアラビア基礎産業公社（SABIC）が核となって動いたが，三菱商事は日本側のオーガナイザーとなり両社をパートナーとして活躍した。また，日本側の出資主体であるサウディ石油化学（SPDC，当初の会社名は，サウディ石油化学開発）には日本政府が45%出資しており，SABICはサウジアラビア政府が株式の大半を所有する公社であった。SPDCとSABICの合弁企業であるSHARQ（英語名 Eastern Petrochemical Company）は，1987年に商業運転を開始し，湾岸戦争などの危機を乗り越えて，ポリエチレンやエチレングリコールを三菱商事とSABICのネットワークを活用し世界中に販売している。このような巨大なビジネス創造をオーガナイザーとして担当する力を持つのは，総合商社だけであろう。現在のSPDC（資本金142億円）の大株主は，国際協力機構，三菱商事，三菱ケミカル，JXTGエネルギーで，三菱商事にとっては持分法適用関連会社である。[5]

　総合商社のビジネス創造におけるパートナーは，この例のように，実質的に国家（日本国とサウジアラビア国）まで含むこともあるが，多くの場合，大小様々な企業である。したがって本研究において，こうした関係を考察する際には，脚注3で確認したように，「企業間関係」として捉えていく。

　一般論として総合商社の事業展開を経済学的に解釈すれば，先行研究でも指摘されていたように，範囲の経済性，そしてネットワーク外部性の追求であると理解することもできる。総合商社だけを見れば，その総合力を活かして範囲の経済性を発揮し，ヒト・モノ・カネ・情報などの経営資源を投入して事業を展開している。しかし，顧客企業との関係，あるいはさらにその外のエンドユーザーなど関係者とのつながり（企業ネットワーク）を見れば，製品開発能力や生産能力など総合商社は持たないが顧客企業が持つ専門性ある経営資源，ユーザーとの企業ネットワークなども投入することによって，より強力に事業展開を進めていることが分かる。そこでは，企業間関係に基づ

5　この部分は主として，以下を参照して記述した。
　・三菱商事「プロジェクト物語『挑戦』の軌跡　Vol.3 SHARQ」
　　http://www.mitsubishicorp.com/jp/ja/mclibrary/projectstory/vol03/（2017年12月18日アクセス）。
　・サウディ石油化学「会社概要」http://www.spdc.co.jp/company/ および「事業概要」http://www.spdc.co.jp/about/（2017年12月18日アクセス）。

いてネットワークの外部性を実現しているわけである。

　この総合商社の企業間関係をどう捉えるかについて，以下で，最近の主要な組織関係の理論から，組織間関係論と価値共創型企業システムの2つを取り上げて，本研究の基礎となる理論的枠組みとしての適性を検討する。

5.2　組織間関係論

（1）　組織間関係論の紹介

　組織間関係論は，山倉［1993］によれば，組織間関係がなぜいかに形成・展開されていくのかの分析を課題とするマクロレベルの組織論であるとされており，1970年代に経営学の中心的位置を占める組織論の重要な領域として定着した。以下，山倉［1993］に基づいて，簡単に組織間関係論の主要な主張を紹介する。

　当初，支配的なパースペクティブ（組織間関係の基本的な視座）として提唱されたのが資源依存パースペクティブであった（Pfeffer and Salancik［1978］）。このパースペクティブの重要な点は，第一に，資源依存を基本概念として，組織間関係の形成・維持の理由や組織間マネジメントを解明するための，組織間関係が何であるかに止まらない深い分析を可能にする基本モデル，とされていることである。第二に，組織間の相互作用を説明するだけでなく，組織と組織との間のパワー関係がなぜ生じるのか，組織間パワーの均衡をいかに図るのかを明らかにしようとしていることである。

　資源依存パースペクティブに先立って提唱された組織セット・パースペクティブは，組織と相互作用している一群の組織を，インプット組織セット，焦点組織，アウトプット組織セットとして見て関係を分析するものであり，焦点組織，組織セット，ネットワーク構造，対境担当者（組織の外部組織との関係形成の担当者）などのコンセプトを提示していた。

　資源依存パースペクティブのオールタナティブとして，複数組織からなる組織の集合体の行動・戦略・構造に着目し，組織間の共同・共生・協力を重視する協同戦略パースペクティブ，組織が制度化された組織間関係の中に埋め込まれていることを前提に，組織の集合体を分析単位とし組織間システムの価値や規範に注目する制度化パースペクティブ，組織間関係への経済学的

アプローチである取引コスト・パースペクティブなども提唱された。

　取引コスト・パースペクティブは，経済学的なアプローチであり，取引が権限を基に調整される組織によって行われるのか，価格機構を基に調整される市場によって行われるのかという組織と市場の選択問題を，取引コストの観点で分析したものである。現在では，市場でも組織でもない中間領域の取引にまで分析の視野が拡大され，中間組織，ネットワーク，ハイブリッド，長期契約等についての議論として発展している。

　総合商社の見方としても，例えば向［2003］（41頁）が，総合商社は取引を通じて流通コストを最小化し取引を円滑化する企業であることを強調したように，産業全体の取引コストを小さくする存在であることは明確である。取引コスト・パースペクティブの視点からも，その存在意義を説明できる。

　こうした組織間関係論は，2つの組織間の関係，焦点組織とそれに直接結びつく組織との関係に止まらず，複数組織の集合体の構造や関係の分析を可能にしている（境［2003］15頁）。

　すでに紹介したように，萩本［1996］は，資源依存パースペクティブの見方によって，三菱商事の一手購買・販売契約について研究して，この関係は市場と組織の中間に位置づけられ，組織原理への市場原理の浸透が見られるとしていた（148頁）。また三輪［1996］は，三井物産と米国石油会社の石油をめぐる提携関係の成立について分析し，組織セット・パースペクティブにおける対境担当者としての，三井物産サンフランシスコ出張所の情報収集および折衝活動の重要性を指摘した（179頁）。

　田中彰［2012］は既述のように，企業間関係の観点で総合商社の資源調達システムを捉えて分析して，WilliamsonはChandlerの現代企業論をミクロ経済学に持ち込み，市場と階層組織という対立的に区別される2つの資源配分メカニズムをモデル化したが，両者の中間に第三のメカニズムが，関係的契約，中間組織あるいはネットワークとして認識されるようになった，とした。さらに，親子会社・関連会社からなる企業グループは階層組織に属し，企業集団と系列はネットワークの具体的存在形態である，と整理している（5-7頁）。

　三宅［2014］は，総合商社が他企業との連携で付加価値を生み出す存在であることを明記し，企業間関係のあり方にこそ総合商社のビジネスの本質が

あると，その重要性を述べた。三宅はさらに，資源依存パースペクティブにおいては中間組織が双方依存の組織間調整メカニズムであるとし，取引コスト・パースペクティブのアプローチも組み合わせて考え，中間組織に基づく取引コストの方が低ければそれが選択される，としている（242-243頁）。

こうした見解は，すでに中谷［1998］が，情報提供によって取引コストを引き下げ，市場の失敗を防ぐという役割を果たすのが総合商社であったとして，商取引中心の事業展開をしていた時代の存在意義を説明していることにも通じる。

（2） 組織間関係論の本研究における位置づけ

こうした一連の組織間関係論による議論は，総合商社の企業間関係を見る際に，多くの重要な示唆を与えるものであり，高く評価できる。

しかし，以下のような点で，本研究の目的実現のための基礎理論とするには十分でないと考える。

第一に，それぞれのパースペクティブは，社会学あるいは経済学における組織間関係の「視座」，要するに「見方」であり，優れた観点を提供するが，あくまでも組織間の関係に重点を置いて解釈するにすぎず，またどれか1つで総合商社の企業間関係の総体を説明できるものではない。特に，総合商社はビジネス創造を進める際，パートナーとしての顧客企業と一体になった展開を見せるが，核になるこの関係と，その外に広がる消費者またはユーザー企業との関係を分かりやすく整理できるものではない。

第二に，支配的とされる資源依存パースペクティブについては，結局，組織を説明する際に，メタファー的な表現として用いられただけに終わっているとの評価も紹介されており（宋・趙［2015］（637頁）），それを超えて組織を深く分析するための枠組みとしては十分ではなかったようである。

第三に，経済学的なアプローチである取引コスト・パースペクティブは，組織と市場の選択問題を取引コストの観点から取り扱っており，それは顧客企業から見た総合商社の位置づけを議論する際には有用と考えられる。しかし，この二者が一体となってどのような社会経済的貢献をするのかという，企業間関係が創造する価値の考察には至っていない。またあくまでも取引に基礎

を置く分析であり，マーケティングの観点のように，消費者またはユーザー企業との間の，単なる取引を超えた個別様々な関係を見ようとはしていない。組織と市場を意識して企業間取引に着目するもので，垂直的統合についても，「最終生産物が，分離可能な一連の部品から組み立てられるものであるとき，どの部品を外部から購入し，どれを内製するか，また内製の場合には組織をどのようにするかという問題である。」（Williamson［1975］p.82, 訳書139頁）と，いわゆる企業間のサプライチェーンを中心に見ており，企業とパートナーを中心にする視点はない。

　第四に，社会学や経済学の領域で発展した理論であり，全体にややマクロレベルの見方が強い分析になっている。総合商社と顧客の企業間関係を軸に，機能の本質，価値や実現の仕組み等を事実に基づいてミクロ的に分析しようとする，本研究の目的に適合する程度が小さい。

　第五に，公表されている過去の研究は，すでに提唱されているパースペクティブによって現実を解釈して，その見方が成り立つかどうかを確認しようとしたものが多い。本研究が解決を目指す，組織機能の本質は何かという，その先の論点に迫るための理論的な枠組みにはなっていない。ただし，先行研究の問題点を克服するための要件と照らし合わせて見ると，企業間関係を基に総合商社のビジネスモデルを明確にして，事実の分析を通じて説明するために，利用できる面は多い。総合商社と顧客企業の企業間関係が成立する理由，総合商社がマクロ的に果たす産業全体の取引コストを小さくする役割など，部分的な説明の基礎理論にはなりうる。機能の本質を説明するために，ミクロの視点で総合商社と顧客企業の活動を見て，ビジネス創造，ビジネスモデル，収益モデルの変化などを総体として説明するための，理論的な枠組みとはなりにくいだけである。

　要するにいわゆる組織間関係論は，総合商社がパートナーとしての顧客企業と一体となり，外にある企業等との関係も構築しながらビジネスを創造する姿を解釈するためのヒントは多々与えるが，マクロレベルの視点から組織間関係に着目するため，機能の本質，価値，仕組み，ビジネスモデル，収益モデル等に迫るためには十分でなく，基礎とする枠組みになりえない。本研究では，組織間関係論そのものを総合商社分析のための基礎的な枠組みとし

ては用いない。ただし，次に示すように，様々なパースペクティブで示されている組織の見方については，分析の中で参考にしていくことになる。

（3）　組織間関係論の有意義な視点

　組織間関係の理論は，本研究においても，有意義な見方を多々提供する。

　例えば，支配的とされる資源依存パースペクティブは，総合商社がほぼ全ての事業展開において，なぜ顧客企業をパートナーとしているのかを明確にする点で，有意義である。総合商社は，自社が持たない資源を所有しコントロールしている顧客企業に依存し企業間関係を形成するし，顧客企業は総合商社しか保有していない資源あるいは機能に依存するのであり，この企業間関係において経営資源への依存の重要性は大きい。また総合商社と顧客企業の間のパワー関係が経営資源の保有状況に基づいていることは，なぜ商社離れが起こるのかの説明理由を提供する。既述のように，商社冬の時代のメーカーの総合商社離れは，彼らが，十分な海外経験を積み資金力を強めたこともあって，商社が持っていた情報機能，金融機能，販売力などを獲得したことが理由である，とされていた。

　取引コスト・パースペクティブも，なぜ総合商社のような存在が明治時代あるいは戦後の経済発展期に必要であったのか，その理由を示す。ただしこの見方は，総合商社の収益モデルを，かつての中心である商取引によるものとして見る場合には有効であるが，それを超えるものではない。確かに，総合商社は歴史的にわが国産業の貿易コストを引き下げるために設立されて，その重要な目的を果たしたと考えられ，国家レベルの貿易コスト引下げというマクロの視点からの有用性が肯定される。しかし，本研究で示すように，その存在意義は単なる取引コスト削減を超える部分にあり，顧客であるメーカーの取引コスト削減だけを見て，総合商社機能の本質を説明することはできにくいのではないだろうか。

　いずれにしても，組織間関係論の様々なパースペクティブは，参考になる見方を提供するため，本研究において利用していく。

5.3 価値共創型企業システム

（1）　価値共創マーケティング

　ここでは，組織間関係論の見解も参考にしつつ，総合商社の企業間関係を解釈するための理論的枠組みとして，マーケティング理論に基づく価値共創型企業システムを検討する。学問的背景は後述するが，以下でその基になっている理論について述べる。

　総合商社の事業では，ほとんど全てにおいてパートナーとしての顧客企業が存在し，その顧客と「組んで」事業展開を行う。そうした顧客とのパートナー関係，さらに企業同士が一体となってその関係の外に向かってビジネスを創り上げる構造を，よく整理できる理論的な枠組みで捉えない限り，総合商社の本来の存在意義は見えないと考えられる。そのために有用な理論的枠組みが，トップ・マネジメントの視点でマーケティングを捉える戦略的マーケティング論に基づく，価値共創マーケティングである。

　村松［2015］は，「企業と顧客が顧客の消費プロセスで接しながら，一緒になって顧客にとっての価値を創り上げる」（160頁）活動が価値共創マーケティングであるとした。しかしこの考え方はB2Cの世界の消費者としての顧客を前提にしたものであるため，本研究における理論的な基礎とするには，限界がある。そこから発展して，B2Bの世界，すなわち顧客企業との関係を前提にした総合商社の価値共創マーケティングの定義を示す必要がある。

　本研究では，総合商社にとっての価値共創マーケティングとは，「総合商社（企業）と顧客（パートナー企業）が，顧客の市場創造プロセスで接しながら一緒になって，顧客にとっての価値，すなわち新市場の創造，新事業の開発，収益の増大，ユーザーの満足度向上などを実現する」活動である，とする。例えば，総合商社の歴史的な貢献とされるわが国産業の貿易コスト引下げという価値は，組織間関係論の取引コスト・パースペクティブで見た場合の総合商社の功績と考えられるが，コスト縮減が，総合商社活動の結果として実現された顧客（貿易産業）の価値であることは間違いない。

（2）　価値共創型企業システム

マーケティングを企業組織全体の経営課題として捉える戦略的マーケティン

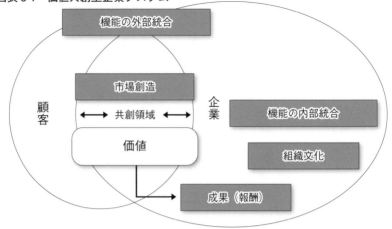

出所：村松［2015］167頁の図表10-1を基に筆者作成。

グにおいては，市場創造が本質とされる。しかしそれだけでなく，他の経営諸機能の統合ももう１つの本質として，重要な概念であるとされている。村松［2015］が示す企業システムとしてのマーケティング諸関係の整理を参考にして，価値共創型企業システムをイメージとして示すと，図表3-1のようになる。

　これは市場創造を中核に位置づけて企業と顧客の関係を捉えつつ，企業の様々な機能を統合した働きの全体を，価値共創型企業システムとして見たものである。

　先行研究のレビューで指摘したように，この企業システムにおける成果（報酬）の授受システムすなわち収益モデルを中心にした見方によって，総合商社の商権ビジネスにおけるコミッション・マーチャントしての姿，あるいは最近では事業投資会社としての姿が，語られてきた。しかし，総合商社が果たしている機能の本質は，それ以前のビジネスシステムの構築そのものであるビジネス創造であり，そこを見ない限り正しい理解は難しいと考えている。

　この価値共創型企業システムにおいては，まず企業（総合商社）と顧客が何らかの価値を一体となって実現するために企業間関係を構築し，顧客にとっての顧客（エンドユーザーとしての消費者の場合もあるし，サプライチェー

ンにおいて商品・サービスを購入して消費・使用し加工・生産するユーザー
企業の場合もあるが，本研究では「ユーザー」としてまとめて表記する）を
開拓しようとする。要するに市場を創造しようとする。そのために総合商社
は，組織間関係論の資源依存パースペクティブでいうところの重要な経営資
源（例えばメーカーが顧客であれば，優れた商品を開発・生産する人材，開
発・生産の設備，そうした商品そのものなど）を所有している顧客企業に依
存して一体の関係を構築する。この場合，総合商社は，自社独自の優位性を
持つ経営資源（ヒト・モノ・カネ・情報）を投入し，顧客企業の経営資源と
合わせて活用することによって，市場創造機能とオーガナイザー機能を中心
に他の機能をも統合して目的を果たす。

　そして「価値共創は，企業と顧客の直接的な相互作用によってなされるが，
そこでのやり取りは，潜在市場への能動的適応においてこそ不可欠」（村松
［2015］163頁）であり，それが総合商社のビジネス創造となる。

　本書の事例研究で取り上げるが，明治後期，三井物産が展開したわが国綿
紡績業の産出物である綿糸布の清国への輸出を見ると，総合商社がこうした
価値共創型企業システムの源流としてすでに機能していたことが理解できる
のである（坪本［2015b］）。

　ここでいう総合商社の価値共創型企業システムを俯瞰すると，図表3-2のよ
うになる。詳細は後述する。

　総合商社の典型的なビジネス創造のプロセスは，このような企業システム
によるものとして描くことができる。総合商社は何らかのビジネスチャンス
を見出すと，まず自社に不足する経営資源を持つパートナーである顧客企業
を探し出し（資源依存の関係），一体となって市場を創造してパートナーにと
っての価値を共創するための関係を構築する。そして自社の経営資源をも投
入し，日本貿易会が整理した8つの機能などを統合して，ビジネスの仕組み
（三菱商事［2011］などがいうバリューチェーンを中心とする仕組み）つまり
ビジネスシステムを構築する。それこそが，総合商社のビジネス創造であり，
これまで先行研究によってコンセプトとして多々指摘されてきたものである。
それが，総合商社の本質的な機能となる。

　そのビジネスシステムによって顧客企業と共創した価値を基にして，成果

図表 3-2　総合商社の価値共創型企業システム

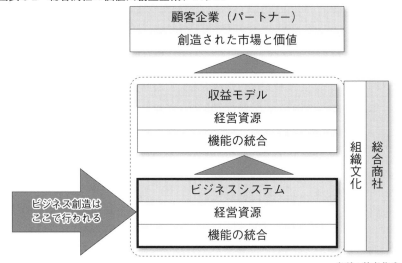

出所：筆者作成。

を総合商社が報酬として回収する仕組みである収益モデルが稼働する。総合商社にとっての基本的な収益モデルは，2000年前後までは商取引であったが，近年は事業投資に比重を移している。そして繰り返しになるが，過去の総合商社論は収益モデルに着目しすぎるあまり，その手前にあるビジネスシステム構築という本来のビジネス創造の働きを正確に読み解くことができなかったようである。

　また今も昔も，総合商社の組織文化は，常に何か新しいビジネスを創造することを志向しているように見える。

（3）　価値共創型企業システムと設定された要件

　価値共創マーケティング論の基礎の上に立つ価値共創型企業システムの枠組みを用いることにより初めて，総合商社の企業間関係の構成，働きを描き出し，共創される価値は何でありその仕組みはどのようなものであるのかを明確にすることができる。そして，先行研究が提示する，総合商社機能の本質はビジネス創造であるというコンセプトを，全体構造を捉えた説明として描き出すことも可能となる。そこで最も有効なのは価値共創の視点であり，価

値共創型企業システムの枠組みである，と考えている。

　この価値共創型企業システムの枠組みは，第2章で示した先行研究の問題点を克服するための要件を満たすと想定できる。これから行う事例分析を通じて，価値共創型企業システムの枠組みが，それぞれの要件をどのようにして満足することになるのか，想定してまとめる。

　a）総合商社機能の本質とは何かを，企業間関係を基にするビジネスモデル，すなわち企業システムを明確にした上で，事例の分析を通じて正面から説明できる。

　b）総合商社の企業システムをビジネスシステムと収益モデルに区分して捉えるため，グループ経営において，本社が主としてビジネス創造と投資先管理を担当し，連結子会社・関連会社が収益モデルのオペレーションを担当する役割分担を，明確な形で説明できる。

　c）総合商社の企業システムを，全体の構成要素を明らかにして整理し，その中でオーガナイザー機能などを位置づけする。それにより，すでに示されている総合商社はビジネス創造者であるとするコンセプトを，総合商社でしか生み出せない機能，機能の働きの結果である価値とその実現の仕組みとして，全体構造の形で整理できる。

　d）総合商社の企業システムの定義に基づいて，総合商社機能の本質がビジネス創造でありそれはビジネスシステムの構築であることを，ビジネスの構造全体を見た上で明確な形で示す。それによって，収益モデルが商取引を中心にするものから事業投資を中心にするものに変化しても，総合商社が継続して存在していることの理由，そして総合商社の機能の本質は卸売業ではないことの理由を説明できる。

　e）以上を総合し，総合商社を，価値共創型企業システムの考え方を用いて再定義することによって，機能の本質がビジネス創造であることを，全体的な構造として説明することができる。

　このように，価値共創型企業システムの理論的枠組みは，第2章で抽出した先行研究の問題点を克服するための要件を満たすものであると想定される。したがってここで，序章で設定した課題1，「総合商社の企業間関係は，どのように構成されているものなのかを解明し，提供する価値が何でありどこで

どのようにして実現されているかを説明するための，理論的な枠組みを構築する。」は，解決できているものと考える。

そこで，この枠組みを用いて次の事例研究の段階に進むことになる。

また第9章で，この理論的枠組みが実際に上の要件を満たしたかを評価して，課題1の解決が完了したことを見極め，研究目的を果たすために妥当であったかどうかを検証することによって，課題3を解決する。

6 ▶ 価値共創型企業システムと学問的背景

価値共創型企業システムが提唱されるに至った学問的な背景を，ここでまとめる。

6.1 戦略的マーケティング

Drucker［1954］（p.37，訳書45-47頁）は，事業の目的は顧客の創造であり，そのための基本的機能は，マーケティングとイノベーションであるとしている。この観点に従えば，マーケティングは企業経営の1つの核になる。それを受けて，本研究においては，総合商社の機能の本質を捉えるための理論的枠組みを，マーケティング理論を基礎として構築した。

伝統的に，理論研究においても実務においても中心とされてきたマーケティング・マネジメント（例えば，Kotler［1991］やKotler and Keller［2016］）を，機能レベルのマーケティング，ミドル・マネジメントのマーケティングであると位置づけて，マーケティング理論を経営戦略的な観点から考察し，伝統的な思考を超え企業・事業レベルの位置づけを持つ戦略的マーケティングを考察したのは，村松［2009］であった。さらにその理論を推し進めて，企業と顧客との関係を企業システムとして捉え直そうとした村松［2015］もある。以下ではこれらを参照しつつ，価値共創型企業システムの理論的背景をまとめる。

総合商社は，明治時代から戦後高度経済成長期あたりまでは，最も重要な顧客企業であったメーカーとの役割分担，あるいは経営資源の分担において，

主として研究開発・生産をメーカーが担当し，総合商社が企業総体として，主としてマーケティングつまり「生産すべき製品の決定および生産された製品の有効な販売方法を思考する」（村松［2009］5頁）ことを担当する形を前提に事業を展開していたと思われる。したがって総合商社の企業間関係を考える際も，主な役割として，マーケティングに着目する必要がある。さらにマーケティング・マネジメント研究に大きな影響を与えたHoward［1957］が，マーケティング・マネジメントの本質は「変化する環境への会社の創造的順応」である，としていることも背景となる（p.4, 訳書5頁）[6]。これは橋本［1998］が，総合商社の出現は時代変化への創造的適応の結果，達成された組織的革新であると強調したこと，すなわち，総合商社の事業展開は環境への創造的適応であり，創造性こそが重要な企業・業種としての特色であると示唆していたことと，整合する。

　村松［2009］は，この創造的適応を受動的適応と能動的適応の2つに区分し，マーケティングにおける創造的適応では，潜在市場への積極的なアプローチである能動的適応に重点があるとして，「マーケティングの本質はまさにこうした意味における市場創造にこそある。」（102頁）とする。この視点によれば，総合商社の機能のうち，市場創造，具体的には，総合商社とそのパートナーである顧客企業が一体となって行うユーザー市場の開拓が，オーガナイザー機能と合わせてきわめて重要な機能と考えられる。

　また，「マーケティングの本質が市場創造機能にあること」（村松［2009］52頁）は異論のない見方とされており，総合商社の重要な機能の1つが市場創造である以上，この理論によって企業間関係を考える意義は大きい。

　さらに村松の戦略的マーケティング論では，伝統的なマーケティング・マネジメントが対象としてきたマーケティング・ミックス（4P）の統合を超えて，企業・事業レベルのマーケティングを対象とする戦略マーケティングによる，他の経営諸機能の統合が重要になる。戦略的という言葉が意味して

6　今もマーケティングにおけるコンセプトの核となる統制可能要素，いわゆるマーケティング・ミックスの4Pは，McCarthy［1960］が整理したが，それはHowardが示した要素の再整理であるとされており，彼の貢献の大きさが理解できる。McCarthyが提示したマーケティングの4Pとは，Product（製品），Place（場所・販路），Promotion（プロモーション），そしてPrice（価格）であり（p.45），マーケティング理論の基礎になっている。

いるのは，マーケティングの分析レベルをマーケティング・マネジメント（ミドル・マネージャーの役割）の製品・ブランドのレベルから，企業・事業レベルに上げることであり，マーケティングがトップ・マネジメントのためのものであることを意味する。このことこそが，総合商社機能の本質を考察する際，きわめて重要な意味を持つ。すなわち，日本貿易会がまとめた8つの商社機能を，総合商社が企業総体（あるいは企業グループ総体）として「統合」して発揮しているからこそ（その働き自体においては，8つの機能の1つであるオーガナイザー機能がきわめて重要な働きをするとしても），総合商社が新しいビジネスを創造することができるのである。しかし，そうした機能の総体的な統合をきちんと位置づけることのできる理論的な枠組みは，他になかった。組織間関係論による議論も，既述のように，組織間関係に着目するややマクロの議論であり，細かい機能の考察にまでは及んでいない。

　ここでは戦略的マーケティングが，トップ・マネジメントのマーケティングであることが重要なのである。なぜなら，総合商社機能の本質を突き詰めようとすれば，総合商社が総体としてどんな働きをし，どのような価値をどのような仕組みで創り上げているのかを問うことになり，トップ・マネジメントの視点で分析することになるからである。本研究を進めるにあたり，何人かの現役商社マンあるいはOBに意見を聞いたが，口をそろえて，「これは社長レベルでなければ語れない内容です。」と述べていた。

　この全企業・全事業を単位として考察される戦略的マーケティングでは，市場創造と経営機能統合の2つが鍵となる（村松［2009］166頁）。

6.2　価値共創マーケティング

　村松［2009］がいう価値共創マーケティングにおける価値創造に関する理解が，総合商社の機能の本質を考察する際，重要な理論的基礎になっている。そのマーケティング思考では，価値は事前に企業により製品に埋め込まれているのではなく，消費・使用段階で実現するものである。

　伝統的な4Pコンセプトを中心とするマーケティング，それはミドル・マネジメントによるもので，メーカーの立場で製品にあらかじめ価値を埋め込んで販売し，販売時点で活動を終えることを原則とするもの，すなわち価値

所与マーケティングであった。そこでは,「企業と顧客が『時間と空間』において離れた位置関係にあることを前提としていた。」(村松［2015］155頁)とされる。しかし消費と生産が同時のサービス業におけるマーケティング理論の影響も受けて,組織全体で顧客と価値を共創することに着目する理論として現れた価値共創マーケティング論は,別の位置関係で顧客との価値共創を説明する。ここで顧客と企業は「常に向かい合っており,直接的な相互作用関係に」(村松［2015］160頁)あり,価値は顧客による製品・サービスの消費・使用段階で生まれる。その価値は,第一義的には顧客にとっての価値であり,共創された価値は顧客が判断・評価することが強調される。ここには,企業と顧客とのパートナー関係が成立している。

6.3　価値共創型企業システム

　戦略的マーケティングは,マーケティングを中心に企業経営の仕組みを考え,マーケティングの視点から他の経営諸機能を統合的に把握しようとする。そして,企業と顧客のパートナー関係を基に,価値共創が行われる。

　このマーケティング理論の上に立って村松が提唱する価値共創型企業システムは,消費者と企業の視点からのものである。例えば,「価値共創における価値とは,消費者の価値であり,その決定権はまさに消費者にある」(村松［2009］137頁)とされている。

　総合商社が顧客企業をパートナーとしてビジネスを創造する姿を分析する場合には,この価値共創マーケティングにおける消費者を,顧客企業に置き換えて考える必要がある。そこで,総合商社と顧客企業が一体となって市場創造と経営機能の統合を行い,それによって新しいビジネスを創造する,と考える。共創される価値は,一義的には顧客企業のものであり(当然,総合商社にとっての価値ももたらすが,価値はまず顧客企業のものとなる),総合商社の働き,サービス全体を消費・使用することを通じて,顧客企業によって評価されることになる。

　総合商社は,ビジネスシステムという仕組みの構築において,何らかの事前の投資を行い,その結果でき上がり稼働する収益システム(成果の授受システム)から,主として,かつては口銭,近年は受取配当金や持分法投資損

益の形で収益を計上してきた。

　総合商社の資源ビジネスを研究した田中彰［2012］も，島田の商権論を受けて，商権化行動とは，商権に対する投資（経済学でいう関係特殊的投資）であるとする。そしてそれは，具体的には，人員の配置，通信・情報処理・物流システムの構築など取引に直接関連する投資と，それらを活用した日常的なサービスを含むフローの経費，さらに顧客関係強化目的の株式保有からなることをまとめている（22頁）。ビジネスシステム構築のための経営資源の投入と機能統合の，きわめて的確な表現であろう。

　ここで日本貿易会の8つの機能を，総合商社の企業システムを構成する2つの要素，ビジネスシステムと収益モデルに対応させて整理する。複雑な総合商社の働きを割り切って単純化してまとめ，ビジネスシステムを構築する段階で主として発揮されるものと，その後，収益モデルが稼働し始めた段階で主として発揮されるもの，2つに区分する。従来の典型的な商取引による収益モデルを基に想定すれば，図表3-3のように整理できる。

　一般に総合商社は何らかのビジネスチャンスを，まず情報収集と調査分析によって探知し，ビジネス上のリスクの測定と判断などを経て，ビジネスシステム構築に動き出す。そして自社が保有していない経営資源を持つパートナーを探し出して，関係を構築する。次にその顧客企業との一体的な関係を軸にして，オーガナイザー機能を発揮し，外部企業とのネットワークも組成してバリューチェーンを完成，設備投資など必要な資金の投入を行い，顧客にとってのユーザーを共に開拓して市場を創造する。このビジネスシステムを構築する作業の中で最も重要なのは，研究者からも実務家からも指摘されているように，総合力を活かしたオーガナイザー機能である。結果として事業開発が完了し，ビジネスシステムができ上がる。

　市場が創造されて，顧客企業との商取引や必要に応じた経営への関与など，収益モデルの要素が確立することによって，事業となり，ビジネスシステムとして完成する。これが総合商社のビジネス創造である。

　実態は同時並行的であるにしても，構築されたビジネスシステムの上に立って，収益モデルが稼働する。従来のような商取引を中心にするビジネスであれば（図表3-3は主としてその収益モデルを下地にしている），それに伴う

図表 3-3　総合商社の企業システムと機能（商取引ビジネスの場合）

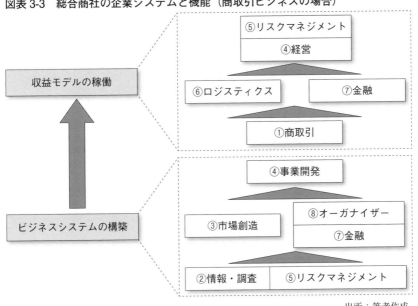

出所：筆者作成。

商社金融（例えば，販売代理店には長い「サイト（締切日から支払日までの猶予期間）」の支払いを許容し顧客企業には短いサイトで支払うなど）を提供し，商品に関するロジスティクスの手配を行う。さらに与信に関連してリスクマネジメントを行ったり，合弁企業を設立する場合であればその企業の経営に参画したりする。

　顧客はこの総合商社と一体となった市場創造に基づくビジネス創造，その結果としてのビジネス自体の稼働（総合商社にとっては収益モデルの稼働）の総体によって共創された価値を，自社の立場で評価する。その顧客の評価は，コミッション・ビジネスの商取引を収益モデルとするなら一手販売権の付与と口銭率の決定，あるいは近年の事業投資の収益モデルであれば，総合商社の投資に対する受取配当金額の元となる配当支払率の決定や，持分法投資損益の元ともなる当期純利益金額の計上などを通じて，総合商社の財務収益として期間損益に反映される。

7 ▶ 総合商社の価値共創型企業システムの内容

　あらためて価値共創企業システムとしての総合商社の働きの内容を整理して，事例分析を行うための基礎的な枠組みとして示す。

図表3-4　総合商社の価値共創型企業システムの要素

① 顧客企業（パートナー）	⑤ 機能の統合
② 創造された市場と価値	⑥ 収益モデル
③ ビジネスシステム	⑦ 組織文化
④ 経営資源	

出所：筆者作成。

　ここで価値共創型企業システムの枠組みは，大きく7つの要素から成り立っている（図表3-4）。それは，総合商社のビジネス創造の核となる，①顧客企業（パートナー），②創造された市場と価値，③ビジネスシステム，④経営資源，⑤機能の（内部・外部での）統合，⑥収益モデル，そして⑦組織文化である。以下，それぞれの要素について，可能な限り具体的なイメージを示しつつ簡単に解説する。

7.1　顧客企業（パートナー）

　坪本［2015b］は，総合商社が価値共創型企業システムの源流として位置づけられることを示した。そこで強調した点の1つは，総合商社が顧客企業との関係において，自らの組織・機能を変革することのできる能力や柔軟性を持っていることであった。顧客のニーズに応えて「何でもする」存在である点が鍵となる特色であり，要素⑦組織文化を反映している（175頁）。

　総合商社の事業展開はほとんど全ての場合，パートナーと「共同」する形式を採る。まず顧客企業が存在することが前提である。

　この企業システムの下では，顧客と総合商社が一体となって，お互いに資源依存関係を構築しつつ，顧客の持つ経営資源と合わせて総合商社の経営資

源をも投入し，顧客のための市場を創造してビジネスシステムを構築する。そしてその仕組を利用して，顧客と共に収益モデルを稼働させて，売上・利益の計上などの具体的あるいは財務的な価値を実現する。価値共創型企業システムの理論的な考え方として大切なのは，こうした市場あるいは価値は，全て第一義的には顧客のものであって，顧客のための市場が創造され，顧客の価値が共創される，と考えることである。もちろん総合商社は，その市場における事業展開に参画するし，結果として収益モデルの稼働によって売上高・利益も計上する。ただしあくまでも主役は顧客企業であり，総合商社は黒子として働く存在である，と位置づけられる。それが，顧客のためなら「何でもする」存在であることの意味である。

　そして共創された価値を基にした顧客の評価に対応して，総合商社が利益（口銭収益，受取配当金あるいは持分法投資損益など）を得る場合，その口銭率，配当支払率，当期純利益金額などは，主として顧客が決定する。そこには，総合商社のビジネス創造の活動に対する総体的な評価が反映される。

7.2　創造された市場と価値

　総合商社の個別機能の1つ，市場創造（日本貿易会のいう市場開拓）の働きが重要である。第2章（脚注4）でも述べたように，本研究では，マーケティングによる市場の捉え方から，創造される市場をユーザーの集合とする。経済学における市場が，商品やサービスが売買される場所，需要者と供給者が商品やサービスを貨幣で取引する場所を意味するのとは，異なる。この市場創造は，マーケティングの本質となる働きである。

　ここで，市場創造の活動をきわめて単純化して示す。

　まず総合商社は，顧客企業と一体となり，前提となる自社の全社的な戦略統合を受けて，日本貿易会が示す8つの機能のうち，情報・調査機能を活かして市場を把握し，リスクマネジメント機能によって新しいビジネスのリスクを評価・判断して，市場創造の活動を開始する。過去多くの場合，そのパートナーとなってきたのは，製造企業すなわちメーカーであり，彼らが持つ製品開発・生産等のための経営資源に依存して，総合商社は主としてマーケティング活動を担当し，共に市場を創造し事業を開発する。

総合商社はここで，オーガナイザー機能を活かして，企業ネットワークとしての販売代理店網の構築，銀行からの協調融資の獲得，必要な事業投資の実行なども始める。その総体が市場創造を核とするビジネスシステム構築であり，そこで事業が開発される。結果として，収益モデルが稼働する。

　もちろん現実には，ビジネスシステムができ上がってから収益モデルが完成する，というような秩序だった順番通りの進行にはならず，全てが同時進行的に動いていくことになる。総合商社の一般の事業による収益モデルは，基本的に商取引による収益（口銭収益と売買差益）または事業投資収益（受取配当金と持分法投資損益），大きくはこの2つによるものとして固定しているため，最初からある程度想定されている。ビジネス創造とは離れた活動による収益，例えば外国為替のディーリングや保有する不動産の売却などの収益もあるであろうが，それらは本来の事業展開の周辺で発生する付随的な収益と位置づけられる。

　こうして顧客企業にとっての価値が，総合商社と一体になった活動によって共創される。その価値とは，最も重要な新しいユーザー集合の獲得による市場創造，その上でのビジネス創造とそこから得られる売上高・利益の増加，企業としてのブランド力・イメージ向上，ユーザーの満足度向上，社会経済的な貢献などである。マクロの視点で見れば，総合商社はより低い取引コストによって，顧客企業のビジネス創造を助けていることになる。さらに，三井物産が2000年代初めにNKK（現在のJFEスチール）と共に手がけた廃家電の再商品化ビジネスにおいては，「かつて自治体が行っていた時の三分の一以下のコストで廃家電を処理している。」（河野［2004］36頁）とされていたように，きわめて大きな社会的コスト削減を果たすこともある。組織間関係論の取引コスト・パースペクティブの見方による，社会経済的な意味での総合商社の存在意義の発揮である。

　ただし本研究はビジネス創造に着目するため，取引コストの低減だけでなく，ビジネス創造活動全体のコスト低減をより容易にする存在として，総合商社を位置づけ，それが顧客企業にとっての価値であるとする。

　価値共創マーケティングの理論的世界では，この価値を文脈価値（value-in-context）と呼ぶ。そこでは価値は常に独自に現象として決定されるものであ

り，顧客が企業と共創する（Vargo and Lusch［2008］p. 7）。そして顧客は，その価値を主観的に評価する。総合商社の場合であれば，共創された価値の顧客による評価が，商取引の口銭率あるいは事業投資に関連する配当支払率や当期純利益金額の決定などにおいて，他の要因と合わせて反映されることになる。その結果が総合商社の収益となって，営業利益，受取配当金や持分法投資損益などの形で計上される。

7.3 ビジネスシステム

すでに定義したように，ビジネスシステムとは，総合商社が顧客との企業間関係を基にして価値を共創する仕組みであり，収益モデルと合体して，企業システム（ビジネスモデル）を構成する。

一般論としてまとめると，総合商社が構築するビジネスシステムの内容は，企業のバリューチェーンの全ての活動に及ぶ。Porter and Millar［1998］（p.77，訳書136頁）が示すバリューチェーンを参考にして述べると，生産した製品を販売する事業であれば，主要活動として，原材料調達，内部ロジスティクス，効率的な生産プロセス，外部ロジスティクス，ユーザーの開拓や４Ｐの設定などのマーケティング活動および販売，アフターサービスの提供などの総体を含む，業務の流れである。さらに必要に応じて，支援活動である，経営全般，法務，経理，人事，総務，技術開発，汎用物品の調達なども，総合商社が構築するビジネスシステムに含まれる。言い換えれば，どこから材料を調達してきて何を作りどう運ぶかを決め，それを売る対象を見つけてきてアプローチする手段を考え，アフターサービスや支援活動の提供方法も準備する，といった連鎖である。第５章以下のビジネス創造事例の分析を通じて，具体的な内容を説明する。

そして繰り返すと，本研究では，このビジネスシステムを構築することそのものが，総合商社のビジネス創造である，と規定している。

多くの場合，総合商社は，自社の金融機能を活かして何らかの資金負担をし先行投資を行いつつ，顧客企業と一体となりユーザーを特定してアプローチし取引関係を構築する市場創造，そのための新しい販売ルートの開発による外部との企業ネットワーク作りとバリューチェーンの完成，巨額の資金投

入が必要な場合であれば政府系金融機関なども巻き込んだプロジェクト・ファイナンスの組成などを，オーガナイザーとして推進する。その結果として，新しいビジネスの仕組みが完成し，事業開発が完成することになる。ここまでが本来の意味の，総合商社によるビジネス創造である。

7.4　経営資源

（1）　総合商社のビジネス創造における経営資源

　総合商社は，組織間関係論の資源依存パースペクティブを参考にすると，自社が持っている経営資源の足らない部分をパートナーとしての顧客企業に依存する。逆に言えば，顧客企業は自社の経営資源を提供すると同時に，不足する何らかの経営資源を求めて，総合商社と連携する。

　顧客企業は，伝統的な総合商社のビジネスである製品販売の事業であれば，製品自体に加えて，技術・製品開発や，主要原材料調達，物流，生産などの領域における人材・施設，そのためのノウハウなど，商社が保有していない経営資源を保有している。総合商社が主として提供するのは，製品販売を目指したマーケティング関連の経営資源と，巨大な資金力である。

　孟［2008］が必要性を強調しているように，総合商社のビジネスモデル構築は，その経営資源を基にして考える必要がある（135-136頁）。そしてビジネス創造のために必要な総合商社自身の資源を考える際，Timmons［1994］が示した，一般に成功するベンチャー企業が必要とする経営資源に関する考え方を参考にすることができる。Timmonsはそれを，①経営チーム，取締役会，弁護士，会計士，コンサルタントなどの人材，②資金，③工場，設備などの資産，④ビジネスプラン，に区分した（p.331，訳書314頁）。総合商社が持っている経営資源としてそれを解釈し直すと，①専門家人材（経営者や8つの機能などの総合商社機能に関する専門知識と経験を有する人材），②豊富な資金，③企業ブランドと企業ネットワーク（物理的な工場や設備などに代わるものとしての確立された企業ブランドと社内外の企業ネットワーク），組織として持つ業務プロセスなど無形の資産，④ビジネスプラン（専門家人材が作成する企画書など），とすることができる。

　さらにこれらを，典型的な経営資源の分類である，ヒト・モノ・カネ・情

報に対応するものとして捉えると，④ビジネスプランと共に重要な情報の要素として，事業に関するノウハウ，さらに総合商社が持っている情報自体も含まれる，と考えられる。そのノウハウは，専門家人材に付属するものもあるが，それが形式知化されて組織としてのノウハウになっている場合，経営資源として企業の競争力の源泉になる。また，総合商社とその企業グループが日常的な取引を通じて把握している，海外を含む企業の情報，特に中小企業の情報は，金融機関や信用調査機関が持っている情報よりも，日々のビジネス上の接触を通じて得られているだけに，より深く実際的であるとされている。そうした情報も，外からはうかがい知れない面があるが，総合商社の経営資源の1つとして，きわめて重要なものであろう。

　なお先行研究には，このような観点で総合商社の経営資源をビジネス創造に向けたものとして整理した研究はなかった，と考えられる。

（2）　ビジネス創造に向けた経営資源の活用

　総合商社はこれらの経営資源を用いて，日本貿易会が示す8つの機能等を統合しつつ，顧客と一体になった活動によりビジネス創造を目指す。

　ここで総合商社の①専門家人材，人的資源には，ビジネス創造や商取引のためのオーガナイザーとして働く営業部門の担当者を中心に，国内・海外に存在する様々な部門の情報・調査，ロジスティクス，リスクマネジメント，経理・財務（金融），人事・総務（経営）などの人材も含まれる。

　同時に，専門家人材が，総合商社の情報力を基にして，力を合わせて作成する④ビジネスプラン，総合商社の情報が凝縮されたアイディアが，新しいビジネスを創造する際に重要である。ベンチャー企業の立上げの際，企画書の計画内容が，ユーザーを開拓し，ベンチャーキャピタルなどから資金を調達し，従業員を集めるために重要であることと同様に，ビジネス創造に関連する組織を巻き込みオーガナイズするために，ビジネスプランは大きな重要性を持っている。その作成のために，組織として保持し蓄積してきた企業や業界の情報や個別の事業に関するノウハウも，重要な要素となる。

　一般的に総合商社において，何らかの新しいビジネスを創造しようとするのは，あるいはそういうミッションを持っているのは，基本的に，その商品・

サービス領域を担当しある程度の経験を持つ営業マネージャーであろう。彼らは，日々の営業活動や情報収集を通じて得た情報を基にして，新しいビジネスを創造しようとする場合，当然のこととして，上記のような社内の専門家に助言を求めて，④ビジネスプランを作成し案件を進める。そして，社内外の③企業ネットワークを活かしてさらなる情報を集めて精緻化し，パートナーとなる自社にない経営資源を持っている顧客企業を探索する。また必要に応じて②豊富な資金を活かして事業投資を行い，実現に向かう。この経験は組織内に蓄積されて，ノウハウとなり共有されていく。

7.5 機能の統合

（1） 市場創造に向けた機能の統合

　価値共創マーケティングは，単に機能レベルでミドル・マネージャーの仕事としてマーケティング・マネジメントを考える理論ではなく，全社あるいは全事業レベルの戦略的なマーケティング展開を前提にする理論である。そこで最も重要とされるのは，市場創造と機能の統合である。

　機能の統合とは，パートナーとしての顧客企業との共創によって市場を創造するために，総合商社自身が持つ様々な機能を，自社内・自社グループ内で統合するだけでなく，顧客企業を含むグループ外の企業等とも統合して，市場創造に向けて発揮していくことを意味する。これはまず，総合商社と顧客企業の経営資源を合わせて投入することにより，可能となる。

　ここでは，総合商社組織の内部における戦略の全社的な統合，すなわち全社戦略としてのビジネス創造への取組みが前提となる。それも，重要な機能統合の要素である。その上で，市場創造とオーガナイザーを中心に，日本貿易会が示すその他の機能も含めて，機能を統合する。

　市場創造については，実務家としての経験から，八木他［1992］（58頁）が，商社マンは市場をゼロから創造するのではなく，少なくともそこに「需要はあるが，資金その他の事情で購入できない状態にある」場合に，市場を創ることに優れている，とした。総合商社は，すでに需要があるのに手に入らないモノや不足しているモノ，それらの調達に優れている。例えば，製鉄会社向けの鉄鉱石や粘結炭の海外調達，電力会社やガス会社向けのLNG輸入など，

海外産地で多額の投融資とリスク負担をして事業開発を行った事例でも，売先は決まっており需要が明確に存在していた。

なお図表3-3で示したように，総合商社が発揮する機能は，ビジネスシステム構築の段階と，それと重なりつつ行われる収益モデル稼働の段階で，やや異なっていると考えられる。

（2）　ビジネスシステム構築における機能の内部統合

最初に，ビジネスシステム構築のための機能の内部統合が行われる。

総合商社の新規事業の立上げを目指して組成された組織の責任者あるいは現場のマネージャーなど営業責任者が，ビジネスチャンスを日々の業務や情報収集を通じて探知し，社内の情報・調査機能を持つ部門も巻き込んで企画にしてみようと判断する。ここでの総合商社の強みは，世界中に展開している拠点が持つ情報・調査機能である。そしてそのビジネスチャンスをつかむためには，総合商社が持っていない経営資源を保有するパートナー（顧客企業）が存在していることが大前提となるため，あらかじめそうした企業との関係があればその企業との連携強化を検討する。当初そうした企業が存在していない場合には，そのビジネスチャンスを現実にするために最適なパートナー企業を探し出して，協力を依頼し連携を始めることになる。資源依存の関係である。

ここでは，情報・調査や経理・法務部門の参画に始まり，リスクマネジメント部門の判断，財務（金融）部門の投資の検討などが行われ，社内稟議を経て，ビジネスプランの戦略的な意思決定に至る。責任者による内部的なオーガナイザー機能の発揮である。

（3）　ビジネスシステム構築における機能の外部統合

同時並行的に，ビジネスシステム構築のための，顧客企業と一体になった機能の外部統合も進められる。総合商社・顧客企業から必要な人材が投入されて，関係する外部企業，例えば，原材料供給企業，ロジスティック企業，販売代理店などとの折衝も行われる。

ここでは，ユーザー市場の開拓，外部企業とのネットワークの構築，投資

分担やリスク負担の議論など，総合商社が持つ専門性や企業ブランド・企業ネットワーク，資金力等を活かした形で，顧客企業と協力しつつ，市場創造とオーガナイザーの機能を中心に，様々な機能が発揮される。全体として見れば，外部を巻き込んだオーガナイザー機能の発揮により，総体としての事業開発機能が働いて，ビジネスシステムができ上がる。

(4)　収益モデル稼働における機能の統合

こうした動きと同時並行的に，収益モデルが完成し稼働する。

一般的に収益モデル稼働の段階では，伝統的な方法である商取引機能によって収益を回収する場合であれば，顧客企業から製品を総合商社あるいは子会社が購入して販売代理店経由でユーザーに販売する形を採る際のように，まず実際の取引の仕組みが合意されている。それは多くの場合，総代理店契約のように法的な契約の形式を伴うが，かつては顧客企業の意思によって暗黙の了解としての商権承認によって稼働する場合もあった。

商取引では，総合商社がメーカーから出荷された製品を買い取って自社倉庫に在庫して販売するなど，ロジスティクス機能や在庫金融機能を果たすこともある。またメーカーである顧客企業から製品を購入して，中小の販売代理店経由でユーザーに販売する形の場合には，そこに典型的な商社金融が発生することが多かった。例えば，メーカーには月末締切り翌月末支払いの条件で総合商社が支払いを行うが，販売先の中小の代理店には，月末締切り翌々月末支払いを条件として，1か月間総合商社が資金負担をする，などによる商社金融の付与である。高度経済成長期に総合商社の機能として重要であるとされた，金融である。

こうした典型的な商取引に伴って，与信管理などのリスクマネジメント機能も果たされることになる。

また事業投資による収益モデルの場合，この段階での機能統合としては，追加投資や持分売却などの際の金融機能，投資先の事業リスクの判断を行うリスクマネジメント機能などが内部を中心に統合され，投資先を経営する機能が顧客企業と外部的に統合され一体となって働く。

（5）　金融機能

　日本貿易会が示す8つの機能の中で，他の組織では実現できない総合商社だけが提供できる機能として，最も目立ち歴史的にも重要なものは，金融機能であるため，ここで総合商社の金融機能について簡単にまとめる。

　商業資本とは何なのかを考えれば，Porter and Livesay［1971］が示すように，19世紀，商人は資金を持っていただけではなく，資金を商業融資に用いる傾向があり，職業的なリスクの担い手でもあった。商人は，後に銀行，商業興信所やファクタリング会社のような本格的機関に制度化される全ての金融関連の機能を，当時から日常的に遂行していた（pp.72-74，訳書93-95頁）。元来，商業資本は幅広く金融業務を行ってきたのであり，巨大な商業資本，例えば欧州で18世紀から続くロスチャイルド家やわが国で江戸時代初期から続く三井家などは皆，金融業を行い銀行業に進出してきた。そして，それは今の総合商社の金融機能にも通じるものである。

　また総合商社の格付けは，銀行持株会社やその傘下の銀行と比べても遜色がない。[7]

　そして，企業規模の巨大さ，格付けの高さなどを活かして，総合商社は，バブル経済の崩壊を受けてジャパン・プレミアムによりわが国銀行の調達コストが上がっていた1990年代半ば，外資系銀行から低利で調達したり海外でCPを発行したりして得た資金を銀行に預金する形で，ドル資金供給の担い手になっていた。[8]

　このようなことが可能なため，ある意味で，総合商社は銀行を不要にできる存在，銀行機能も兼ね備えた企業組織である，ということも可能であろう。

　こうして総合商社は，元来商業資本が持つ金融業務との親和性，その巨大さ，高い格付けなどを基に，経営資源としての豊富な資金を最大限に利用して，事業投資や商社金融，在庫金融などを展開してきた。巨大な資金力が，総

7　2017年12月18日の格付機関のホームページによれば，三菱商事の長期格付けは，Moody'sで2016年6月に前年度赤字決算の影響を受けて格下げされてA2になるまでは，三菱UFJフィナンシャルグループ（MUFG）と同じA1，S&Pでは今，三菱商事がA，MUFGはA－（1段階下）である。三井物産も同様に2016年5月の引下げで，Moody'sではA3と三井住友フィナンシャルグループ（SMFG）のA1を下回るが，S&PではAでありSMFGのA－を上回っている。

8　「商社，邦銀にドル供給」『日本経済新聞』1995年11月27日，5頁。

合商社のビジネス創造の重要な基盤となっているのである。

　そしてその金融機能は今も強力であり，最も重要な個別機能の1つとなっている。佐々木［2003］が総合商社を代表する三菱商事のビジネスモデルを，「複数の機能を備えた，インベストメント・トレーダー」（27頁）と説明していたことは，この事実を意識した発言である。

（6）　オーガナイザー機能

　最後に，個別機能として整理されているものの中で，総合商社機能の核となる，様々な機能を統合してビジネス創造を前に進める機能，オーガナイザー機能について述べる。言葉としては，「コーディネーション」とも言い換えられる，自社の様々な専門部署，顧客企業や自社グループ企業を含む関係組織，そうした存在の機能を集約して，何ものかを創り出す機能である。それは，他の機能を統合して発揮される。

　先行研究が示すように，あるいは現場商社マンが強調するように，個別の機能としてはこの機能が総合商社の中核機能と考えられる。具体的には，総合性，国内・国外に広がるあらゆる業界とのネットワーク，そして調査・情報，リスクマネジメント，市場創造，金融などの個別機能を活かして，総合商社が中心となって，パートナーとしての顧客企業との関係を軸に，幅広い関係者を巻き込んでビジネスシステムを構築し，事業を開発する。そこで発揮される機能である。

7.6　収益モデル

（1）　商取引による収益モデル

　既述のように，総合商社の基本的な収益モデルは，2000年前後まで，主として商権ビジネスの商取引による口銭収益によっていた。

　この商権ビジネスは，かつて総合商社を支えた鉄鋼や化学品などの国内・貿易取引における商権を基にしている。ここで商権とは，何らかの総合商社の貢献に対して与えられた，優先的に営業を行うことのできる権利である。

　商権ビジネスの時代にも事業投資は行われていたが，それは主として商権を獲得・維持するためのものであった。そのことを先行研究に基づいて，1960

年代後半を中心とする鉄鉱石輸入商権について確認する。

　1960年代末，日本の鉄鋼メーカーのための鉄鉱石輸入を目指す三井物産と伊藤忠商事が豪州子会社の事業投資によって参加した，オーストラリアの巨大鉄鉱山開発プロジェクト，マウントニューマン・プロジェクトは，著名な資源開発のビジネス創造事例である。ここでは，日本の鉄鋼メーカーとの間で長期契約が結ばれて，固定価格による鉄鉱石の安定供給が可能となっていた。そして松島［1980］が推計しているように，1968年末における両社の出資分相当額11億円は，トンあたり70円の口銭収益によって5年程度で回収することができた。投資資金を回収した後は，優良な安定収益源となった。なおここで両社が得た受取配当金は，1973年度末までで7億円程度であったと想定されている（243頁）。当時は連結決算制度が採用されていないので，持分法投資損益は存在しなかった。

　こうした先行投資による商権獲得に関連して期待されていたのは，総合商社の商権の強化と関連ビジネスの創造である。例えば，鉄鉱石の輸入商権を通じた国内鋼材商権の維持・強化，海外鉄鉱山開発プロジェクトは欧米資源企業との合弁事業であるため，その海外企業との取引関係を通じた非鉄金属など他資源事業の強化，鉱山開発のための設備資機材・インフラの付随ビジネスの獲得等も目的とされていたのであった（田中彰［2012］57-58頁）。

（2）　事業投資による収益モデル

　総合商社のかつての商権ビジネスによる口銭収益を中心とした収益モデルは，現在，事業投資による受取配当金と持分法投資損益，さらに場合により持分の売却益（キャピタルゲイン）を中心にするモデルに変わった。歴史的に総合商社を代表する存在である三菱商事と三井物産の決算数値を基に，その変化を，総合商社が国際会計基準IFRSを導入した2013年度からの4年間と，商権ビジネスが中心であった40年前，1973年度からの4年間とで，平均値によって比較すると，図表3-5のようになっている。

　会計基準と決算の種類の変更を度外視して単純化した比較を試みると，営業利益はこの40年間で3〜4倍程度になっているが，受取配当金はほぼ6〜7倍に増加し，営業利益の受取配当金に対する比率も3〜4倍からほぼ2〜

図表3-5　三菱商事と三井物産の収益モデルの変化　　　　　　　　（単位：億円）

		三菱商事			三井物産		
年度		1973-76	2013-16	変化（倍）	1973-76	2013-16	変化（倍）
A	営業利益平均値	683	2,308	3.4	512	2,268	4.4
B	受取配当金平均値	220	1,295	5.9	131	862	6.6
	持分法投資損益平均値		786			886	
C	事業投資収益平均値	220	2,081		131	1,748	
	A/B	3.1	1.8	0.6	3.9	2.6	0.7
	A/C		1.1			1.3	

会計基準：1973-76年度は財務諸表等規則，2013-16年度は国際会計基準。
決算書の種類：1973-76年度は単体決算，2013-16年度は連結決算。

注1：営業利益＝売上総利益－販売費及び一般管理費（貸倒引当金繰入額を含む）。
注2：事業投資収益＝受取配当金＋持分法投資損益。

出所：有価証券報告書を基に筆者作成。

3倍に低下している。また，40年前には認識されていなかった持分法投資損益も合わせて，営業利益と事業投資収益（受取配当金＋持分法投資損益）を比較すると，近年は前者が後者と同等の大きさであることが分かった。

　このことから，今，総合商社の収益モデルは口銭収益を中心としたものから，事業投資収益を中心にしたものに変化しつつあることを確認できる。

7.7　組織文化

（1）　ビジネス創造の組織文化

　組織文化とは，「共有された経験，逸話，信念，行動規範であり，組織を特徴づけるもの」とされており，新しい戦略を実行する場合には，組織文化への適応がしばしば鍵になるとされる（Kotler and Keller［2016］p.68）。多くの場合，組織文化は企業理念として明文化されているが，価値共創型企業システムにおいてそれは，マーケティング理念に置き換えられる。なぜなら，「マーケティング理念は，マーケティングを軸としつつ，他の経営諸機能をマーケティングの視点から統合する考え方であり，価値共創型企業システムの基本思想にあたる」（村松［2015］165頁）からであり，全社的な戦略の統合において欠かすことのできない要素であるからである。

　そして総合商社においても，この組織文化あるいはマーケティング理念が，企業としての，そして個々の商社マンの行動様式を規定している。今も昔も，総合商社の組織文化は，常に何か新しいビジネスを創造することを強く志向するものであると考えられる。

　戦前の三井物産や三菱商事などが持っていた，積極的にグローバルな視点で事業を拡大していこうとする精神は，総合商社の組織文化として今も生きていると思われる。

　三菱商事が過去ブルネイLNGなど数々の巨大な新規ビジネスを創造してきた組織文化も，そのことを示している。第7章で紹介する中国における医療材料の流通効率化事業創造の担当者が示した，主業務の1つが「新しい仕事を創ること」であるとする言葉が，それを裏づける。

　こうした新規ビジネス創造に向かう組織文化は，他の総合商社においても同様で，総合商社はこの組織文化を共有している。それは，日々新聞・雑誌等に発表される各社の動きを見れば，明らかである。

(2)　人の三井，組織の三菱

　戦前から続く総合商社である，三井物産と三菱商事の組織文化には，共にビジネス創造を強く志向する精神があるにしても，その進め方に違いがある，とされてきた。典型的な言葉としては，「人の三井，組織の三菱」というものがある[9]。

　戦後の解体時，三井物産は人脈中心に分散し，三菱商事は商権ごとに分割して戦力を温存した。その結果，三菱商事は早期に再合同を成し遂げ，戦後最大の総合商社としての位置づけを守り続けてきた。三井物産は，解体で分かれた商社の経営者同士の意思統一がなかなか進まず，三菱商事の再合同に遅れること5年で，1つの企業になった。しかし石油部門（ゼネラル物産）は再合同に参加せず，この部門の差が三菱商事との差につながったと言われている。強力な三菱グループをバックに持って集団としての力を見せる「組織の商事」と，求心力に欠ける三井グループの取りまとめに苦労した「人の物産」という状況は，その後も続いたようである。

9　この部分は，東洋経済新報社［1976］などを参考にして記述した。

三菱商事は「危ない橋は渡るな」という組織文化で，三菱グループをバックにした委託売買など安全性の高い取引が多く，組織力を活かしてサウジ石油化学プロジェクトやブルネイLNGプロジェクトなど，国家的な大プロジェクトを成功させてきた。そして第7章で紹介するように，現在の三菱商事本社も，ビジネス創造を機能の本質とする文化を示している。

それに対し三井物産は，創業以来独自の制度としてきた部店独立採算制を2004年に廃止したが，その制度から生まれた実力主義，信賞必罰，バイタリティといった伝統が，「人の物産」といわれる組織文化に結びついていたとされる。この部店独立採算制は，強い審査能力と独特の営業・経理財務・運輸の三部門が分権するチェックシステムによって支えられていた。しかし個人プレーが多く，短期的ないし微視的な利潤動機に走りがちであったとも批判されている。そうした組織文化の影響もあってか，イラン・ジャパン石油化学プロジェクトで大きな損失を計上し，2000年代に入ってからも不祥事が相次いだ。

歴史的には上のようなことが指摘されてきたが，両社とも学生の就職人気ランキングでは常にトップクラスにあり，似たような学生を採用している結果，組織文化の差はかつてより小さくなっているとされている。ただし，第9章で検討するように，今もなお，企業としての行動様式の差となって現れているように見えるのも事実である。

8 ▶ 総合商社の価値共創型企業システムの枠組み

本章を要約すると，総合商社がビジネスを創造するための価値共創型企業システムの枠組みは，7つの要素から成り立っている。それはまず，総合商社が保有していない重要な経営資源を持つことから資源依存の関係にある，①顧客企業（パートナー）が存在していること，その顧客企業と一体となってビジネスを創り出す関係を構築することである。そして，②創造された市場と価値が，結果として最も重要な要素となる。

そのために総合商社は，顧客企業との企業間関係を軸とする企業システム

（ビジネスモデル）を構築する。そこで大切なステップは，ビジネスを実行する仕組みとしての③ビジネスシステムの構築であり，それが，総合商社にとってのビジネス創造である。

　総合商社は，ビジネスシステム構築を目指して，自社と顧客企業の④経営資源を合わせて投入し，組織内の戦略統合を前提に，関連する⑤機能の統合を内部・外部で行い，総合力を発揮する。

　③ビジネスシステムの構築と併行して，収益獲得の仕組みである⑥収益モデルができ上がり稼働することによって，総合商社に，ビジネス創造における貢献に対する顧客の評価に基づいた収益をもたらす。

　この総合商社の活動全体に影響を与えるのが，⑦組織文化であり，総合商社そして商社マンは，ビジネス創造を目指す組織文化の下で動いている。

　以上が総合商社の価値共創型企業システムの全体像であり，理論的枠組みとして提示された。

図表 3-6　総合商社の価値共創型企業システムの要素

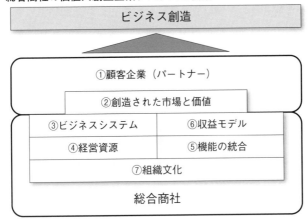

出所：筆者作成。

4章

事例研究の方法と対象

1 ▶ 研究方法の検討

1.1 研究の方向性の整理

　第2章において，先行研究のレビューに続いて，その問題点を克服するための要件を抽出した。それを満足するものとして，第3章で，総合商社分析のための価値共創型企業システムの理論的枠組みを構築した。その枠組みは本研究の課題1を解決したものと想定されている。

　第5章から第8章の事例研究においては，この理論的枠組みを用いて，総合商社の実際のビジネス創造事例を分析し，機能の本質がビジネス創造であるというすでに提唱されているコンセプトを，全体的な構造として説明することを目指す。課題2，「その理論的枠組みを用いて，代表的な総合商社のビジネスの事例を分析することを通じて，働きの全体構造を整理して明確にする。」を解決することになる。総合商社がビジネス創造者であるというコンセプトを事実に基づいて説明し直し，全体構造を明示するわけである。

　最後に第9章で，課題1と2が解決されたかどうかを見極めて，課題3，「構築した理論的枠組みが，研究目的を果たすために妥当であったかどうか，検証してその正しさを確認する。」を解決する。

1.2 最適なリサーチ戦略の検討

　本研究の目的を達成するために，研究の方法，リサーチ戦略として何が最

図表4-1　異なったリサーチ戦略の関連状況

リサーチ戦略	リサーチ問題の形態	行動事象に対する制御の必要性	現在事象への焦点
実験	どのように，なぜ	あり	あり
サーベイ	誰が，何が，どこで，どれほど	なし	あり
資料分析	誰が，何が，どこで，どれほど	なし	あり / なし
歴史	どのように，なぜ	なし	なし
ケース・スタディ	どのように，なぜ	なし	あり

出所：Yin［1994］訳書7頁図表1.1。

も効果的なのかを，あらためて検討する。

　Yin［1994］は社会科学におけるリサーチ方法の選択肢を戦略として捉え，図表4-1を示し，「一般にケース・スタディが望ましいリサーチ戦略であるのは，『どのように』あるいは『なぜ』という問題が提示されている場合，研究者が事象をほとんど制御できない場合，そして現実の文脈における現在の現象に焦点がある場合である。」（p.1，訳書1頁）としている。

　本研究では，総合商社機能の本質を説明するために，その企業間関係が「どのように」構成され働いているのか，そして総合商社が存在できているのは「なぜ」なのかを考察する。表現を変えると，「なぜ」存在しているのかつまり提供する価値は何なのか，企業間関係の上で「どのように」して実現されているのかを説明することを目指している。また，実際に存在している総合商社がリサーチの対象である以上，こうした実在の企業の行動事象を制御することは，外部研究者にとっては不可能であり，その必要もない。

　こうした検討の結果として，採用されるべきリサーチ戦略は，歴史的リサーチ（歴史法によるリサーチ）とケース・スタディになる。なお，本研究では，歴史法とケース・スタディをリサーチの戦略あるいは方法の選択肢として，その方法に基づく分析の全体を，「事例分析（事例研究）」と呼ぶ。

　ここでYin［1994］は，歴史法というリサーチ戦略が貢献できるのは，「『死んだ』過去」（p.8，訳書11頁）を扱う場合であり，それには現在事象への焦点がないとする。しかし総合商社機能の本質を探ろうとして過去の事例を歴

史として見る場合，それが単に過去の事象の分析であり現在事象への焦点はないと割り切ることはできない。総合商社について，経営史の分野で最も多くの先行研究が積み重ねられてきたことの意義も，現在事象への焦点にあると思慮している。また一般論として，経済や経営に限らず歴史を学ぶことは，そこで得た知識，先人の知恵などを，「現在の事象」に活かすことを目的とすることによって初めて，学問としての意味を持つのではないだろうか。さらにYin［1994］自身が，こうしたリサーチ戦略は相互に排他的ではないことを認めていることも，事実である。

　したがって本研究においては，歴史的な軸で事例を分類・抽出し，現在の事例だけでなく，過去の事例，すなわち回顧的に何が起こったのかを語ることのできる関係者が一人もいない歴史的な事例をも，分析対象とする。そこでは，単なる歴史として見るのではなく，今の視点で歴史的な事例を分析することを通じて，現代的な意味，現在の総合商社機能の本質につながる特質を探ろうとする。

　それは筆者が，時代の流れにより総合商社が置かれている社会経済的な環境が変わり，売上・利益を獲得するための収益モデルの変化があっても，総合商社機能の本質は変わっていないのではないかと考えており，変わらぬ本質を突き詰めることが必要であると信じているからである。

　そして本研究の事例分析は，総合商社の企業間関係，提供する価値，その実現の仕組みなどを，価値共創型企業システムの枠組みを用いることによって，現代的な視点で理論的に解明しようとする。

　したがって，本研究の事例分析においては，すでに示した価値共創型企業システムの理論的枠組みを用いつつ，Yin［1994］が分類したリサーチ戦略としてのケース・スタディを歴史的リサーチと併せて導入する。それにより，先行研究が示す「総合商社機能の本質はビジネス創造である」というコンセプトを，事実に基づいて説明する。言葉を変えれば，コンセプトを，理論的な枠組みを用いて事実の裏づけをもって示す。

　またこの事例分析は定性的な質的データ分析であるため，佐藤［2008］が示しているような，事例そして共通に用いる定性コード（概念カテゴリー）の2つの軸を用いるマトリックスに基づいて各事例を整理することによって，

図表 4-2　事例-コード・マトリックス：総合商社の分析

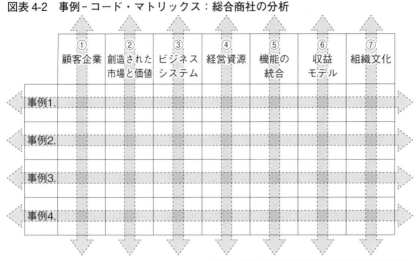

出所：佐藤［2008］73頁の図5-5を基に筆者作成。

「より一般的で抽象的な概念モデルを構築していく作業」（73頁）が可能となる。ここでは，総合商社の価値共創型企業システムを構成する7つの要素を共通の定性コード，すなわち概念カテゴリーとして用い，事例ごとに分析を積み重ね，それを通じて，総合商社機能の本質に関するコンセプト的な指摘を事実によって，全体構造として裏づけていく（図表4-2）。

2▶複数事例による研究の方法

　本研究では，時代を超えて総合商社機能の本質が変わっていないことを捉えるために，時代の区分を用いて複数の事例を抽出して分析する。また，現在の事例としては，取引対象の区分として，モノ（物理的に形のある取引対象）とサービス（物理的に形のない取引対象）を用いる。

　これは総合商社の典型的なビジネス創造事例の中から，時代・取引対象各々を代表する事例を抽出し分析することによって，時代・取引対象区分の全てについて，総合商社機能の本質がビジネス創造であるという説明が成り立つこ

とを示すためである。時代区分は，戦前の誕生と発展の時期，戦後から1990年代までの復興と高度経済成長の原動力として躍進したが冬の時代そしてバブル経済崩壊を受けて構造変化を進めた時期，そして2000年から現在の構造変化を完了した時期（商社否定論を乗り越え収益モデルを変えて一時は「夏の時代」とされる好業績を残した），この3つである。さらに，サービス取引に力を入れるようになった2000年以降については，取引対象についてモノとサービスの区分を導入する。

　抽出した全ての事例について，機能の本質がビジネス創造であると全体構造の形で示すことができれば，今も昔も総合商社機能の本質はビジネス創造であるということを，事実の裏づけをもって確認したことになる。

　こうした複数事例による研究は，Yin［1994］によれば，「追試」（p.45，訳書61頁）として位置づけられている。複数の事例による研究は，追試の論理に従い，全ての事例について同じ結果を予測して行うのである。そこで適切なリサーチ設計は，それぞれの事例について同じ結果を予測するものであり，同じ結果が全ての事例について得られたならば，追試が行われたということになる。

　この論理でいえば，本研究においては，4つの区分の事例全てについて，総合商社機能の本質がビジネス創造であるというこれまで示されてきたコンセプトを，価値共創型企業システムの枠組みを用いて描き出し，同じ結果を得ることを目指している。それは，追試が行われたことを意味する。

　以下の第5章から第8章では，研究対象として取り上げた4つの区分の事例それぞれを，価値共創型企業システムの枠組みを共通に用いて分析する。総合商社の価値共創における企業間関係を，理論的な枠組みを用いて整理し，その上で共創される価値は何であり，どこでどのような仕組みで実現されているのかを，明確にする。それによって，全ての事例において，総合商社機能の本質はビジネス創造であるとする，過去，研究者あるいは実務家によって数多くの機会に提示されてきたコンセプトが，理論的な枠組みできちんと説明できることを確認し，機能の本質として明示する。

　Yin［1994］のいう追試が機能することによって，理論的な説明としてこれまで語られてきたことを明確にすることができる，と考えている。

3 ▶ 研究対象の事例選定

3.1　対象とする事例の選定の考え方

　総合商社の機能の本質がビジネス創造であるとするコンセプトを，全体構造を見た説明としてまとめるために，既述の3つの時代区分を採用する。2000年以降は，モノかサービスか，2つの取引対象区分も用いる。

　まず総合商社の伝統的なビジネスであるモノを対象とする事例は，各時代区分に応じて，代表的と考えられるものを1つずつ，合計3つ抽出した。

　さらに，総合商社がモノではなく，純然たるサービスを取引対象とする事業，それも特にB2C型の一般消費者を対象とする事業（例えば，医療サービスあるいはコンビニエンスストア）に本格的に進出したのは，最近のことであるため，2000年以降についてはサービス事業の事例も1つ取り上げる。

　そもそも総合商社の事業は，歴史的にもそして現在も，保険・運輸・金融など，B2B型のサービス事業を含んでいる。しかしそれらは中川［1967］の時代から，あくまでもかつて中心であった商取引を支える補助的事業としての位置づけが色濃いため，中核事業とは考えられてこなかった。ただし近年，総合商社はB2C型のサービス事業に本格進出しており，その背景には非資源分野への展開が課題になっていることがある。B2C型サービス事業が，今後の中核事業となっていく可能性は否定できない。

　結局，本研究で取り上げるのは，図表4-3に示す4つの事例となった。

　最初に，歴史的な事例として，明治時代のわが国をリードした綿紡績産業が世界に飛躍するきっかけを作った，三井物産による綿製品の清国への輸出の事例を取り上げる。リサーチ戦略としては，歴史的リサーチである。

　次に，高度経済成長期に発展した歴史的な事例であり，現在も一部継続されている，総合商社A社による化学品の国内向け商権ビジネスを取り上げる。歴史的な事例ではあっても，関係者へのインタビューが可能であったため，ケース・スタディを用いた分析となる。

　そして現在の総合商社が展開している典型的なビジネス創造の事例であり，今の動きを示すものとして，医療関連の事業を2つ取り上げる。関係者への

図表 4-3　抽出した事例の分類

時代の区分	取引対象の区分		
		モノ	サービス
戦前	事例1	日本の産業革命を加速した明治時代の三井物産による綿製品の清国への輸出	
戦後から1990年代まで	事例2	高度経済成長期に発展した総合商社A社による国内向け化学品の商権ビジネス	
2000年から現在	事例3	国内の取引ノウハウを中国で展開する三菱商事の医療材料の流通効率化事業	事例4　三井物産がマレーシア企業と展開するアジアにおける医療サービス事業

出所：筆者作成。

インタビューを中心とするケース・スタディによる分析である。

　これら2つの事例は，今後期待できるビジネス領域として，総合商社各社が着目している医療関連事業のグローバル展開である。特にアジアの医療関連市場は，急速な人口増加と一部の国における高齢化，所得水準の向上などを背景として，大きな成長が見込まれており，事例の事業を展開する三菱商事・三井物産だけでなく，伊藤忠商事や丸紅なども積極的な動きを見せる。そうした意味では，脱資源を目指す総合商社の次のビジネス・フロンティアの1つとして，大きな重要性を持つ事業領域となる。

　各章で分析を進める前に，以下でそれぞれの背景を簡単に紹介する。

　なお事例の紹介と分析は基本的に，インタビュー調査で得られた情報以外に，先行研究，各総合商社や子会社等が出しているニュースリリース，出版された社史，新聞・雑誌の記事などの公開情報を基にしている。各社の公開情報による場合は重要なものを除き，タイトルや公表日などは示していない。一般の新聞・雑誌等の情報による場合には，原則として脚注に出所を示す。

3.2　明治時代の三井物産による綿製品の清国輸出

　歴史的な事例として，戦前のわが国産業の中心的存在であった綿紡績産業が，明治時代に，輸出，特に清国（現在の中国）に対する輸出を成功させることにより飛躍するきっかけを作った，三井物産の動きを取り上げる。同社が総合商社として確立したとされる，明治後期の事例である。

　当時，三井財閥はわが国最大の財閥であり，その中枢には三井物産があった。その規模を，同社の取扱高[1]とわが国の国家予算を比較することによって見ると，図表4-4のようになる。三井物産は1907（明治40）年頃には，総合商社として定着したとされているので（栂井［1974］45頁），その年度の数字と，2015年度の数字を比較した。当時の三井物産の取扱高は，国家予算の37％であった。2015年度の同社の売上高は国家予算の10％，わが国最大企業のトヨタ自動車はほぼ30％であり，単純な比較はできないにしても，トヨタ自動車を上回る影響力を持つ企業であったことを推測できる。

図表4-4　企業規模とわが国の国家予算の比較　　　　　　　　（単位：百万円）

	1907（明治40）年度	2015（平成27）年度	
国家予算（一般会計）	636	96,341,951	（参考）トヨタ自動車
三井物産	取扱高	売上高	売上高
	235	9,616,821	28,403,118
国家予算に対する比率	37.0%	10.0%	29.5%

出所：財務省，松元［1979］418頁第82表，三井物産・トヨタ自動車有価証券報告書。

　またこの事例の時代，明治後期，図表4-5に示すように，三井物産はわが国の総輸出入額全体の1〜2割を取り扱う巨大な存在であった。

　わが国の明治時代の産業革命は綿紡績産業を中心に起こり，資源に乏しい国家として加工貿易を中心とする政策の下，この産業が産出する工業製品を輸出することによって経済規模も拡大した。その過程で三井物産をはじめとする商社が活躍したことは事実で，戦後関西五綿と呼ばれ総合商社に発展し

1　総合商社の取扱高は，自己勘定取引の売上高と他人勘定取引（代理人・仲介人としての取引）の取扱高（売買金額）を合わせたもの。以前総合商社が公開していた売上高は，この意味の取扱高である。三井物産も，その売上高を公表していたが，2009〜15年度，代理人取引については口銭のみを純額として売上高に含め表示していた。2016年度からは連結売上高を示していない。

図表4-5　日本貿易業における三井物産の比重　　　　　　　　　　（単位：千円）

年度	日本総輸出額	三井物産 輸出取扱高	比率	日本総輸入額	三井物産 輸入取扱高	比率	日本総輸出入額に対する比率
1900	215,001	22,093	10.3%	300,832	45,247	15.0%	13.1%
1901	260,648	20,952	8.0%	268,626	37,218	13.9%	11.0%
1902	272,119	24,624	9.0%	281,831	44,076	15.6%	12.4%
1903	300,580	33,044	11.0%	328,144	47,955	14.6%	12.9%
1904	331,651	43,764	13.2%	383,950	55,284	14.4%	13.8%
1905	332,163	51,604	15.5%	499,501	84,768	17.0%	16.4%
1906	433,533	71,408	16.5%	431,521	74,416	17.2%	16.9%
1907	442,154	82,106	18.6%	505,687	104,449	20.7%	19.7%
1908	387,543	71,231	18.4%	453,332	102,406	22.6%	20.6%
1909	424,800	85,241	20.1%	406,790	76,282	18.8%	19.4%
1910	471,972	103,284	21.9%	487,625	87,070	17.9%	19.8%

出所：松元［1979］420頁第84表を基に筆者作成。

た繊維専門商社の経営の土台も，綿製品輸出の拡大を背景に，戦前すでに培われていた。中でも，わが国貿易業界において，戦前期を通じて他を圧する存在であった三井物産は，明治後期の綿紡績産業の育成・支援を主導することにより，総合商社としての形態を完成させたとされる。

　三井物産が創業当初から，紡績業に力を入れていたことは，益田孝の次の発言からも明らかである。

　「私は明治12年に渋沢さん（筆者注：渋沢栄一）に，日本にはまだ機械工業というほどのものが全くないのだから，機械工業を日本人に教えなければならぬ，それには機械工業中最も簡単な紡績がよい，紡績会社をやろうじゃござらんかという相談をした。」（長井［1989］154頁）

　また経営史の観点で戦前の繊維商社を研究した黄［2003］は，当時の三井物産が，「綿業ビジネスに関するすべての流通過程，具体的には紡績機械，綿花の輸入から綿製品の輸入，国内販売，輸出ないし三国間取引まで関与し，ま

た綿花の納入先である紡績企業が経営悪化したときにほかの紡績企業の合併を斡旋して紡績業界における市場構造の形成にかかわってきた。それから海外投資を積極的に行い，『在華紡』の先駆けとなった。」と，同社の綿業における活動を紹介した。その上で，「このパターンは後発の綿花商社に一つの経営モデルを提供したと考えられる。」と述べている（63-64頁）。三井物産の活動が単にわが国の綿業を発展させただけでなく，１つのビジネスモデルを構築し，それが他の商社の展開につながったという意味では，その重要性は大きい。

　本研究で分析するのは，こうして，戦前の三井物産が貿易を通じ，基幹産業発展のために，どういう貢献をしたのかを示す事例である。

　わが国貿易において，産業革命の成熟期（1895〜1907年）に清国向けの輸出額はほぼ毎年第１位であり（図表4-6），輸出市場としての清国は，戦前期を通じてきわめて重要な市場であった。鍵となるのは，清国向け輸出品の中心が，米国向けの主要輸出品である生糸と異なり，工業製品であったことである。「対米貿易は，生糸という加工度の低い製品に特化した後進国型の交易であり，外貨獲得の意義は大きかったが，日本の工業化を直接には推進するものではなかった」（坂本［2003］38頁）とされている。清国向けの綿製品輸出は，日本の産業発展に大きな貢献をした。

　この時期のわが国の清国への輸出品の中心は，綿糸・綿布であった。「綿紡

図表4-6　輸出相手国地域表（1895-1907年度）（単位：千円）

年度	総額	清国		欧州三国		米国		3地域小計
1895	136,112	27,498	20%	33,229	24%	54,029	40%	84%
1897	163,135	46,715	29%	36,902	23%	52,436	32%	83%
1899	214,930	74,548	35%	44,316	21%	63,919	30%	85%
1901	252,350	84,713	34%	44,010	17%	72,309	29%	80%
1903	289,502	94,719	33%	54,009	19%	82,724	29%	80%
1905	321,534	118,897	37%	44,626	14%	94,009	29%	80%
1907	432,413	130,406	30%	76,232	18%	131,101	30%	78%

　注：清国には，関東州・満州国・香港を含む。欧州三国は，イギリス・フランス・ドイツの合計。
　　　出所：坂本［2003］35頁表1-1を基に筆者作成。

績業は19世紀末から戦後高度経済成長の前半期まで，日本の経済発展を支える主要産業であった。」（岡崎［2006］349頁）とされており，戦前におけるわが国最大の輸入品は棉花，最も重要な輸出品は，工業製品としての綿製品と原材料としての生糸であった。

綿紡績産業は，国内市場が狭隘であることから，綿製品の輸出にその発展の源泉を求めるしかなく，目前の巨大市場である清国への輸出開始が契機となった。その当初，三井物産は，総合商社としての機能を発揮して，清国における市場を創造し，輸出を促進したのである。

この清国輸出は，三井物産が総合商社として大きく発展する基盤となっており，昔も今もビジネス創造が総合商社機能の本質であることを確認するためにも，取り上げることが適切な事例である。

3.3　A社による国内化学品の商権ビジネス

わが国戦後の高度経済成長期，石油化学工業を中心とする化学工業は1つの原動力であった。1960年頃から高度経済成長期を通じて，化学工業の生産額は全製造業の10%弱を占めていた。川下製品であるプラスチック（合成樹脂）製品の製造業も急速に発展した（図表4-7）。

今回事例として取り上げるのは，このプラスチック製品に関する，国内におけるビジネス創造である。

石油化学工業は戦後，数多くの海外からの技術導入によって，新しい製品を生み出してきた。合成樹脂については1951年に，当時の東洋レーヨン（現東レ）による米デュポンとのナイロンに関する技術提携契約が調印されており，同社の事業の1つの柱に発展した。その後も，石油化学工業協会［2008］によれば，プラスチック関連では，1957年に，東洋レーヨンと帝国人造絹糸（現帝人）が，英ICIからポリエステル繊維・フィルムの製造技術を導入し，三菱油化もシェルからエチレンとスチレンモノマーおよび米S&Wからエチレンの製造技術を導入した。このように，1950年代には，わが国の大手化学メーカーが海外からの積極的な技術導入を進めており，新製品の開発・生産の競争が続いていた。

そうした海外メーカーからの技術導入においても，総合商社は，海外の拠

図表4-7　化学工業・プラスチック製品製造業・電気機械器具製造業の生産額

（単位：10億円）

年	製造業計	化学工業		プラスチック製品製造業		電気機械器具製造業	
1960	15,553	1,482	9.5%	164	1.1%	1,342	8.6%
1961	19,110	1,731	9.1%	210	1.1%	1,725	9.0%
1962	20,742	1,876	9.0%	242	1.2%	1,976	9.5%
1963	22,555	2,165	9.6%	304	1.3%	1,963	8.7%
1964	27,809	2,601	9.4%	420	1.5%	2,394	8.6%
1965	29,372	2,818	9.6%	445	1.5%	2,299	7.8%
1966	34,113	3,194	9.4%	561	1.6%	2,733	8.0%
1967	41,404	3,519	8.5%	670	1.6%	3,691	8.9%
1968	48,453	4,081	8.4%	834	1.7%	4,707	9.7%
1969	58,306	4,851	8.3%	1,094	1.9%	6,124	10.5%
1970	69,623	5,624	8.1%	1,318	1.9%	7,543	10.8%
1971	72,791	5,940	8.2%	1,461	2.0%	7,492	10.3%
1972	80,420	6,118	7.6%	1,800	2.2%	8,565	10.7%
1973	103,876	7,510	7.2%	2,575	2.5%	10,766	10.4%
1974	129,827	10,481	8.1%	3,142	2.4%	12,109	9.3%
1975	126,353	10,476	8.3%	2,874	2.3%	10,594	8.4%

出所：経済産業省「工業統計アーカイブス」。

点網，海外先端企業とのネットワークや国際経験豊かな人材を活かして仲介し，その後の商取引への展開すなわち商権の獲得につなげていった。例えば，東洋レーヨンのナイロン製造技術導入については，当時の第一物産（戦後解体された旧三井物産から派生した多数の商社の中の最大手であり，1959年の三井物産の再合同において中核となった商社）が側面支援し，その結果として，ナイロン製造の中間原材料の商権を獲得したとされている（杉野［1990］27頁）。

　こうした動きの中で，今回取り上げる事例の化学メーカーB社も，海外からの技術導入によって，新しい化学品であるプラスチック製品Dの開発と生産を開始することになった。そこで，総合商社A社は，その企業ブランドやネットワーク，専門家人材，資金力などを最大限に活かして，B社と一体と

なった市場創造の活動を行った。この働きは，B社の新しい産業分野への進出を成功させただけでなく，高品質で汎用性の大きい生産材料の効率的な生産販売体制を構築し稼働させることによって，ユーザーとしての電気電子産業（図表4-7の電気機械器具を製造する産業）の諸企業の発展にも寄与した。

しかし総合商社冬の時代がいわれる頃になると，A社の構築した販売体制は大きな付加価値を生むことが難しくなり，A社商権は少しずつB社に返上されていった。またその後進んだ総合商社の商権ビジネスの子会社移管に伴い，2000年代半ばにはこの商権ビジネスのオペレーションもA社子会社の化学品専門商社C社に移った。しかしその取引は，総合商社A社本社と子会社C社が機能分担を行って，今も効率的に動かされている。

この事例は，わが国の高度経済成長期に重要な位置を占めた化学品のビジネスにおいて，総合商社が典型的な商権ビジネスを確立して，メーカーとユーザー双方の発展を支援したという面で大きな重要性を持っている。また今も，親会社と子会社の役割分担によって継続されているという面においても，興味深い事例である。

3.4 大手総合商社の医療分野への進出

（1） 総合商社の医療関連事業展開の歴史

三菱商事は小林健・前社長が，2015年末の新聞記事で今後重点を置く非資源分野の1つにヘルスケアを挙げて，「ヘルスケアでは病院経営への参入を検討している。」と明言，この分野を拡張していく方針を示した[2]。現実に，同社は2017年3月，ミャンマー現地企業との合弁で2020年を目途に，総合病院による高度医療サービスの提供を開始する，と発表している。三井物産は安永竜夫社長が，「世界的に高齢化が進むなかで，医療分野も有望だ。」と，この分野への注力を明言している[3]。伊藤忠商事も，岡藤正広社長が自ら決断した中国中信集団（CITIC）グループとの提携の中で，中国での病院事業参入を検討しており[4]，インドネシアなどでも同様の動きを見せる。

2　藤本［2015］。
3　西條［2016］。
4　渡辺［2017］。

　大手総合商社が医療ビジネスに関心を示し始めたのは，1960年代半ばとされるが，その後1980年代に，医療費の増大や健康保険法の改正を背景に，医療ビジネスを新規ビジネスの対象として取り上げ始めた。わが国の年間の医療費が約15兆円と巨額であったことに加え，厚生省（当時）が医療費の一部自己負担という方針を表明して自由診療へ一歩を踏み出したこともあり，医療ビジネスを新しい視点から捉え直そうという動きであった。社会経済環境が変化する時，そこにビジネスチャンスを見出して，先に動き出しビジネスを創り上げようとする，固有の組織文化に基づく典型的な総合商社の動きである。

　総合商社の新規事業領域への参入は横並び的で，最近の決算で各社が資源ビジネスの大きな減損損失を計上したように，1つの可能性があるとみなされた領域にそろって殺到する歴史を繰り返してきた。この時も同様で，1986年当時，すでに横並びラッシュの状況であったとされている。[5]

　例えば伊藤忠商事も，1980年代以前からすでにこうした動きを始めており，1974年には完全子会社のセンチュリーメディカルを設立し，病院作りの総合コンサルティングから医療用機器の納入，医療信託（商社金融）まで手がけていた。米国の大手病院経営会社の間では，「伊藤忠は医療ビジネスに関しては最もノウハウを蓄積した商社」との高い評価もあったようである。[6] こうした背景があって，最近の中国におけるCITICと組んだ病院経営事業参入等の動きが出ているものと思われる。

　総合商社が資源関連のビジネスに傾斜しすぎていたことの反省の上に立ち，非資源関連ビジネスに力を入れようとしている今，わが国でも世界でも大きな成長が期待できる医療分野は，重要性を増す可能性があり，分析対象事例として取り上げることに意味があると考えている。

（2）　総合商社の医療ビジネスの範囲

　この領域における過去の総合商社の動きの多くは，限られた事業を除いて，大きな展開として成功したとはいえないようであった。その最大の理由は，株

5　「特集新規事業　『需要があるから…』だけでは通じない　参入ラッシュ➡収益機会喪失」『日経ビジネス』1986年3月31日432号，9-15頁。
6　「いよいよ本番医療新ビジネス——NMEが日本上陸，健保制に風穴，新事業狙う」『日経産業新聞』1984年11月13日，20頁。

式会社による病院経営の解禁など，医療の規制緩和のスピードが遅いことである。病院経営ができないと，周辺の事業展開も進まない。

　しかし病院経営自体については，現在の医療法でも，「営利を目的として，病院，診療所又は助産所を開設しようとする者に対しては，第4項の規定にかかわらず，第1項の許可を与えないことができる。」（第7条第6項，なおここで第1項の規定は病院などを開設する場合の都道府県知事等の許可に関するもの，第4項の規定は要件に適合すれば許可を与えなければならないとするもの）と規定されている。さらに元々，1950年の厚生事務次官通達（「医療法の一部を改正する法律の施行に関する件」）には，「今後会社組織による病院経営は認めない方針をとり」と明記されているのである。また，同じく医療法第46条の6第1項により，医療法人の理事長は，原則として，医師または歯科医師である理事から選出されることになっている（ただし，都道府県知事の認可を受けた場合は，医師または歯科医師でない理事のうちから選出することができる）。こうして，営利目的での病院経営は，実質的には禁止されていることになる。

　海外のように株式会社が営利目的で病院を経営することは，今もわが国では難しい。したがって，総合商社の医療ビジネスも，病院経営自体ではなく，その周辺業務を中心に展開されてきた。その典型であり成功事例とされているのが，三菱商事の事業展開である。そうした観点で，三菱商事の中国における医療材料の流通効率化事業を取り上げて分析する。

　なお構造改革特別区域法で定める構造改革特別区域においては，株式会社が自由診療で高度な医療の提供を目的とする病院または診療所を開設することが認められており，将来的にはより広い範囲における，株式会社の営利目的での病院経営進出も予想されている。この変化を受け，総合商社が，まず自由度の高い海外，それも医療ツーリズムなど医療サービス産業の発展が著しいアジアで，病院経営に直接参入する動きも出てきた。この動きをリードするものとして，国内では営利事業としての展開が困難な病院経営，B2C型のサービス事業である医療行為の提供を行う病院の経営自体に，海外で直接参入している三井物産の事例も取り上げて分析する。

3.5　三菱商事の医療分野における動き

三菱商事は1970年代前半に医療事業部を作り，三菱グループの総合病院の建設計画を練ったが，保険医療制度の風土の中で医療ビジネスへの本格進出は足踏み状態であった。ただ1980年代，医療用機器の輸入販売では，大手商社の中で先行した。また1988年には，三菱グループと共同で設立したエイ・エム・エス（AMS）によって，薬のメーカー名，薬効，薬価までを推定するオンラインのデータベース提供サービスを開始した。1989年には，医療機器の販売会社，エム・シー・メディカルを設立し，医療機器を輸入・開発・販売するほか，病院設立時の企画・設備設計などの総合的なコンサルタント業務や機器・設備の一括納入なども展開した。

三菱商事の子会社であった日本ホスピタルサービスは，1995年に設立され，医療材料の発注・物流・在庫管理のアウトソーシング業務を請け負い，SPD（Supply Processing and Distribution）と呼ばれるシステムを導入することで，病院の業務効率化を実現して成長してきた（SPDについては，第7章の事例分析で詳述）。さらに三菱商事は，病院建て替えの際に経営戦略構築を請け負うサービスも展開した。当時，同社に経営戦略の立案を委託したある病院の理事長は，「従来はコスト高になると分かっていても，長いつきあいのある地場卸との関係を切れなかった。総合商社という中立的な企業が介在することで，ビジネスライクにできた」と話している。

さらに三菱商事は，2001年，エルクコーポレーションと共同で，病院の移転・新設の際に医療機器納入やコンサルティングを手がける新会社，アプリシアを設立した。なお2010年，日本ホスピタルサービスとアプリシアが合併して，三菱商事子会社のエム・シー・ヘルスケアとなっている。

また2002年，同社はトヨタ自動車と共同で，トヨタ流の経営手法を活かした効率的な医療事務サービスなどを提供する，グッドライフデザインを設立

7　太田［1988］。

8　「三菱商事，医療機器販売で新会社——技術サービスも」『日経産業新聞』1989年12月5日，1頁。

9　「医療・福祉，広がる市場——異端企業が市場開拓，光る新サービス（新産業革命）」『日経産業新聞』1998年6月4日，14頁。

10　「三菱商事，病院の移転・新設支援——エルクと新会社，医療機器納入や助言」『日本経済新聞』2001年11月1日，13頁。

している。[11] 地域内の中小病院や診療所の医療事務代行，検体検査，地域の薬局との医薬品の共同購入などを展開する。

さらに三菱商事は2005年，日本最大規模の医療用医薬品卸売企業であるメディセオホールディングス（2009年からメディパルホールディングス）と，医療ビジネスにおける包括的な業務提携に合意した。この提携はさらに2009年，中国最大の医薬品卸である国薬控股股份有限公司（国薬）との包括業務提携に発展し，両社は国薬傘下の北京にある医薬品卸2社に資本参加している。上海に並ぶ中国最大の医薬品卸売市場でトップクラスの企業グループを形成して，医薬品卸売事業の基盤強化を図っている。また2013年には上海で，国薬と共に医療材料の流通効率化事業を展開し，医療制度改革に対応した総合ヘルスケア事業を展開する（第7章で詳述）。

三菱商事はその他にも医療分野で積極的な動きを見せており，2007年には，都立駒込病院の建物改修工事や最先端医療機器の調達などを推進する主体である，駒込SPCを設立し，株式会社によるPFI事業として病院経営を支援し始めた。また既述のように，ミャンマーの現地企業との合弁で，2020年を目途に，総合病院による高度医療サービスの提供を開始すると発表している。

3.6 三井物産の医療分野における動き

三井物産は1984年，米国の医療施設コンサルタント会社，メディカル・プランニング・アソシェーツ（略称MPA）のノウハウを導入し，新設される東京の聖路加国際病院の基本計画を作成して，新システムによる病院での給食・掃除業務に取り組んだ。病院の給食業務はエームサービス（給食サービス業の持分法適用会社）が担当した。[12] また同年，乳幼児専門の歯科医院の全国チェーン構築に着手して事業を展開した。民間企業で個人医院チェーンを経営するのは，同社が初めてであった。[13]

三井物産はその後も積極的な動きを見せ，医療関連サービス大手の総合メ

11　田中良［2002］。

12　「三井物産，設計から給食・掃除まで"病院ビジネス"へ本格進出──人材派遣・金融も」『日経産業新聞』1984年3月12日，1頁。

13　「小児歯科全国チェーン，三井物産，民間企業で初めて──来年央，相模湖に第1号」『日経産業新聞』1984年8月9日，1頁。

ディカルと組んで合弁企業を設立して，病院向けのコンサルティング事業にも進出した[14]。

さらに2004年には，コンシューマーサービス事業本部において，ヘルスケアを戦略投資分野と位置づけて新しい動きを始め，様々な試行錯誤を行った。その上で2011年，マレーシアに本社を置くアジア最大の病院グループ持株会社IHH Healthcare Berhad（IHH）の株式の30％（その後新株式発行や売却などによって減少し，2017年3月時点では18.04％）を，約900億円を投じて取得し，本格的に病院経営というB2C型サービス事業に進出した（第8章で詳述）。IHHの大株主は，マレーシアの政府系投資ファンドKhazanah Nasional Berhad（カザナ）である。

またIHHとの連携に続いて2015年，アジア大洋州で医療情報サービスを手がけるMIMSグループの持株会社を買収して，アジアでの事業展開を加速した。さらに2016年，米国最大手の透析事業会社DaVita Healthcare Partners（ダビータ），カザナと共に，アジア透析事業に参入（ダビータ・ケア），加えて中間層向けの病院でアジア最大手のColumbia Asia Group（コロンビアアジア）に投資してこの領域の病院経営にも参画した。そして2017年には，医療機器大手のパナソニックヘルスケアホールディングス（パナソニックヘルスケア）にも投資しており，2019年度までに，医療分野に1,200億円を投資する方針である[15]。

4 ▶ リサーチ戦略

4つの事例について，採用したリサーチ戦略を紹介する。

4.1 歴史的リサーチ

明治時代の三井物産の事例については，歴史的リサーチを選択せざるをえ

---

14 「三井物産，病院に経営指南，総合メディカルと組む——財務健全化を支援」『日本経済新聞』
　2003年11月13日，15頁。
15 「三井物産，医療に1200億円　20年3月期まで　アジアの病院など」『日本経済新聞』2017年
　1月5日，13頁。

ず，文献による調査である。100年以上前の真の歴史的事例であるため，三井物産や綿紡績産業の経営史などに関する書籍・論文その他を基に，一般的な公開資料を用いた文献調査によって歴史的リサーチを進めた。

4.2　ケース・スタディ

その他3つの事例については，何が起こったのかを回顧的に，あるいは現在の状況そのものを現実的に，語ることのできる関係者へのインタビュー調査が可能であった。文献調査とインタビュー調査を共に行い，ケース・スタディによって分析した。

先行研究，一般の新聞・雑誌の記事や各社が発表する資料などから，ある程度，ビジネスの概要を文献調査によって把握し整理した。

その上で，インタビュー調査では全て，事前に価値共創型企業システムの観点で整理した質問事項を先方に提示して共有した。そして一定の準備期間を置き，回答内容や必要資料を整えていただいてから，調査を実施した。インタビューの途中でも，回答内容によってはさらに詳細な質問をし新たな回答を得る形式の，半構造化インタビューである。さらに了解を得て録音した記録を用いて，詳細を文書化した。可能な限り，その文書をEメールで送付し，回答者から必要な修正・追加コメントを得てインタビュー記録を修正することによって，正確性を期している。

5章

明治時代の三井物産による綿製品の清国輸出

1 ▶ 調査概要と事例紹介

1.1 調査の概要

　第4章で述べたように，歴史的な総合商社の事業を分析するに際し，あくまでも現代的な視点で歴史的リサーチを用いて分析することを通じて，現在の総合商社機能の本質につながる特質を明確にして示すことが，重要であると考えている。

　この事例は明治時代のものであり，回顧的に何が起こったのかを語ることのできる関係者はすでに一人もいないため，調査の方法としては，文献調査によるしかない。幸いなことに，三井物産の綿業に関わる役割については，明治期のわが国産業革命における中核的な働きとして一般に評価されていることから，関連する文献が多々世に出ている。三井物産自身や三井本社その他の関連企業，あるいは業界団体等が作成した文書などの，保存された第一次文献（例えば，三井文庫が公開する「三井本社資料」や「三井物産資料」），そうしたものを用いてまとめられた書籍・社史・論文などの第二次文献，あるいは第一次文献や社史などを利用して研究者によって分析しまとめられた第三次文献などが，利用可能である。

　本研究では主として，第三次文献である栂井 [1974] の「産業の組織者としての活動」（66-108頁）によりながら，秋本 [1961]，高村 [1971]，松元 [1979]，山口 [1990]，坂本 [2003]，加藤 [2004]，その他の文献も併せて参

考にした。それらの文献を用いて，三井物産が明治時代にわが国で勃興しつつあった綿業の製品を清国（現在の中国）に輸出開始した事例を対象に，歴史的リサーチとしての文献調査の方法で，価値共創型企業システムを理論的枠組みとして分析を進めていく。

1.2　事例の紹介

明治の産業革命と戦後のわが国経済の復興を支えた綿紡績産業であるが，綿糸紡績工業が近代産業として確立するのは日清戦争（1894〜95年）後であり，綿織物工業の確立は日露戦争（1904〜05年）後のことであった。明治時代のこれら工業の確立過程において，三井物産は，紡績機械・原料棉花の輸入，製品の市場創造，関連企業の育成，国内紡織機械工業の養成などを通じて，産業全体の成長をオーガナイズし大きな発展に導いた。

英国から最新紡績機械を輸入し，インドや米国等から原料棉花の輸入も行うなどの活動を含む，明治初期の綿糸紡績工業立上げの支援が，日本産業の近代化への貢献につながったと，同社の歴史の中で強調されている（槍田［2007］8頁）。

（1）　紡績機械輸入

三井物産は，1882年に英国から紡績機械の輸入を始めた。大阪紡績（三重紡績と共に現在の東洋紡の前身で，わが国の資本主義企業として最初の成功を収めたとされている）向けのプラットおよびハーグリーブスの紡績機械である。それを機に，三井物産とプラットの間で1886年，代理店契約が結ばれ，日本の紡績会社の発展に応じてプラット製紡績機械の注文が増加した。これは三井物産の重要取扱商品の1つとなった。

1890年頃のわが国綿糸紡績工業の勃興期，三井物産の紡績機械輸入量は，この機械のわが国全輸入量の80％を超えていたとされ，発注者は，大手の大阪紡績，尼崎紡績，三重紡績などであった。

紡績機械を中心とする機械全体で捉えると，1897〜1912年の三井物産の機械輸入高は，図表5-1に示すように，1910年にわが国全体の50.5％に達するなど，大きなシェアを持っていた。

三井物産は当時の最大手である大阪紡績等と，機械輸入，原料棉花供給，製

図表5-1 機械および棉花の輸入における全国対三井物産会社（1897～1912年）

（単位：千円）

年	機械輸入高			棉花輸入高		
	全国	三井物産	（比率）	全国	三井物産	（比率）
1897	31,210	8,100	26.0%	43,620	13,821	31.7%
1898	29,387	3,421	11.6%	45,744	13,237	28.9%
1899	13,706	2,439	17.8%	72,210	23,983	33.2%
1900	17,779	2,173	12.2%	59,471	18,281	30.7%
1901	20,150	3,735	18.5%	60,650	14,696	24.2%
1902	14,702	1,740	11.8%	79,784	21,735	27.2%
1903	15,848	1,763	11.1%	69,518	17,487	25.2%
1904	26,110	2,298	8.8%	73,410	17,642	24.0%
1905	38,147	6,911	18.1%	110,623	25,585	23.1%
1906	30,729	4,311	14.0%	82,661	26,217	31.7%
1907	40,940	8,212	20.1%	115,641	37,214	32.2%
1908	46,918	19,543	41.7%	90,256	28,357	31.4%
1909	28,246	12,032	42.6%	108,307	30,451	28.1%
1910	23,612	11,916	50.5%	159,221	40,411	25.4%
1911	44,996	13,980	31.1%	147,402	45,223	30.7%
1912	51,042	14,909	29.2%	201,247	44,004	21.9%

出所：栂井［1974］34頁第1-1表。

品販売などを通じて，密な関係を構築していった。当時のわが国紡績企業では，大阪紡績が最大規模で，鐘淵紡績，三重紡績が続いていた（図表5-2）。

　日露戦争前には停滞したこともあったが，その後も三井物産の紡績機械輸入は拡大を続け，第一次世界大戦後の1922年には，同社の各種機械類取扱高の第1位であった（栂井［1974］72頁）。しかし翌年以降，紡績機械の輸入は減少を始めた。国産品が改良され普及し始めたからであった。

（2） 棉花の輸入と綿糸の輸出

　三井物産はまた，1886年に，内地産棉花の不足から，大阪紡績と棉花（清国産）の輸入取引を開始した。それ以前，1877年に上海支店を設置して，清国産棉花の見本的な取扱いも始めていた。これもわが国の紡績会社の発展で，

図表5-2　大手紡績企業の錘数・固定資産と自己資本（1889年末）

社名	据付錘数	固定資産	自己資本
大阪	61,320	1,323.8	1,800.4
鐘淵	30,536	792.0	920.1
三重	16,272	410.0	508.2
尾張	15,280	284.6	388.3
玉島	11,020	253.1	313.7
東京	9,104	235.8	327.5
岡山	4,824	101.6	187.2
倉敷	4,472	102.7	119.1
下野	4,000	132.8	166.3
（単位）	錘	千円	千円

出所：高村［1971］上125頁第1章表19を基に筆者作成。

取扱いが激増し，数年で同社の重要取扱商品の1つになった。輸入棉花についても同社のシェアは大きく，1897年から1912年まで，毎年わが国全体の棉花輸入高の20〜30％程度を占め続けた（図表5-1）。

　日本の棉花輸入は，当初清国棉が中心であったが，1890年代からインド棉，そして生産規模が大きく品質が均一であるとされていた米棉（黄［1999］58頁）の輸入が増加した（図表5-3）。米棉は，一般財団法人日本綿業振興会によれば，21世紀の現在でも世界中で生産されている棉花の90％以上を占め，繊維の品質がよいとされている（同会ホームページ［2016］）。この当時，インド棉は加工度の小さい低番手の糸を紡ぐのに，米棉は加工度の大きい高番手の糸を紡ぐのにより多く用いられていた（奥［2011］39頁）[1]。

　三井物産は，1888年に，上海に繰棉工場を設置して翌年操業を開始し（上海棉花公司），またインド棉花の輸入にも着手，1892年には，鐘淵紡績・三池紡績・三重紡績などとの間に委託買付約定が成立した。特に，1906年以後は，鐘淵紡績使用の原棉は全て同社が供給した[2]。同時に，1904年に開始された棉

1　繊維の糸の番手は，細いほど大きく（細番手・高番手），太いほど小さい（太番手・低番手）。

2　なおそれ以前に三井物産は，1901年，鐘淵紡績と特約を結び，所要棉花の10分の7以上を供給する代わりに，代金支払面で特定の便宜を与え，無制限の信用を供与することを約している。当時三井物産の全棉花供給高の4〜6割が鐘淵紡績に回されており，口銭率が0.5％と低率であることから（他社向けは多くの場合，2.7％強），取引に注意を要するとされていた（山口［1990］5-7頁）。

図表5-3　棉花輸入の動向　　　　　　　　　　　　　　　　　（単位：千円）

年	棉花輸入			
	清国	インド	米国	合計
1885	750	58	-	809
1886	667	27	0	695
1887	825	85	1	913
1888	2,056	138	13	2,221
1889	5,433	59	13	5,668
1890	3,765	1,115	353	5,365
1891	3,697	3,382	1,012	8,199
1892	6,064	4,692	1,436	12,325
1893	8,622	6,052	1,273	16,152
1894	8,562	8,144	2,681	19,611
1895	14,161	8,230	2,338	24,822
1896	8,459	19,621	4,252	32,573
1897	9,635	25,730	7,273	43,620
1898	5,021	24,837	14,751	45,744
1899	4,517	39,307	16,476	62,209
1900	12,448	17,863	27,010	59,471

注：合計にはその他を含む。

出所：高村［1971］上130-131頁第1章表22および192-193頁第2章表6。

花の外国間取引も増加し，米棉の英国他欧州への輸出，インド棉の中国市場への輸出などが激増した。

　こうした背景により，明治後期（1897〜1910年）のほとんどの年において，三井物産の主要取扱商品の中で，棉花が取扱高第1位であった（松元［1979］419頁）。

　また同社は，綿関連事業の拡大，ビジネスリスクの大きさを考慮した判断から，1920（大正9）年，別会社である東洋棉花（後のトーメン）を設立して，関連事業を移管した。結果として，親会社である三井物産の綿関連の取扱いは消滅した。

　綿紡績業は戦前期，日本の経済発展を支える主要産業であり，その時期におけるわが国最大の輸入品は棉花で，綿製品（綿糸布）は，工業製品として

図表5-4　綿糸生産・輸出入の動向
（単位：梱）

年	生産	輸出	輸入	差引国内供給量
1890	108,374	31	106,588	214,931
1891	160,207	108	58,123	218,222
1892	213,489	109	81,534	294,914
1893	222,223	1,053	65,174	286,344
1894	304,584	11,796	53,555	346,343
1895	383,565	11,776	49,876	421,665
1896	428,864	41,916	67,373	454,321
1897	544,461	140,116	54,555	458,900
1898	670,067	229,445	54,563	495,185
1899	785,612	341,202	28,339	472,749
1900	647,484	208,732	30,941	469,693

出所：高村［1971］上183頁第2章表2。

図表5-5　わが国の綿糸布国別輸出額
（単位：千円）

年	綿糸			綿布		
	清国	比率	その他共計	清国	比率	その他共計
1897	9,654	71.6%	13,490	603	24.0%	2,512
1898	14,411	71.6%	20,116	524	20.2%	2,597
1899	22,911	80.3%	28,521	1,070	27.4%	3,910
1900	14,679	71.3%	20,589	820	14.3%	5,723
1901	17,616	82.1%	21,465	1,065	19.5%	5,461
1902	17,495	87.9%	19,901	2,079	34.7%	5,986
1903	28,338	90.2%	31,418	2,983	43.4%	6,875
1904	24,145	82.5%	29,268	3,068	39.6%	7,743
1905	28,693	86.3%	33,246	4,606	40.1%	11,492
1906	32,047	90.8%	35,303	8,712	55.8%	15,619
1907	25,182	83.0%	30,342	4,718	28.9%	16,344
1908	16,360	78.9%	20,723	4,534	31.0%	14,611
1909	28,898	91.3%	31,656	6,777	38.3%	17,672
1910	40,224	88.7%	45,346	10,078	49.2%	20,462

出所：山口［1990］12頁第9表を基に筆者作成。

は最も重要な輸出品になっていた。

　明治時代半ば，わが国綿紡績産業との深い関係から，三井物産は，製品である綿糸の輸出を行うようになった。1890年の恐慌（明治23年恐慌）で，国内綿紡績企業も販路を失い困窮したため，同社上海支店・香港支店を通じて清国への輸出を促進したのである。しかし当初，三井物産の綿糸の取扱いは輸入が多く，初期の取扱高のうち，輸出は4％強にすぎず（1983年），さらに国産綿糸の品質は，競合するインド綿糸と比較して，原料棉花・技術の関係もあって粗悪であり，太番手が中心であった。

　良質ではあるが価格の高い米棉については，三井物産が1888年頃から輸入を始め，やがて産地直接買付けを行い，1911年には現地買付けのための米国法人を設立するなど，輸入増と価格低減に力を入れていた。日本から清国への綿糸輸出が軌道に乗るのは，日清戦争を経た「米棉ノ直輸入促進以後」（栂井［1974］90頁）とされており，米棉の輸入が増え綿糸の品質が向上したことも理由の1つであったと考えられる。

　綿糸輸出は，1897年に，清国市場で日本綿糸がボンベイ綿糸をしのいで天津における輸入綿糸の首位を占めるまでになり，輸出が輸入を超え，1899年には綿糸生産量の40％以上が輸出されていた（図表5-4）この頃，綿糸の製造業は輸出産業として確立した。清国への綿糸輸出は，日清戦争後に急増し，明治後期には日本の綿糸輸出全体の7〜9割を占めた（図表5-5）。

（3）　綿布の輸出

　綿糸を用いた製品である綿布について，三井物産はすでに1885年頃から清国への輸出を試みていたが，綿糸に比べると綿布の輸出拡大は遅れていた。そこで同社は，1896年，東洋の各店に綿布に関する調査を依頼して輸出拡大に努力し，日露戦争後本格化した。

　1906年には，大阪紡績・三重紡績・金巾製織の3社の朝鮮市場向けの綿布輸出競争を防止するため，三栄綿布輸出組合を結成した。この組合は，これら3社の朝鮮向け綿布を，三井物産に委託して一手販売させるものであった。結果，この3社（金巾製織は大阪紡績に合併されたので2社）は，無用の競争を避け品質改善と販路拡張に努めたから，朝鮮の綿布市場は彼らによって

独占された。

　同様に1906年，満州市場開拓の目的で，大阪紡績・三重紡績・岡山紡績・金巾製織・天満織物の5社が三井物産の提唱により，日本綿布輸出組合を結成した。三井物産はこれら5社の総代理店として，綿布の満州への輸出を全面的に担当した。満州においては米国製品が市場を押さえていたためやや苦戦し，岡山・天満両社は脱落したが，3社（金巾製織の大阪紡績合併により2社）は残っている。そしてこの2社から販売指導者を現地に出し，三井物産に協力して販路拡張に努め市場を創造して，綿布の満州市場開拓の先駆となった。

　こうした2つの組合は，輸出組合を結成して，わが国紡績企業の海外市場における無用な競争を排除した最初の例といわれている。この時，満州では，日露戦争で日本が行使した軍票の回収が必要であり，それを政府から依頼されていた。その目的もあって綿布を積極的に輸出することになったとされており，国家と一体になった総合商社の活躍が見て取れる。

　結果として，綿布の輸出額は1909年に輸入額を上回って以後増加し（高村［1971］下151頁，第5章表17），綿布の製造業も輸出産業として確立した。

　清国・中国[3]の綿布輸入額に占めるわが国製品の比率は，1909年頃から拡大し，1912年には17.4%，1913年には20.2%と着実に市場に浸透していった（図表5-6）。

図表5-6　清国・中国綿布輸入額の国別比率　　　　　（単位：千海関両（輸入総額））

年	英国	香港	日本	露国	米国	輸入総額
1902	55.3%	8.1%	2.7%	-	26.8%	74,887
1905	49.2%	7.3%	2.5%	-	35.5%	118,437
1907	72.2%	11.7%	4.7%	-	5.7%	67,194
1909	54.7%	12.8%	8.3%	1.7%	18.1%	78,590
1911	61.3%	10.5%	13.8%	1.4%	9.5%	96,203
1912	55.3%	11.3%	17.4%	2.1%	9.3%	83,828
1913	53.3%	10.1%	20.2%	3.3%	7.9%	111,663

出所：秋本［1961］177頁表Ⅲ・12を基に筆者作成。

3　1912年に清国が滅び中華民国が樹立されたため，それ以後は中国と表記する。

「日清戦後のわが国綿業の発展期において，わが国綿糸布市場の開拓に関して演じた三井物産会社の役割は，けっして小さくない。」（92頁）と，栂井［1974］は明言している。

2 ▶ 価値共創型企業システムの枠組みによる分析

2.1　顧客，市場と共創された価値

　三井物産の清国向け綿製品（綿糸布）輸出ビジネスの創造において，パートナーとして一体となって活動したのは，大阪紡績・三重紡績・鐘淵紡績などのわが国を代表する紡績企業，あるいはわが国綿紡績産業そのものである。

　その前提にあるのは，三井物産が創業時から持っていたわが国で綿紡績産業を育成しようとする組織的な意識，紡績機械や棉花の輸入等の取引を行うことによって構築されていた主要な企業との密接な関係などであり，企業側の同社に対する依存意識もあった。そうした要因があったからこそ，三井物産はわが国の主要な綿紡績企業と一体となって，輸出活動を展開することができたのである。

　綿製品を海外に輸出しようとする動きについては，最初，1890年の不況で苦しむ業界を救うため，新しい市場を近くの清国に創造することが目的であった。日本の紡績企業は，当時人口の多くが住んでいた農村が貧しかったことから国内市場が小さいため，そこに依存することができず，発展しようとすれば海外市場を創造するしかなかった（内田［1967］46頁）。

　三井物産は，わが国綿紡績企業と築いていた密接な企業間関係を活かして，彼らをパートナーつまり顧客企業として，綿糸布の輸出市場創造を行い，機能を内部・外部で統合して巨大な海外市場を獲得した。

　なおこの当時のわが国の輸出綿糸・綿布については，そのほとんどが，清国・香港・朝鮮向けであった（山口［1990］12頁第9表）。

　三井物産の対全国占有率は，明治後期（1897～1910年）の平均で，綿糸の輸出が32％（最高は1906年の52％），綿布の輸出が20％（日露戦争後の1906～10年の5年間では40％，最高は1910年の51％）を占めた。三井物産自身の

全取扱高に占める綿糸・綿布合計の比率も，この頃多くの年で十数％となっており（1900年には最高の17％），同社の重要なビジネスの1つとして確立している（図表5-7）。

ここで三井物産は，わが国を代表する綿紡績企業各社と製品の一手販売契約あるいは原料の一手購買契約を締結し，主要企業を巻き込んだ組合を組成して業界の動きを統制するなど，きわめて密な企業間関係を構成し，各企業あるいは業界と一体になって製品の輸出や原料の調達を行っていた。

そして三井物産との連携によって，わが国の綿紡績産業は，清国市場，すなわち清国における綿糸布のユーザーである綿製品製造加工企業の集団という，その後の時代まで重要性を保った巨大な市場を創造することができた。

三井物産は，発展途上であり，品質も高くない綿糸布しか生産できなかった綿紡績企業の，輸出に関連する活動，高品質の原料の調達や資金繰りなどを引き受け，様々な助言・支援を行って品質向上を実現し，清国市場という大きな輸出市場を創造することに成功した。それによって三井物産がわが国綿紡績企業あるいは産業というパートナーと共創した価値は，国際競争に耐えうる品質を持つ製品の大量生産体制の充実，難易度の高い輸出や原料調達の効率化，資金繰り業務からの解放，国内不況による業績不振からの脱却，その後の売上高・利益の拡大，わが国の基幹輸出産業としての確立などであった。また既述のように，この時期に，三井物産は総合商社として体制を確立したとされている。

個別企業について見れば，例えば鐘淵紡績との取引のように，三井物産が，清国向け輸出等における製品の販売を担当し，さらに，原料棉花の全てを供給する契約を締結して調達も一手に引き受ける場合，製造企業は，製品の輸出，原料棉花の調達，資金繰りなどの業務に大きな経営資源を割かずに，開発・生産に集中できたという点が，得がたい価値を生んだことは間違いない。

このビジネス創造は，わが国社会経済全体にも，外貨獲得のための有力な輸出産業の確立という，大きな価値をもたらし，産業革命を実現した。

図表5-7　三井物産の綿関連商品取扱高と全国・自社内占有率　　　（単位：千円）

年	1897	1898	1899	1900	1901	1902	1903
棉花							
合計	13,940	13,238	23,984	18,672	15,064	21,736	17,835
輸入	13,281	13,237	23,983	18,281	14,696	21,735	17,487
全国の輸入市場占有率（％）	32	29	29	31	24	27	25
三井物産全取扱高占有率（％）	26	21	31	21	20	25	19
綿糸							
合計	5,820	6,208	11,551	13,528	5,633	7,000	9,584
輸出	3,967	4,419	8,498	6,579	4,556	6,410	8,895
全国の輸出市場占有率（％）	29	22	29	32	21	32	28
三井物産全取扱高占有率（％）	11	10	15	15	8	8	10
綿布							
合計	395	1,408	914	1,598	1,175	2,151	2,159
輸出	165	139	293	296	371	513	786
全国の輸出市場占有率（％）	6	5	7	5	6	8	11
三井物産全取扱高占有率（％）	1	2	1	2	2	3	2
綿糸・綿布の全取扱高占有率（％）	12	12	16	17	9	11	12
三井物産合計							
全取扱高	53,729	62,562	76,229	88,269	74,298	85,534	96,214
輸出	10,431	13,404	25,439	22,093	20,952	24,624	33,044
日本貿易業における比重（％）	6	8	11	10	8	9	11
輸入	33,539	38,787	40,015	45,247	37,218	44,076	47,955
日本貿易業における比重（％）	15	13	17	15	14	16	15

出所：松元［1979］418・420頁の第82表・第84表・第85-1表・第85-2表を基に筆者作成。

（続き）

年	1904	1905	1906	1907	1908	1909	1910
棉花							
合計	17,674	25,631	27,041	37,929	31,341	32,769	42,718
輸入	17,642	22,585	26,217	37,214	28,357	30,451	40,111
全国の輸入市場占有率（％）	22	22	30	31	29	28	24
三井物産全取扱高占有率（％）	14	14	14	16	13	15	15
綿糸							
合計	12,186	13,292	25,938	16,946	13,254	13,859	22,746
輸出	10,386	10,716	18,508	8,862	7,521	10,532	15,447
全国の輸出市場占有率（％）	34	28	52	31	41	34	32
三井物産全取扱高占有率（％）	10	7	13	7	5	6	8
綿布							
合計	3,763	8,382	5,415	10,489	10,687	10,924	15,630
輸出	1,899	1,028	3,109	6,687	6,823	7,442	10,509
全国の輸出市場占有率（％）	24	9	20	40	47	42	51
三井物産全取扱高占有率（％）	3	5	3	4	4	5	6
綿糸・綿布の全取扱高占有率（％）	12	12	16	12	10	11	14
三井物産合計							
全取扱高	127,620	180,894	199,501	235,164	242,771	223,742	278,037
輸出	43,764	51,604	71,408	82,106	71,231	85,241	103,284
日本貿易業における比重（％）	13	16	17	19	18	20	22
輸入	55,284	84,768	74,416	104,449	102,406	76,282	87,070
日本貿易業における比重（％）	14	17	17	21	23	19	18

2.2　ビジネスシステム

　三井物産は，わが国の綿紡績企業のために原料棉花や機械の輸入を担当し，品質の高い米棉の輸入促進も行い，技術的な助言も加えて製品の品質向上を図り，清国市場の競合他国製品等を分析しわが国企業に情報を与え指導した。それによって，よりよく市場に適合し競争力を持った製品を製造できるようにした。また紡績企業と一体になって，現地の販路拡張にも努めた。同社が構築したビジネスシステムは，企業を支援して，綿製品のバリューチェーン全体にわたって輸出を容易にする仕組みである。

　特に重要なのは，綿紡績の大量生産によって産出される綿糸布の輸出拡大に向けた，三井物産の2つの活動である。

　第一に，当時，「損失いかんにかかわらず，年間三万梱を積出する紡績連合会の決議によって輸出促進がはかられ」ていた状況の中で，「三井物産は輸出綿糸の『無口銭』取扱いを申し出，その後も市場調査，商標・包装の研究などに積極的な協力を示し，1893年自らも天津向直積を行い大陸での主導権を握る。」（秋本［1961］172頁）という，積極的な行動を展開した。なおこの「無口銭」による取扱いは，内地支店についてである（高村［1971］上347頁）。

　この内地支店の無口銭取扱いなどによって，すなわち先行投資によって商権を獲得するというのは，典型的な総合商社の商取引ビジネス創造のパターンである。また同時に，三井物産が自社の商標を貼付し，当時すでに国際的に通用する日本の企業ブランド名となっていた「三井」をも明記して綿糸を輸出したことも，きわめて重要な要因である。1897年頃には，鐘淵紡績，三池紡績などの綿糸に登録した商標をつけて，製造会社と三井の名前を記して清国市場に輸出していた。それは例えば，赤紙に絵と文字を金色摺とし，商標に発行者を「東京鐘淵紡績株式会社鑒製」（「鑒製」は謹製ほどの意），「三井発售」（「発售」は発売の意）と記名していた。

　「当社取扱ノ輸出綿糸（鐘紡及三池紡製品）ニ当社ノ商標即チ『三多図』『蝙蝠印』等ヲ付シテ，上海，香港，天津，営口ノ各支店ヲ通ジ大陸へ進出ヲ始メタノハ，明治30年末ノコトデアル。」（栂井［1974］93頁）

第二に，オーガナイザーとして輸出組合（日本綿布輸出組合など）を綿紡績企業と共に結成し，協力して綿布の満州・朝鮮市場を開拓した。

　特に満州市場への輸出では，「ダンピング」を行った。意図的な低価格の設定，市場に適合する品質の設計によって，米国綿布を満州から駆逐すること，また日露戦争で散布した軍票を回収することを目指していた。三井物産はここで，無口銭での取扱いを行い，各社は，以下を三井物産に委託した。各社とも輸出実績がほとんどなかったことから，「『国家的課題』を背負った三井物産の主導性が強く現われている。」とされる（高村［1971］下188頁）。

① 綿布種類の選定（商標は物産名義で登録したものを統一的に使用）。

② 製品の検査。

③ 輸送・販売事務（物産の手数料は2年間はなし，以後1％）。

　三井物産が現地からの情報などを基にして，製品選定・検査と販売を綿紡績企業と一体となって行い，競合を駆逐して市場を創造しようとしたことを理解できる。

　こうして三井物産は，高品質の原料の輸入促進，品質向上に向けた綿紡績企業への助言・指導等により，市場で競争力ある製品の大量生産体制を整備し，先行投資としての無口銭取扱いも積極的に進めた。さらに製品に三井の商標をもつけて市場での信用度を増し，輸出組合を組成して紡績企業と密な協力体制を組んで利害を調整しながら積極的に輸出するという，バリューチェーン全体を効果的に動かす仕組みを確立した。清国での日本綿製品の市場創造を目指して，綿紡績産業と一体となった関係を形成し，オーガナイザーとして清国への綿製品輸出ビジネスの仕組み全体，つまりビジネスシステムを構築する役割を果たした。

2.3　経営資源

　まず人材としては，「綿」に関連するビジネスについて，機械や原料である棉花の輸入に始まり，製品としての綿糸・綿布の取扱いまでを含む幅広い業務を担当することで，社内の専門家も育った。

　原棉を取り扱っていれば，紡績企業との取引がある。紡績事業を始めようとする人はそれを知って，まず原棉を供給する三井物産に相談する。そうす

ると，紡績機械の注文も得られ，原棉を供給し機械を納入する密な企業間関係を構築することになって，紡績企業が生産する製品の販売まで任されるようになる。

　このようにして三井物産に勤務していれば，綿紡績に関わるあらゆる局面のビジネスを経験することができた。それが同社に，単に商取引を行うだけではなく，この領域の商品・市場・製造機械などに関する深い知識と取引の経験を蓄積し，紡績企業・金融機関・海運会社などとの人脈を持つ専門家人材の養成を可能にさせた。彼らは，リスクマネジメントやロジスティクスをよく理解し，綿紡績企業などをオーガナイズしつつ新しい市場を創造して事業を開発し，ビジネスシステムを構築していく能力を持っていた。つまり，プロフェショナルとしてビジネス創造を実現できる商社マンを養成する環境が，でき上がっていたのである。

　また当時の三井物産の資金力については，設立当初，無資本の私盟会社として営業を開始し，運転資金を三井銀行からの過振り（当座借越）5万円に依存していたことは有名な事実である。当時の貿易業が，リスクの大きな事業であると認識されていたことが，この事実から理解できる。しかしその後の事業拡大と共に，1893年，資本金100万円の合名会社となり，1909年に株式会社に改組した際には，資本金2,000万円となった。「恐慌時の1900年においても，三井物産裏書の手形は三井銀行で盛んに割引かれ，日本銀行での再割引も行われており」とされているように，金融面では安定していたことがうかがわれる（高村［1971］下131頁）。こうした資金力が，当時すでに同社の経営資源の1つであった。またその頃の三井物産は，多額の蓄積を行い，三井財閥にとっての資本増殖の中核的な事業部門となっていた。

　この力を基に，三井物産は大阪紡績など多くの綿紡績企業の紡績手形に信用を与えた。1897年末には与信額合計273万円（その年の同社の綿製品の取扱高622万円の44%）に達していたように（松元［1979］461頁），巨大な資金力を背景として積極的に信用供与していた。

　そして，すでに無形の経営資源として三井のブランドは貿易においては認知されており，だからこそ，綿糸に「三井」を記名した商標をつけて清国に輸出することで，競争力を増そうとしたのである。また，専門家人材が育つ

環境として述べたように，大阪紡績，鐘淵紡績やプラットなど綿紡績関連のあらゆる企業，あるいは横浜正金銀行，日本郵船など貿易業務を支える有力企業との密な取引ネットワークは，同社の財産であった。

　そうした資金力，企業としてのブランド力，企業ネットワークを背景に，綿紡績の専門家が，海外拠点からのリアルな市場情報や長年のノウハウを活用しつつ，ビジネスプランを作成し，関連企業と共有して事業開発を進めたと考えられる。三井物産は，原料・機械の調達から製品の輸出まで担当する総合力を活かして，ビジネスを創造することができた。そうした総合商社としての経験を通じて，さらにノウハウを社内に蓄積して人材を育成し，わが国の綿紡績産業の発展を支えていった。

　個々の綿紡績企業は，三井物産の経営資源に依存することによって，大きく成長した。このことを組織間関係論の資源依存パースペクティブの視点で見ると，三井物産は綿紡績企業からの依存によって彼らに対するパワーを持つことができ，一手販売権および一手購買権すなわち商権を獲得することができた，とも考えられる。

2.4　機能の統合

（1）　ビジネスシステムの確立

　三井物産は，1890年の不況に際して，わが国綿紡績企業と協議の上，状況を打開するには輸出しかないと決めて，上海支店を通じて清国に輸入されていた他国綿糸の見本を取り寄せて，情報を集めて調査・分析した。それは，同社がわが国綿紡績産業の育成に深く関わるための，全社的な戦略の統合を前提とする動きであった。第4章で述べたように，同社創業の時から，紡績業の育成は強く意識されていた。

　1894年，三井物産は棉花取扱いの急増に対して，棉花部を設置して大阪を本部とし，国内各地，海外では上海・ボンベイ・ロンドンなどに支部を置いて，棉花ビジネスの敏速かつ統一ある対応を行う内部的な機能統合を行った（加藤［2004］139頁）。そこでは，戦略の全社的な統合を前提として，調査・情報や商取引の活動が大阪本部に集約され，リスクマネジメントや金融の働きも統合されて，必要な投資が行われた。

　大阪紡績など綿紡績企業と一体となった綿糸輸出拡大は確実と見て，内地関係の無口銭取扱いを決め，上海支店・香港支店を動かし，また大阪本部の社員を上海に出張させて協力するなど，コスト面の先行投資を含め，市場創造や事業開発に向けて積極的な動きを見せた。

　わが国綿糸の品質粗悪の問題解決は，品質が良く高番手化に対応できる米棉の直輸入の促進も1つの契機になったとされている。三井物産は，綿紡績企業に品質の高い原料を供給する道を拡大すると共に，自社の調査で得た情報などを基に市場や技術に関する助言も行った。

　また鐘淵紡績，三池紡績などの綿糸の清国輸出において，製品に自社の商標を貼付して流通させる形を採ったことも，マーケティングの観点から見れば，市場創造と事業開発のために効果的であった。

　さらに三井物産は，綿布について，1897年に足利地方の機業家を集めて機械綿布生産を奨励し，品質向上のための製造規則を制定して監督にあたり，1900年には名古屋で名古屋市織物協会の設立を援助するなどの活動も行った。産業のオーガナイザーとして，高品質の製品を生産する能力を向上させている。

　特に満州向け綿布輸出は，日露戦争後本格化したが，既述のように三井物産の斡旋により日本綿布輸出組合が結成され，満州で日本が行使した軍票の回収も目的として綿布を輸出した。この時，大阪紡績・三重紡績の販売指導者が現地に派遣されており，三井物産と連携した市場創造と事業開発の努力によって，効果を上げた。さらに三井物産は一定の無口銭取扱いを決めて，金融面では横浜正金銀行と交渉して低利での為替の金利算定を了解させるなど，様々な支援を行っている。

　このように，三井物産は自社の機能を内部で統合すると共に，外部での機能統合も行い，オーガナイザーとして働くことによって，わが国綿製品の輸出を容易にする仕組みを作り上げ，綿紡績企業と一体となって清国向け綿製品輸出のビジネスシステムを確立した。こうした活動は，商権を獲得するための典型的な総合商社の先行投資，事前の貢献活動であった。

（2）　収益モデル稼働

収益モデルが稼働した後の実際の輸出においては，上海支店などを中心に

清国内での商取引を進め，ロジスティクスの手配，外国為替の処理，国内の綿紡績企業には比較的早く支払いを行うが清国内の販売先からの代金回収が遅くなるための資金負担（商社金融），与信リスクの管理などを行った。関連する機能を，綿紡績企業，海運会社，金融機関などと共に，内部・外部で統合していた。

商取引は，三井物産の経営方針により一般には委託販売形式であったが，拡大販売のため，主要支店に一定量の買持ち・売越しを容認している。

2.5　収益モデル

この事例では，典型的な商権ビジネスが構築された。三井物産は一定の無口銭での取扱いによる支援，上海支店など現地拠点あるいは横浜正金銀行の協力などを基にして，わが国大手紡績企業から綿糸・綿布を仕入れて，清国市場に輸出販売し口銭を得る形の，収益モデルを確立し稼働した。

商権を獲得するための，ビジネスシステム構築に関わる様々な努力，例えば，綿花部の設置，現地への社員派遣，綿紡績企業と協力した情報収集と調査活動，品質向上の助言，無口銭取扱い，連合会・組合との連携などの先行投資を積極的に進めた結果としての，商取引実現，収益モデル稼働という流れが見事に成り立っている。この進め方は，総合商社の企業システムつまりビジネスモデル構築の成功事例として，その後も参考にされることになった。

三井物産の綿糸・綿布輸出取扱高の全国に対する占有率は，既述のように，東洋棉花を設立し取扱いを移した1920年までの間，多くの年でわが国最大水準であり，このビジネスから大きな利益を上げることができた。

2.6　組織文化

三井物産が明治初期，外商に牛耳られていた外国貿易を，わが国商人の手に取り戻すことを目的として設立されたことは周知の事実である。

特に綿布については，創業者であり専務理事であった益田孝が，1895年頃，「木綿論」なる論文を『大日本織物協会雑誌』に発表して，東洋における綿布市場が欧米人によって独占されている事実をなげき，綿布の製造業の奮起により海外輸出を目指すべきであることを強調している（栂井［1974］96頁）。

当時の三井物産が持っていた，このようなわが国企業の海外展開，産業振興を主導する姿勢は，同社の組織文化となって，常に海外への発展を目指す志向性が組織内で共有されていた。

また三井物産は創業期から，益田孝の意向もあり，海外店で日本人スタッフが現地での業務に完全に習熟していない段階でも，外国人スタッフに依存せず，日本人中心の業務遂行を目指していた（木山［2009］99頁）。

こうした組織としての方針があって，三井物産社員の，新しいビジネスを創造しようと世界を駆け巡るバイタリティが生まれていたのであろう。その結果として，この事例では，わが国綿紡績企業の高くない製品品質を向上させ，品質・価格設定を競争力あるものにし，清国への輸出を増大するという，ビジネスの創造が可能となったのである。

こうした総合商社の組織文化は，現代の総合商社においても，生き続けていることが明らかであると考えている。

3 ▶ まとめ

3.1　企業間関係と市場創造

この事例で総合商社としての三井物産が育成したのは，わが国で勃興しつつあった綿紡績企業あるいは集団としての綿紡績産業であった。

元来，紡績機械や棉花の輸入取引を通じた綿紡績企業との信頼関係があり，三井物産のこの産業を育成しようという組織的な意図，貿易商社として持っている経営資源なども期待されて，彼らと一体となり清国の輸出市場を創造する動きが始まった。

その上で創造されたのは，わが国綿紡績企業の製品すなわち綿糸・綿布の輸出先の清国（そして香港・朝鮮）における市場であった。三井物産は，綿紡績企業の，国際競争に耐えうる高品質製品の大量生産体制の充実，輸出や原料調達業務そして資金繰りからの解放，業績不振からの脱却，売上高・利益の拡大，さらに基幹輸出産業としての確立などの価値を，一体となって創り上げた。またこのビジネス創造は，有力な輸出産業の確立という，わが国

社会経済にとっての大きな価値をももたらした。

そこで三井物産が構築したビジネスシステムは，高品質の原料の調達，情報提供や助言・指導による品質向上と競争力ある製品の大量生産，一定の無口銭取扱いによる輸出，三井のブランドの活用，輸出組合の結成による利害調整などの，バリューチェーン全体を動かす仕組みであった。オーガナイザーとして，清国への綿製品輸出のビジネスシステムを構築したのである。

経営資源としては，綿紡績の事業領域で，商取引・商品・市場・製造機械などに関する知識と経験や人脈を持ち，リスクマネジメントやロジスティクスを理解し，市場調査を行って情報共有しつつ綿紡績企業などをオーガナイズすることによって，市場を創造して輸出事業を開発する能力，すなわちビジネスシステムを構築する能力のある専門家人材が養成されていた。彼らの作るビジネスプランは，そのノウハウに裏打ちされており，充実した内容のものであったと考えられる。その上に，当時すでに強力であった同社の資金力も活用された。またこの時期，経営資源としての三井のブランドはグローバルに認知されており，主要綿紡績関連企業や貿易決済銀行，海運会社など貿易関連企業との密なネットワークも合わせて，重要な経営資源であった。

3.2 機能の統合と収益モデル

三井物産は，社内では，1894年に大阪を本部とする棉花部を設置して，棉花ビジネスを全社戦略の下で展開する体制を整えた。さらに，綿紡績企業と一体となり，情報・調査や市場創造の活動を進め，リスクを取って金融的にも必要な先行投資を行った。

さらに，綿製品の輸出を目指す連合会・輸出組合などの活動に関与し，綿布については地方で機械生産の奨励活動も行った。一定の無口銭取扱いの実施，横浜正金銀行と連携した低利の外国為替金利の提供なども加え，清国向け輸出をオーガナイザーとして主導し，事業開発を進めた。そこでは，三井のブランドも，商取引を円滑にするために大いに役に立った。

こうした過程で，三井物産は色々な総合商社機能を，内部・外部で統合して用い，ビジネスシステムを創造した。

収益モデル稼働後は，清国内での商取引を進め，ロジスティクス・外国為

替の処理，商社金融の付与と与信リスクの管理などを行い，必要な機能を内部・外部で統合した。

　綿糸輸出は清国向けを中心に拡大を続け，1909年などには90％以上が清国に輸出されていた。また綿布輸出も順調に拡大し，1906年には55％以上が清国に輸出されていた（図表5-5）。

　ここでは典型的な商権ビジネスが構築されており，三井物産は大手紡績企業から綿糸・綿布を仕入れて，清国市場に輸出販売し口銭を得る形の，収益モデルを確立した。商権を獲得するための，ビジネス創造活動が積極的に行われた結果である。

　そして三井物産の常に新しいビジネスを創造しようとする組織文化が，こうした動きの根底にあったことも，間違いない。

3.3　ビジネス創造の全体像

　この明治時代の，三井物産による綿製品の清国輸出ビジネスの立上げにおける働きの，価値共創型企業システムの枠組みによる分析を通じて，総合商社の機能の本質がビジネス創造であることを，明確な形で示すことができたものと考えている。

　ここで三井物産は，既存の綿紡績企業などとの密な企業間関係を基に，主要綿紡績企業あるいは綿紡績産業自体をパートナー，顧客として活動した。

　同社は，綿製品の清国輸出のオーガナイザーとして，自社の様々な経営資源を積極的に投入し，顧客企業の経営資源も合わせて利用しつつ，原料の調達，品質向上，競争力ある製品の大量生産，三井のブランドを活かした輸出，輸出組合による利害調整などの，バリューチェーン全体を動かす仕組みであるビジネスシステムを構築し，ビジネスを創造したのである。

　こうした働きが，戦前のわが国の基幹産業であった綿紡績産業を確立させたという意味では，三井物産の貢献は大きい。

6章

A社による国内化学品の
商権ビジネス

1 ▶ 調査概要と事例紹介

1.1　調査の概要

　この事例分析は，今も続くビジネスのケース・スタディによる分析である。このビジネスを正面から取り上げた文献はないようであるが，一般に公開されている新聞・雑誌などによる情報は存在するため，そうした資料による調査を行った。しかし，初期の頃の動きはすでに歴史になってしまっており，その詳細，特にどのようにしてビジネスが創造されたのかについて，十分な知識を得ることは困難であった。そこで，一般公開情報により概要を把握・整理した上で，価値共創型企業システムの観点で整理した質問項目書を作成して，関係者への半構造化インタビューを実施することとした。

　またこのビジネスは，現在も継続されている。したがって，関係各方面に迷惑がかかることのないよう，あるいは一定の真実を率直に語っていただくことができるよう，ビジネス創造を行った総合商社，今ビジネスを動かすその子会社と，製造元の化学メーカー等の企業名，さらに製品名を公表しない前提で，関係者インタビューを行い詳細を把握する努力を行った。

（1）　一般公開情報の調査

　新聞・雑誌の記事，IR資料や社史などを参考にした。

　ただしこのビジネスが創造されたのは，わが国の高度経済成長の初期の頃

であり，技術導入の交渉開始も1950年代である。古い事例であることもあり，その当時，総合商社A社と化学メーカーB社がどのような活動を展開したのかについては，入手可能な公開情報を基にする限り，詳しい内容を知ることは困難であった。

　製品Dの開発・生産の基となる技術の導入，事業の開始などについては，B社の社史にある程度参考にできる記述があったので，個別には指摘しないが基礎資料として用いた。[1]

（2）　半構造化インタビュー

　一般公開情報の調査では，ビジネス創造の頃の事実を十分詳細に把握できないことから，実際にこのビジネスに長年関わったA社の担当者，現在のこの事業も管轄するA社子会社の化学品専門商社C社の役員，以前製品Dを担当していたB社の支店長に直接インタビューさせていただいて，可能な範囲で詳細を聞いた。

　一般公開情報を基にして，質問項目を価値共創型企業システムの枠組みに沿って設計し文書化，事前にインタビュー対象者にEメール添付で送付し，多少の準備期間を置いて理解し準備していただいた上で，インタビュー調査を行った。

　具体的には下のように実施し，この商権ビジネスの歴史，ビジネス創造時点におけるA社とB社の企業間関係，市場創造とビジネスの仕組み，価値共創の活動，当時の経営資源と機能，商取引の流れ，収益モデル，ビジネスの現在の状況などについて聞いた（肩書等は当時）。

① 2014年7月5日（土）・10月11日（土）　A社化学品部門シニアマネージャーE氏（外部施設にて）

② 2015年1月28日（水）　A社化学品本部マーケティングマネージャーF氏，化学品部門シニアマネージャーE氏（A社会議室にて）

③ 2015年1月29日（木）　B社名古屋支店長G氏（B社名古屋支店にて）

④ 2015年6月18日（木）　C社執行役員支店長H氏，B社名古屋支店長G

1　B社の社史は，ある組織から公刊されているが，発行体・発行年を示すと企業名が特定できるため，ここでは示さない。

氏（B社名古屋支店にて）

　なお，上のA社シニアマネージャーE氏は，その時点ではこのビジネスから離れていたが，総合商社勤務の数十年間のうち，相当の年数にわたって製品Dの営業を担当した管理職であり，高度経済成長初期のこのビジネスの創造に直接関わったわけではないが，歴史的な経緯なども詳細に理解し記憶していた。現時点で，この調査に関して，最適と考えられる人物であった。F氏も，直接製品Dの国内ビジネスを担当したことはないが，隣のセクションでこの製品Dの輸出を長く担当しており，過去の経緯，現在の状況などをよく理解していた。

　B社の名古屋支店長であるG氏は，製品Dのある用途について長年国内外で担当者を務めた人物で，メーカー側から見たこのビジネスの歴史，総合商社の役割などについて詳しく理解し記憶していた。化学品専門商社C社の執行役員支店長であるH氏は，国内化学品ビジネスの担当が長く，インタビュー実施時も担当地区のこのビジネスを役員として管掌しており，現状，C社の役割などについて語っていただいた。

　これらの関係者は，インタビュー対象者として適切であったと思慮する。

　インタビュー調査の結果と，一般公開情報の調査で得た内容を併せ用いることによって，ケース・スタディによる分析を進めることができた。

　高度経済成長期に，総合商社A社が化学メーカーB社と一体となって創造した，国内における製品Dの典型的な商権ビジネスについて，その創造当時の価値共創の姿，企業間関係，市場創造活動，さらにその後の変化，A社子会社の化学品専門商社C社にビジネスが移管されてから後の状況などを，ある程度詳細に描き出すことのできる貴重な情報を得ることができた。関係者各位に，感謝申し上げたい。

1.2　商権ビジネス

（1）　商権ビジネスの意義と子会社移管

　第2章で示したように，島田［1990］を参照すれば，総合商社の商権とは，独占的営利機会のうち，組織と一体化された形で取引関係が存在しているものであり，企業間関係に基づいて，市場創造，技術導入，原料調達等に関して，

総合商社が何らかの事前の投資を行い，それが評価された時にその見返りとして与えられる特権的地位，として定義される。これは，長期的に販売・調達の商取引を行うことのできる権利であり，それを得るために，総合商社はリスクを取って事前の投資（人的なものあるいは資金的なもの）を行う。一度確立した商権は，それが法律的な契約という形を採っているかどうかによらず，関係者からはビジネス上の権利とみなされ，簡単に失われることのないものとして長期間にわたって存続する。

　このような形の商権を基にした総合商社の商取引のビジネスは，典型的には，与信リスク，商社金融，受発注処理などの負担をするのみで，数％の口銭（コミッション）を得て，在庫・物流をメーカーに依存する形である。こうした総合商社が主として右左の商取引だけに関与して，自社ではほとんどリスクを負わず継続的に口銭収益を獲得する委託販売は，明治時代以来の伝統があり，コミッション・ビジネスと呼ばれる（第2章脚注1参照）。典型的な商取引による収益モデルである。

　このビジネスの形態だけに着目すると，総合商社が何もせず，ただ口銭だけを獲得しているように見えることから，商社否定論の立場による批判の対象となり，総合商社がその存在理由を疑われることにつながった。その結果，総合商社は，2000年頃から，収益モデルを事業投資中心のものに変えていった。しかし，それまで総合商社の収益獲得方法の中心が，この形態であったことは事実であり，今も子会社を中心に継続されている。これは，わが国で今も一般に「商」の概念で理解されている，商取引あるいは貿易取引，すなわち流通の中心部分を担当するビジネスである。

　総合商社は，商社冬の時代がいわれた1980年代あたりから，それまで伝統的な中核事業であった商権ビジネスのオペレーション，すなわち実際の日々の稼働を，連結子会社・関連会社に移管し始めた。例えば，1981年の住友商事建材部門の既存子会社との統合による住商建材の発足（この会社は，2002年に三井物産建材資材部門と統合して三井住商建材になり，さらに丸紅子会社の丸紅建材と統合して，2017年1月からSMB建材），1983年の丸紅非鉄販売（現在の丸紅メタル）の設立などである。

　2000年代，この動きが一般化し，最も典型的な総合商社の商権ビジネスで

ある高炉メーカーとの取引を中心とする鉄鋼取引においても，2003年の三菱商事と日商岩井（現在の双日）の鉄鋼製品事業部門の統合によるメタルワンの設立があった。同社は明確に自社を「鉄鋼総合商社」として規定しており，元来総合商社が担当していた事業をそのまま継続していることを明示している。また，鉄鋼建材専門商社として，メタルワン建材（メタルワンの子会社）と三井物産スチールの国内建設鋼材事業等の統合による現在のエムエム建材の設立（2014年），伊藤忠商事，丸紅，住友商事3社による伊藤忠丸紅住商テクノスチールの誕生（2016年），住友商事とメタルワンによる国内鋼管関連事業の統合の検討開始（2017年）など，総合商社の伝統的な商権ビジネスの子会社・関連会社への移管や統合は，今も続いている。

こうした現象を財務的な実績によって確認するため，売上高の比較が可能な近年の総合商社の決算を見ると[2]，単体売上高の減少，連結売上高の増加が明確である。

図表6-1　総合商社7社の連結・単体売上高　　　　　　　　　　（単位：10億円）

	連結売上高	単体売上高	連結/単体
2003年度	64,129	44,269	1.45
2013年度	81,321	35,003	2.32
2013年度 / 2003年度	1.27	0.79	

出所：日本貿易会［2014a］・［2015］。

上の図表を見ると，総合商社7社について，2003年度からの10年間で，連結売上高は1.27倍に増加しているが，単体売上高は0.79倍と減少している。また，連結売上高の単体売上高に対する倍率は，2003年度の1.45倍が10年後に2.32倍となった。従来の商権ビジネスが子会社・関連会社に移管された結果，本社（親会社）単体の売上高が減少し，企業グループ全体としての連結売上高は増加している。

2　現在，多くの総合商社は国際会計基準への変更により，売上高を表示していない。日本貿易会［2014a］・［2015］では，総合商社7社の合計売上高が2013年度まで表示されているため，この年度と10年前の2003年度を比較した。

（2）　現在の商権ビジネスの重要性

　ここで，こうした商権ビジネスが現在の総合商社の売上高においてどのくらいの比重を占めているのかについて，業界最大手の三菱商事に関して，有価証券報告書の情報を基に試算する。なお，三菱商事を含む代表的な総合商社は，2013年度より，連結決算の基準を米国会計基準から国際会計基準に変更しており，そこでは売上高の表示はされない（脚注2）。しかしその前，三菱商事は2012年度まで，売上高を，「財務諸表利用者にとって有用である」（2012年度有価証券報告書115頁）として，連結損益計算書に表示していた。

　三菱商事のその有価証券報告書における「連結財務諸表に対する注記事項」（115頁）の「1.事業内容及び連結財務諸表の基本事項」では，売上高について，「連結会社の役割が仲介人としてのみ限定されている取引は，純額で記録され，『売上高』に含まれております。」と記述している。そして「21.セグメント情報」の「(注)1」（181頁）では，「『売上高』については，日本の投資家の便宜を考慮して，日本の会計慣行に従い表示しております。なお，『売上高』は連結会社が契約当事者又は代理人等として行った取引額の合計となっております。」としている。

　こうした注記などを参照すると，連結損益計算書（有価証券報告書107頁）で表示されている売上高等に基づいて，次のような解釈が可能となる。

〈原データ〉　連結損益計算書
　　　　　　　当連結会計年度（自2012年4月1日至2013年3月31日）
- ●収益　　　　商品販売および製造業等による収益　　　5,376,773
　　　　　　　売買取引に係る差損益および手数料　　　　592,001
　　　　　　　収益合計　　　　　　　　　　　　　　　5,968,774
- ●売上高　　　　　　　　　　　　　　　　　　　　20,207,183
　　　　　　　　　　　　　　　　　　　　　　（単位：百万円）

　ここで示されている売上高のうち，三菱商事グループが契約当事者として関与したものを，上の「商品販売および製造業等による収益」と想定すると，それ以外，すなわち代理人等の「仲介人としてのみ」関与したものは，以下となる。

20,207,183 − 5,376,773 = 14,830,410（百万円）

　この計算からきわめて単純に考えると，売買取引に係る差損益および手数料である592,001百万円に対応する売上高（役割が仲介人としてのみ限定されている取引，つまり委託販売であるコミッション・ビジネスを中心とすると思われる売上高）は，14,830,410百万円と試算できる。

　この単純な仮定を基にする解釈によれば，三菱商事グループの2012年度における商権ビジネス，いわゆるコミッション・ビジネスは，全売上高の7割程度を占めているのではないかと想定される。

14,830,410 ÷ 20,207,183 = 0.734（73.4％）

　以上から，今の総合商社の企業グループ全体の業績を示す連結決算において，売上高に着目すれば，まだ伝統的な商権ビジネスの比重が大きいことが推測できるものと考えている。

1.3　A社とB社の価値共創によるビジネスの創造

（1）　ビジネス創造の活動

　本章では，総合商社の商権ビジネスの典型として，戦後の高度経済成長期に構築され，かつて隆盛をきわめ，現在は子会社に移管されて部分的にではあっても継続されている，ある国内化学品ビジネスを取り上げる。総合商社A社が，パートナーとしての顧客企業であるメーカーB社と共に創造した，国内の商権ビジネスである。

　事例は，1950年代にA社が顧客である化学メーカーB社を支援し，B社の海外企業からの技術導入に伴う，既存輸入品の代替を中心とするビジネス創造を行ったもの。国内商取引の商権確立と代理店網構築が鍵となる。

　1950年代，高度経済成長の初期，海外先進企業からの技術導入によって，B社が画期的な製品Dを開発し生産開始した。すでに他の大手海外メーカーの先行製品が輸入され電気電子用途などで一定の市場を獲得していた。その優れた特性から，大きな潜在力を持っている製品であることは理解されていた。しかも，すでにある程度，輸入された先行製品が流通しており，市場を拡大

しようとしていた。

　この新製品Dについて，エンドユーザーと連携した製品開発と生産拡大を
行いつつ，ビジネスの仕組みや収益モデルの構築も進めるという，ビジネス
創造活動の全てをB社単独で行う力はなかった。当時，そこまでの資金的・
人的余裕はなかったし，リスクは取れなかった。A社は，戦前，B社の生産
する製品の販売を担当していた歴史があった。B社は戦後，自社販売組織を
強化していたが，こうした新製品について大きな市場を創造し，ビジネスの
仕組みを構築するためには，自社の力に限界があることを感じていた。そこ
でB社はA社と共に，経営資源を投入し，ユーザー開拓を行い製品の効率的
な流通の仕組みを作り上げて，ビジネスを創造することを目的に，一体とな
って活動することとした。B社はそうした活動をある程度A社に依存し，そ
の間，製品開発と生産に経営資源を重点配分できた。

　この形の，総合商社とわが国メーカーとが一体となって大きなビジネスを
創り上げた事例は，プラント・ビジネスなども含めて，高度経済成長期には
数多く見られた。

　A社は，B社の意向を受けて，経営陣の戦略的な意思決定を基に自らリス
クを取って，初期に生産された製品Dの全量買取りと自社で在庫した上での
販売，そしてユーザー企業の原材料調達に強い影響力を持つ専門商社を起用
した代理店網の構築など，ビジネス創造活動を一体となって進めた。その貢
献（総合商社としてのリスクを取った先行投資）に対して，見合う収益を得
るために，製品DのB社総代理店として国内で一手販売する商権を得た。二
次店（専門商社である販売代理店）との取引網を構築して，商権ビジネスを
確立，販売代理店組織による商取引推進という収益モデルを稼働して，収益
を回収し始めた。

　B社は製品Dの市場を創造し，主力事業領域の転換に成功した。製品Dは
1970年〜90年代，収益拡大に大きく貢献し，B社はこの製品の世界シェア首
位であった。特に世界中で消費者向けに大量販売されていた最終製品の材料
としての特定用途は，需要の急増により量的に最大の用途となった。しかし
この最終製品がある時期，大きな技術革新によって需要を失い，巨大な市場
が急速に縮小した。結果，その特定用途の製品Dの売上高も激減した。製品

Dのビジネス全体も停滞した。ただし，この製品は今も，電気電子用途等で
B社の重要製品の1つとして，継続して取引されている。

　なお製品Dのロジスティクスについては，初期の頃，A社がB社の生産し
た製品Dを全量買い取って自社で倉庫に在庫して販売していたこともあった
が，その後生産量が増えてきた際にB社自身が在庫し物流を手配するように
なっており，限られた場合以外，A社は関与していなかった。

（2）　商権の陳腐化とB社による直接販売

　A社のこの製品Dを国内で総代理店として一手販売する商権も，時間の経
過と共に陳腐化していき，商社冬の時代が言われ始めた1980年代以降，少
しずつB社に返上されていった。総合商社の商権が，事前に自らリスクを取
って何らかの投資を行った貢献に対する見返りとして与えられることは，既
述の通りである。しかしその商取引の部分だけを見ると，働きといえるのは，
商社金融の機能を発揮して買先（B社）と売先（販売代理店やユーザー企業）
の資金繰りを容易にすると共に，与信リスクを取るくらいに限定されている。
在庫し物流を手配するわけでもない。このように，コミッション・ビジネス
では，総合商社が新しい付加価値を生む働きをできる場面は少なく，時間の
経過と共に存在意義を疑われることになるのが，一般的な流れであった。こ
の事態は，総合商社内部でも，「商権の陳腐化」と呼ばれていた。

　そしてこのA社の商権ビジネスの中で，特に技術革新が激しく量的に最大
の用途においては，以下のような事情から，総合商社の商取引への介在が困
難になっていった。

　第一に，製品Dを材料として最終製品を生産するユーザー企業は，当時の
最先端技術に対応して製品を生み出し競合していたことから，B社がユーザ
ーとの共同開発に近い形で品質を高める必要があった。そこで，ユーザーと
の間の技術面での日常的なコミュニケーションが増えた。この場面に，B社
の営業担当者に加えてさらに，技術面のフォローができないA社の営業担当
者（商社マン）までが同席していることの必要性が小さくなり，ビジネスの
現場での存在価値を失っていた。

　第二に，当初からごく一部の大企業ユーザー向けには，B社が製品Dを直

接販売していた。Ｂ社としても，総合商社を通さないビジネスの方法にある
程度慣れていた。

　第三に，多くの大企業ユーザーが，大量購買者としての地位を後ろ楯に競
争力を高める必要もあり，コストダウンを要求していた。大企業取引では与
信リスクも小さく，ロジスティクス機能も発揮しておらず，商取引への関与
だけでは，Ａ社も十分な付加価値を提供できなかった。Ａ社は，大企業取引
を中心に，存在意義を疑われつつあった。

　第四に，特定の大企業ユーザーが，業績悪化を受けて総合商社口銭を削っ
てでもコストを下げることをＢ社に強硬に要求し，Ｂ社もその大企業向けに
直接販売を始めるしかなくなった。

　最後に，このこともきっかけになり，存在意義を疑われるような大企業取
引において，ユーザーからのＢ社による直接販売の要求が強くなった。技術
革新が激しく量的に最大の用途を中心に，大企業向けにＢ社が直接販売する
ようになっていった。

　その後も，わが国が高度経済成長を終えて低成長に入った時代背景を受け
て，メーカーＢ社自身も業績が厳しくなってきたこと，あるいは上で述べた
ように，大企業を中心とするユーザーからの厳しいコストダウンと総合商社
外しの要求に応えるために必要であることなどの理由で，Ｂ社は，多くの大企
業ユーザー向けにＡ社を経由せず直接販売をするようになった。さらに，中
小企業ユーザー向けのビジネスでも，自社系列の専門商社や大手専門商社に，
Ａ社を経由せず直接販売することを始めた。

　その頃の商社冬の時代の一般的な現象であり，各総合商社で起こった現象
でもあった。

（3）　製品Ｄの国内商権ビジネスの現状

　一部の用途とユーザー向けについては，この商権ビジネスがＡ社のビジネ
スとして残った。ただし，その残った部分の商権ビジネスも，2000年代半ば
以降，鉄鋼などの商権ビジネスと同じように，Ａ社子会社の化学品専門商社
Ｃ社に移管されていき，現在も継続されている。多くが，ユーザーへのＣ社
からの直接販売であるが，一部，販売代理店経由のものも残っている。

そこでは，日常的な収益モデルのオペレーションはC社が担当し，企業ネットワークを活かした販売代理店会の取りまとめ事務局や，全く新しい用途への進出によるビジネス創造などに関しては，必要に応じてA社がB社に協力する体制になっている。

2 ▶ 価値共創型企業システムの枠組みによる分析

2.1 顧客，市場と共創された価値

（1） 顧客

価値共創型企業システムとして事例を捉えようとする場合，最も重要な要素は，顧客である。このビジネス創造事例におけるA社の顧客企業あるいはパートナーは，歴史的にも関係のある化学メーカーB社である。B社製品の販売を，A社が取り扱っていた歴史があった。B社は戦後になって，自社の販売組織を強化した。

ただしその当時でも，B社の内部，特に経営者には，本格的な市場創造を行うためにA社の力を利用した方がいい，とする考えがあったようである。

そしてこのビジネスが始まった当初，B社はA社と一体になって，A社の経営資源を利用して市場を創造しようとした。

（2） 市場と共創された価値

次に重要な要素は，この活動を通じて創造された市場と共創された価値である。

上のような背景があり，1950年代の海外企業からの技術導入の段階を第一歩として，A社はB社と一体となり，市場創造に向けて活動した。自社内での戦略的な意思決定を基に，自らリスクを取って自社経営資源を投入し，様々な商社機能を統合した。そして，日本の高度経済成長の1つの原動力となった電気電子産業の企業を含む大小のユーザーを開拓して市場創造を行い，企業ブランドや企業ネットワークも活かして，強力な販売代理店網を核とする企業システムを創り上げた。

　結果として，B社製品Dの国内販売市場が創造された。でき上がった市場は，電気電子用途，一般工業用途など，幅広い産業分野の用途を含んでおり，他社製の競合製品の売上高も合わせると，大きな市場となった。

　製品Dの売上高は，上市した1950年代から急速に拡大した。B社のこの分野の事業発展の支柱となり，事業構造を変革する重要製品にもなった。電気電子や一般工業の用途等を中心に，ユーザーの原材料調達に力を発揮する専門商社を販売代理店（二次店）として取り込んだことが市場創造に効果的であったとされ，B社からも評価されている。

　B社にとっては，それまでと異なる新しい産業分野の市場創造という，大きな価値が実現された。その中でも1970〜80年代に急激に伸びた量的に最大の用途の製品Dは，高い品質を武器に，ユーザーである日本の大手電気電子メーカーの厳しい要求に応えて，ユーザー自身の成長にも貢献し，わが国電気電子産業の成長という，より大きな社会経済的価値を実現した。当時，この用途向けの販売数量の増加は，製品D全体の増加の大半を占めていた。

　流通業界の視点で見れば，多数の電気電子製品等の専門商社をこの販売代理店網に取り込んだことから，専門商社群の発展にも大きく寄与していた。もちろんこのことは，A社化学品部門の成長にもつながった。

2.2　ビジネスシステム

　A社とB社が一体となって活動した結果として，製品Dの代理店網による国内販売というビジネスシステムが構築されて，B社の重要な市場が創造された。

　このビジネス創造は，A社がB社の製品Dの実質的総代理店として，傘下に各用途別ユーザーに強い専門商社を販売代理店として配置し，製品Dの国内販売について全て関与し責任を持つもので，効率的な流通システムを支える代理店の組織化がビジネスシステム構築の鍵であった。

　当初A社は，社長自らの戦略的な意思決定に基づいて，専門の営業組織を組成し，生産された製品D全てを自社で買い取ってグループ企業の倉庫に在庫して販売するという，大胆な行動を起こした。販売数量が増えてくると，B社が物流を手配し，在庫・配送するようになった。また代理店などへの販売

においてA社は，B社への支払サイトより長い支払サイトを売先に許容して，商社金融の機能も発揮した。

　この事例のビジネスシステムは，A社が創り上げた，B社と共に有力専門商社を組織化した販売代理店網，その上でB社および代理店と一体になって市場創造活動を展開する体制，商取引における商社金融による代理店等の資金繰り支援，などの要素から成り立っていた。典型的な総合商社の商権ビジネスの完成である。

2.3　経営資源

（1）　ビジネスシステム構築時に投入された経営資源

　ビジネスシステム構築つまりビジネスの仕組みを創出する段階で投入されたA社の経営資源は，重要なものであり，B社からの期待もそこにあった。

　専門家人材として，A社は，市場調査，化学品営業，審査，ロジスティクスなどの部門に，ビジネスシステム構築を行う能力を持つ，商社マンとして戦前から十分な経験を積んだ担当者を有していた。彼らを積極的に投入し，その専門性を活かしてB社と一体となり市場創造を行った。電気電子や一般工業の用途を中心に，ユーザーの原材料調達に関して強い影響力を持つ専門商社へのアプローチと交渉，新ユーザーの発掘と売込みなどの市場創造活動では，経験豊富な商社マンの営業力が発揮され，B社の営業担当者との二人三脚的な動きが効果を上げた。

　資金面では，十分な売上のない段階から，製品Dのための営業組織を組成して人材を投入し，また生産された製品D全てを買い取りグループ企業の倉庫に在庫して販売するために，必要な投資が行われた。

　市場創造に向けたユーザーへのアプローチ，専門商社との交渉などでは，安定供給の保証やクレーム対応などの体制も必要で，A社の企業ネットワークや信用力ある企業ブランド，社内の専門家と共に作成したビジネスプランなどの経営資源も，力を発揮したと思われる。全てにおいて，A社が組織として蓄積してきたノウハウが活かされた。

　そして初期のビジネス創造の局面では，組織間関係論の資源依存パースペクティブによる，「組織は他組織にとって稀少であり重要である資源を保有し

ていればいるほど，また資源を独占していればいるほど，他組織に対するパワーをもつ。」（山倉［1993］36頁）という関係が，A社とB社の間にも当てはまるようである。保有する優れた経営資源を活用しビジネスの仕組みを完成することによって，A社はB社に対してパワーを持ったと考えられる。その結果が，A社のビジネスシステム構築の貢献に対する，B社からの実質的な販売総代理店の地位と商権の付与という，見返りであった。

（2）　収益モデル稼働のために投入された経営資源

　このビジネスの収益モデルは，販売代理店網に支えられた商権ビジネスの商取引によって，売買差益としての口銭収益を得ることであり，口銭の中には商社金融による資金負担分も織り込まれていた。

　収益モデル稼働後は，A社の営業の専門家人材がビジネスの日々のオペレーション，つまり，代理店からの受注，B社への発注，B社営業担当者と同行する代理店・ユーザー訪問やクレーム対応などを担当し，与信リスク管理などで審査部門の人材も関与した。在庫して販売する場合は，ロジスティクス部門の人材も投入された。

　商権ビジネスが確立して収益モデルが稼働を始めてからも，このビジネス自体の創造ほど大規模なものではないが，小さいビジネス創造はあった。例えば，A社が自社で在庫して一部ユーザーに直接納入・販売する，加工会社を設立してそこでユーザー向けの加工を行って付加価値をつけて販売する，などである。その際には，A社関連部門の専門家人材も参加してビジネスプランが立案され，社内で承認された。また，財務部門の協力によって，必要な資金も投入された。

　ただ，商権の陳腐化という言葉を紹介したように，こうしたビジネスが日常的に流れ始めると，総合商社が本来の力を発揮するビジネス創造の局面が少なくなり，時間の経過と共に存在意義を疑われる結果になった。

（3）　子会社移管後に投入された経営資源

　総合商社全体で，本事例のような伝統的な商権ビジネスを子会社・関連会社に移管する動きが一般化した2000年代になって，A社に部分的に残ってい

たこの商権ビジネスも，段階を経て化学品専門商社C社に移管された。現在，収益モデルのオペレーションはC社が全面的に担当する。A社は親会社としてC社の日常的なオペレーションを支援し，企業ブランド等を活かして販売代理店組織の取りまとめなどを担当する。

この段階では，収益モデルの稼働に必要な，営業部門，与信リスクやロジスティクスの管理などの担当部門は，全て子会社C社の専門家人材によって構成されている。A社子会社であるというブランド力をも活かしてC社自身が小さな市場創造（新ユーザー開拓等）も行うほか，商社金融も自社の資金力の範囲で行う。

親会社A社は，子会社C社の経営層に自社人材を派遣して経営管理を行う（代表取締役社長などの役員や監査役）。その他，A社営業人材も配置してC社の営業活動を支援し，販売代理店網の取りまとめ（例えば，製品Dの名前を冠した代理店会の事務局として，勉強会・懇親会を実施）などを行いつつ，機会があればビジネスを創造しようとする。

2.4　機能の統合

（1）　初期のビジネスシステム構築に向けた機能の統合

経営資源を投入してビジネスシステムを構築するためには，すなわちビジネス創造を完成するには，機能の内部・外部での統合が必要であった。

当初，A社社長自らの戦略的な意思決定に基づいて，生産された製品Dの全量買取りと在庫・販売，担当営業組織新設などに関する全社の戦略統合を行い，経営陣も現場も戦略の方向を一致させてビジネス創造に動いた。

日本貿易会が示している8つの商社機能も参考にしながら記述すると，ビジネスシステム構築の段階では，主として次のような機能が総合商社の内部・外部で統合され発揮されて，バリューチェーンが設計・創設されたと考えられる。

まずA社内で，情報・調査機能により，ユーザーや市場，代理店の情報を集め調査した。さらに営業部門などが作成したビジネスプランに基づき，リスクを評価した上で，全社戦略的な経営判断を行った。社内に担当営業組織を組成し，生産された製品Dの全量買取りの投資を決断した。情報・調査，リ

スクマネジメントと金融の機能統合である。初期には，在庫や物流などの手配を行い，ロジスティクス機能も発揮した。

さらにA社営業担当者がB社営業担当者と一体となり，二人三脚でユーザーおよびユーザーの原材料調達に影響力を持つ専門商社にアプローチして取引開始を交渉し，契約・受注に至る活動を展開した。市場創造機能の統合である。

A社は，自社内の商社機能をまとめて発揮しつつ，総合商社の企業ブランドや企業ネットワークを活かして，オーガナイザーとして，B社と一体になり外部の販売代理店網を傘下に組織して，新製品Dの国内流通システムを事業として開発した。

このようにA社はB社と共に市場創造を進め，製品Dの国内販売のバリューチェーンを設計して完成し，ビジネス創造を実現した。結果として，収益モデルの基となる商権をB社から与えられた。こうした初期のA社の働きが，資源依存関係にあるB社から高く評価されたことが，その背景にある。

(2)　収益モデル稼働後の機能の統合

ビジネスシステムが構築されて収益モデルが稼働し，製品D事業はA社の商権ビジネスとして，強力な販売代理店網に支えられて収益を上げ続けることになった。B社にとって製品Dは，1970年代から，全社的なレベルで看板製品といわれる存在であった。

収益モデルが稼働してから後，オペレーションのための機能の内部・外部での統合には，次のようなものがあり，バリューチェーンが運営されていた。

A社は，B社・販売代理店と一体となって商取引を進め，機能を統合した。日々の営業活動を通じた代理店・ユーザーからの情報収集を基にして，社内の審査部門と連携しつつ与信リスク判断やリスク管理を行った。さらに，調査部門による業界動向の調査結果等のB社・販売代理店との共有，販売代理店会事務局としての組織運営などを行うことによってオーガナイザーとしても働き，商取引を円滑に進めた。

販売代理店の協力を得て，B社と共に新しいユーザーの開拓活動をも展開し，内部での審査等によるリスク判断を行い，小さな市場創造を行っていた。

また自社で在庫して一部ユーザーに直接納入・販売する形などの場合には，

ロジスティクス機能も担当した。

　このように収益モデル稼働後は，情報・調査，リスクマネジメントの機能に支えられて，商取引機能を中心に発揮しつつ，オーガナイザー，市場創造，ロジスティクスなどの機能も動かした。

　同時に金融機能を発揮して，B社に対する支払期日と，販売代理店あるいはユーザーからの受取期日に差がある場合に商社金融を提供した。[3]

　この収益モデル稼働の状態が，商社冬の時代などを経て，商権が陳腐化しB社に返上されつつも，引き続きA社によって継続されていた。2000年代半ばに，専門商社C社にこのビジネスを移管するまでは，A社自体が，ビジネス創造の功績に基づいて収益モデルのオペレーションを全て担当する体制を維持していた。

図表6-2　A社商権ビジネスの流れ

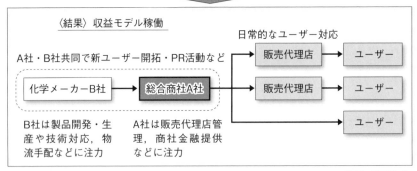

出所：筆者作成。

3　商社金融の機能として，A社は，B社に短いサイトで支払いを行い，販売代理店に長いサイトを許容する仕組みを完成した。当時，化学品業界の支払サイトは売先・買先共に長く，A社とB社の決済条件も一般に「出荷20日締切り，月末起算90日約束手形支払い」等であった。これに対し，専門商社向けは例えば，「出荷20日締切り，月末起算120日約束手形支払い」（この場合は，A社に30日の商社金融が発生），あるいはA社から一部エンドユーザーに直接販売する場合でも，「出荷20日締切り，翌月20日起算100日約束手形支払い」（この場合も，A社に30日の商社金融が発生）などであった。

　ここでは，ユーザーからの受注をA社が取りまとめてB社に迅速に発注する商取引プロセスが完成されており，細かい日常的なユーザー対応や情報のA社・B社への提供は販売代理店に任せられた。販売代理店管理，商社金融提供などを含むバリューチェーン全体の運営は，A社がB社の理解を得て担当し，新ユーザー開拓，販売代理店組織を活用した新製品PR活動（例えば，代理店を集めて行う製品説明会の実施）などはA社・B社共同で行い，製品の開発・生産，ユーザーに対する技術対応や物流手配などはB社が主として行うという，役割分担が効果を上げていた。

（3）　子会社移管後の機能の統合

　2000年代半ばにこの商権ビジネスがC社に移管されてから，製品Dの国内ビジネスについては，C社を中心に次のようにA社グループ内外で役割分担されている。

　C社は，B社や一部販売代理店と一体となった，日常の細かい商取引のフォローを行い，与信リスク判断や日々の取引結果に基づくリスク管理を進めて，商取引やリスクマネジメント機能を統合する。日常的なユーザー・販売代理店からの情報収集や，必要に応じたA社調査部門からの情報提供，そうした情報のB社・代理店との共有などにより，商取引を円滑に進めている。

　また，必要に応じて在庫や物流などの手配を進め，B社と一体となった製品Dの新しいユーザーの開拓を行い，ロジスティクス機能や小さな市場創造機能も統合してきた。

　さらに金融機能を発揮し，B社に対する支払期日と販売代理店あるいはユーザーからの受取期日に差がある場合の商社金融の提供も行う。

　この段階で親会社A社は，C社の経営に責任を持ち，伝統ある販売代理店会を事務局として運営するなど，経営と一部分のオーガナイザーの機能を担当する。

　現在のA社グループ内部における役割分担を見ると，かつて販売総代理店として商取引を行っていた時代に比べれば縮小したとはいえ，まだ残存している商取引については，C社がこの商権ビジネスのオペレーションを全て担当している。A社はC社の経営管理の他に，販売代理店会を取りまとめるオ

ーガナイザーとしても機能しつつ，必要に応じて何らかのビジネス創造を行おうとする。

　1950年代，Ａ社がＢ社と共にこの商権ビジネスの創造を開始し，企業システムの構成要素であるビジネスシステムを構築した後は，2000年代半ばまで，収益モデルの稼働は，Ａ社自身が担当していた。しかし現在は，子会社Ｃ社がＡ社の支援も受けつつ収益モデルのオペレーションを全て担当し，既存商権の範囲で部分的な市場創造も担当する。総合商社にとって，連結子会社の存在意義が大きくなっていることを理解できる。

　こうして今，収益モデルのオペレーションを子会社あるいは関連会社に移管して，広く企業グループとしての経営を進めている総合商社にとって，子会社と関連会社との一体的な働きが重要であることは明らかである。

（4）　総合商社機能の本質が見えなかった理由

　この商権ビジネスの経緯を見ても，真のビジネス創造の過程に要する時間は短く，その後の収益モデル稼働後の時間の方がはるかに長く，そして目にも見えやすい。またビジネス創造の効果は，外からは，主として収益モデル稼働の結果としての財務数値でしか把握できない。表現を変えると，ビジネス創造の活動は時間的にも短い上に，直接その効果を測定することが難しい。この２つの理由により，本研究が総合商社機能の本質として考えているビジネス創造の働きは，外から把握しにくいものであることが分かる。

　これが，過去の商権ビジネスの時代の総合商社論において，機能の本質が正確に捉えられなかったことの真の理由なのであろう。

2.5　収益モデル

　Ａ社の収益モデルは，総合商社にとっては典型的な形式であり，また歴史的に総合商社の起源といわれる三井物産が創業当初から採用してきた形式でもある，コミッション・ビジネスであった。三井物産が創業の時から，コミッション・マーチャントであることを明言していたことは，事実である（例えば長井［1989］119頁）。

　この事例のビジネスにおいて，Ａ社は，製品Ｄの国内販売に全て関わり，Ｂ

図表6-3　A社商権ビジネスの単価決定（イメージ）

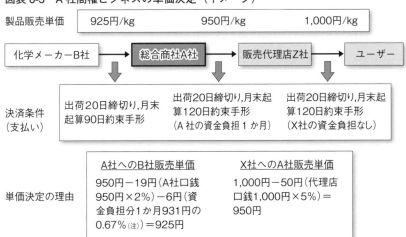

注：当時のプライムレートを年率8％としてその12分の1。

出所：筆者作成。

社から製品を購入して代理店に販売する形で，法的には代理人としてではなく契約当事者として商取引を行った。それは形式的には自己勘定による取引であったが，価格体系，ユーザーへの納期，A社と代理店の口銭率などは全てB社が了解して合意し，物流もB社が手配する，実質的な委託販売であった。A社はこの商取引を通じて，B社によって確認された，売買差益としての口銭を得ていた。

　単純な例であくまでもイメージとして示すと，上の図表6-3のような形で総合商社の採算が計算され，A社の収益となっていた。収益モデルとしてA社は，こうした単価決定方式に基づいた口銭を，販売代理店への売上高から得ていた。今のC社の収益モデルも，同様である。

2.6　組織文化

　このビジネス創造事例においては，総合商社であるA社の組織文化が明確に表に出ていた。

　その象徴的な場面は，ビジネス創造当時のA社社内における戦略統合であった。それは，この製品DがA社の海外支店の協力もあり，海外先進企業か

ら技術導入を受けて国内でB社によって開発・生産されることになった当初の，A社社長自らの戦略的な意思決定によっている。その意思決定に基づいてA社は，自らリスクを取って，戦前からの営業経験を持つ専門家を集めて営業組織を組成し，B社によって生産された製品D全てを（販売できるかどうか分からないものも含めて）自社で買い取ってグループ企業の倉庫に在庫し，B社と共にユーザー開拓を行いつつ販売開始した。

こうした新しいビジネスの創造にきわめて積極的である行動特性は，総合商社全体の組織文化として今も存在しているものである。わが国の高度経済成長の初期，大胆な意思決定による組織内の戦略統合ができたことによって，A社とB社の関係を基軸にした価値共創が動き出し，新しいビジネスが創造された。結果として，A社は化学品部門の重要ビジネスを確立し，B社も主力事業領域の転換に成功した。

さらにこのビジネスが，関連するわが国電気電子産業の成長をも高品質と大きな汎用性を持つ材料供給の面から支えたことは，総合商社の貢献度が注目すべきものであったことを示しており，その発端としての組織文化の発動は重要なステップであった。

3 ▶ まとめ

3.1 企業間関係と市場創造

（1） ビジネス創造の企業間関係と市場創造

この事例では何よりも，A社とB社の深い企業間関係を基に，両社が一体となってビジネス創造に向かい，価値を生み出す共創関係を構築できたことが重要である。そこでは，B社が自社に不足する経営資源をA社に求め，一体となって新しいビジネスを創造するための価値共創の関係ができ上がっていた。

過去の総合商社論においては，総合商社のビジネス創造あるいは収益モデル稼働に不可欠の存在であるパートナーつまり顧客企業との関係をふまえつつ，活動の全体像を企業システムとして理論的に整理した研究は，ほとんど

見られなかった。

　ここで創造された市場は，製品Dが高い品質と汎用性を持っていたことも
あり，主として電気電子や一般工業の用途を対象とする，幅広いエンドユー
ザーからなるものであった。ユーザーへの販売価格ベースで，数千億円規模
の市場である。

　そしてこのことが，A社・B社にとっての，売上高・利益の拡大，新しい
ビジネス領域の確立という価値をもたらすと同時に，電気電子産業など関連
産業の発展というより大きな価値の実現にもつながったのである。

（2）　現在のビジネスの構造と総合商社機能の本質

　既述のように現在，総合商社が過去ビジネス創造によって確立した商権に
基づくコミッション・ビジネスの多くは，その収益モデルのオペレーション
を子会社・関連会社の専門商社に移して動いている。そして一般に親会社（本
社）は，投資先の経営管理を行いつつ，主として大きなビジネス創造を自ら
担当する体制になっている。

　子会社・関連会社への商権ビジネス移管について，本社は一体どのような
機能を果たそうとしているのか，子会社・関連会社とどのような役割分担を
しているのかといった観点の議論は，飯田［2015］などごく一部に見られる
だけである。田中隆［2012］（215頁）も，「総合商社の構造変化は，『連結子
会社を通した，多様な製造業・サービス業への進出』の動きの側面と『事業
投資会社化』の動きの側面の2面を持っている」と現在の状況を表現してい
る。しかし，総合商社がグループ全体としてどういう働きを，どういう役割
分担によって実行しているのかという視点ではない。そうした視点からの議
論は，ほとんど見られない。

　すでに先行研究レビューにおいて指摘しているように，これまでの研究の
多くが，総合商社活動の目に見えやすい部分，収益モデルのオペレーション
によるかつての商取引そして現在の事業投資の活動に着目しすぎたことが，そ
の原因なのではないか，と考えている。また，いまだに総合商社を卸売業と
してしか見ない研究があることも，事実である。こうしたことが，過去の研
究において，総合商社機能の本質を的確に捉えることができなかった理由な

のであろう。

そして2000年代に入って，各総合商社が商権ビジネスのオペレーションを子会社・関連会社に移管し，本社は投資先管理に加えて，ビジネス創造を中心に活動する組織体制ができ上がっている結果，総合商社の本質的な機能はより見えやすくなっているはずである。この事例が示すように，総合商社機能の本質がビジネス創造であるということは，誰が見ても分かりやすくなっているものと思われる。

3.2　機能の統合と収益モデル

この事例では，総合商社であるA社の組織内部での戦略的な意思決定による戦略統合が行われ，その上で，情報・調査，リスクマネジメント，金融の機能の内部統合，B社と一体になった市場創造やオーガナイザー，事業開発の機能の外部統合などが進められて，商権ビジネスの仕組みが完成した。

構築されたビジネスシステムの上に立って稼働する収益モデルは，典型的な総合商社のコミッション・ビジネスとしての商取引であった。

収益モデル稼働後は，商取引，リスクマネジメント，金融（商社金融），ロジスティクス等の機能が内部・外部統合され，日々のオペレーションが進められた。

2000年代に入り，商権ビジネスが子会社である専門商社C社に移管された後は，C社を中心に親会社A社と化学メーカーB社の役割分担によって，一部残されたビジネスが展開されている。そこでは，C社による商取引，リスクマネジメント，ロジスティクス，金融（商社金融）等の機能の内部・外部統合により，収益モデルのオペレーションが行われている。A社は，C社の経営に責任を持ち，販売代理店会の事務局として働き一部分のオーガナイザーとして機能する。

3.3　ビジネス創造の全体像

この事例分析でも，価値共創型企業システムの理論的枠組みを用いることにより，結果としての収益モデルのオペレーションを生む原因となっている，総合商社のビジネスシステム構築，ビジネス創造の働きが，総合商社が提供

する機能の本質であることを整理して明確にできたのではないだろうか。

　このビジネス創造は，高度経済成長の初期，A社が自社の専門家人材，ブランドや企業ネットワーク，資金力，組織ノウハウなどを活かして，様々な機能を内部・外部で統合しつつ，B社および代理店と一体になって市場創造活動を展開する体制，有力専門商社からなる販売代理店組織，効率的な流通システム，商社金融による代理店の資金繰り支援などの要素から成り立つ，ビジネスシステムを構築したものであった。典型的な総合商社の商権ビジネスの完成である。それは，影響が単にA社・B社の財務的な業績に及ぶだけではなく，この製品Dが支えたわが国の電気電子産業，さらに販売代理店網で起用した電気電子製品等の専門商社群の発展に及ぶ，社会経済的な効果の大きい働きであった。

　最後に，インタビュー調査に対応し懇切なご助言・ご支援をいただいた関係者各位に，心からの感謝を申し上げる。

7章

三菱商事の中国における
医療材料の流通効率化事業

1 ▶ 調査概要と事例紹介

1.1　調査の概要

　本事例でも研究を進めるにあたり，2つの情報収集方法を採用した。それは，一般公開情報の調査と，三菱商事のこの事業担当者への半構造化インタビューである。

（1）　一般公開情報の調査

　この事例は，現在も中国で実際に展開されているビジネスであり，リアルに動いている。当然のことながら，ビジネス内容の詳細について公開されている部分は，多くない。したがって，可能な範囲で，三菱商事のニュースリリースを基礎資料として記述したが，その場合には特に必要な場合以外，情報源について記載しない。またホームページや新聞雑誌の記事などの一般公開情報も利用したが，その場合には注として出所を明記し，あるいは文献名を表示した。

　なお以下では，インタビュー調査の結果やその際入手した資料，この事例が紹介されている倉元［2014］の記述も参照して，まとめている。

（2）　半構造化インタビュー

　現在も発展している事例であることから，一般公開情報の調査では十分把

握できないことを知るために，このビジネス創造を推進した事業担当者に対するインタビュー調査への協力を三菱商事に依頼し，インタビューが実現することになった。

　一般公開情報の調査結果を用いて，インタビューの質問項目を価値共創型企業システムの枠組みに沿って設計・作成して，事前に先方に送付し，内容を理解した上で準備していただいた。

　この三菱商事の担当者インタビューは，2015年1月23日（金）に三菱商事本社会議室において，生活商品本部ヘルスケア部病院ソリューションチームの香川宏樹マネージャーに対して実施した。その際，三菱商事［2015a］の資料（「ヘルスケア部のご紹介」）をいただいた。一般に広く公開している資料ではないが，今回のような問合わせがある場合に，社外に提供することのできる資料である。

　事前にお送りした質問項目に沿って質問し回答を得，さらにその場で追加の質問をし，回答をいただく，という形であった。

　インタビュー調査後，了解を得て録音した記録を用いて詳細を全て文書化した上で送付し，香川マネージャーから必要な修正や追加のコメントを得て対応することによって，正確性を期した。またそのメールのやり取りの中でも補足の質問を行い，回答をいただいた。

　香川氏は，入社以来一貫してヘルスケア事業を担当してきて，このビジネス創造の事例についても詳細をよく知っておられ，可能な範囲で率直に事実を語っていただいた。インタビュー調査の対象としては，最適の人物と考えられた（組織名称・肩書等はインタビュー当時のものである）。

1.2　事例の紹介

（1）　医療ビジネスにおける三菱商事の中国展開

　第4章で紹介したように，三菱商事も他の総合商社と同様に，医療ビジネスに積極的に進出してきて，成功事例を積み重ねている。この事業領域では，最も成功した総合商社と呼んでもいいと考えられる存在である。

　2016年4月，三菱商事代表取締役社長となった垣内氏は，同月のインタビューで，資産売却によって得た資金を，消費者向け事業を中心とする非資源

分野に投入するとしている。特に，「（市況ではなく）人がブランドを評価する分野で新しい挑戦がしやすい」と述べて，自動車や医療などを想定している。企業の大きな方向として，医療分野への投資の加速を示したことになる。[1]

　三菱商事が企業として医療分野を重視している大きな方向の中で，本章で分析対象とする事例は，同社子会社が国内で蓄積してきたノウハウを，わが国医薬品卸売企業の最大手であるメディパルホールディングスと組んだ中国展開事業の延長に活用することによって，生まれた。

　三菱商事は2005年，メディセオホールディングス（現在のメディパルホールディングス，以下，メディパルと呼ぶ）と，医療ビジネスにおける包括的な業務提携を開始し，協力して事業を展開してきた。この業務提携の分野は，次に概略をまとめた4つであった。[2]

① 中国における医薬品流通ビジネスの共同検討

　　成長を続ける中国の医薬品市場の流通には多くの卸売業者が介在し，必ずしも効率化が十分になされていない。メディパルの医薬品流通ノウハウと，三菱商事が中国に持つネットワーク，物流，医療分野における事業経験等を活かし，中国の医薬品流通市場への進出を検討する。

② SPD（Supply Processing and Distribution）の共同事業化

　　従来から，三菱商事とメディパルは関係会社を通じて全国の病院に対する医薬品・医療材料のSPD事業を積極的に展開してきた。今回，仕入れ，運用，システム等の各業務について共同事業化によるスケールメリットを発揮し，さらに高付加価値のSPDサービスを実現する（SPDについては後述）。

③ プライベートブランド品（PB品）の共同研究

　　両社とも本体と関係会社を通じて医療関連製品のPB品を展開しているが，今後，ノウハウを融合させた共通ブランドを立ち上げて，共同開発・販売を行い，様々なニーズにきめ細かく対応する高付加価値製品を提供していく。

1　「『資源の資産増やさず』　垣内・三菱商事社長　消費者向け強化」『日本経済新聞』2016年4月19日，11頁。
2　「医療ビジネスにおける包括的な業務提携に関するお知らせ」『三菱商事ニュースリリース』2005年9月20日。

④　臨床検査関連ビジネスの共同検討

　　三菱商事が関係会社を通して行う臨床検査用医療機械の輸入，販売事業と，メディパルの検査機器と試薬を中心にした臨床関連事業を共同検討し，機器取扱いから試薬提供まで臨床検査分野を一貫してサポートできる体制を整える。

　この業務提携に基づいて，両社は日本国内で病院支援事業の展開や調剤薬局事業への参入などを実現してきた。

　そして業務提携分野の第一である，中国における医薬品流通ビジネスの共同検討の結果として，具体的な中国展開を進めることになった。「当時，中国の医薬品市場は二桁成長を続け，今後さらなる拡大が見込まれていた。規制緩和により外資系流通企業の進出も加速していたが，医薬品流通にはいまだ多くの卸が介在し，必ずしも効率化が十分になされていない状況であった。」とされている（倉元［2014］141頁）。

　こうして三菱商事とメディパルは，2009年，中国最大の医薬品卸売企業であり，全国的な販売ネットワークを有する唯一の存在である国薬控股股份有限公司（国薬）と包括業務提携を締結した。「三菱商事の病院経営支援・病院内業務アウトソース事業ノウハウや国際ネットワーク，メディパルの医薬品流通ノウハウや日系医薬品・医療器材メーカーとの関係，国薬の中国全土の販売チャネルなど」，これら3社それぞれの強みを活かして以下のテーマで事業を展開しようとする（倉元［2014］140-141頁）。

①　医薬品卸売事業の複数エリアでの業務協力

②　医薬品・医薬品原料／医療機器・医療材料の中国での輸入および販売の拡大

③　病院向け物品の購買・配送・管理の一元化業務の共同展開

④　病院内薬局管理事業の展開

⑤　薬局チェーン事業の展開

　この提携の第一弾として三菱商事は，2009年，国薬子会社の国薬控股北京華鴻有限公司（北京華鴻）にメディパルと共に資本参加（三菱商事20％）して，中国医薬品の最大消費地の1つである北京市を中心としたエリアで事業展開を開始した。三菱商事とメディパルから日本人社員を派遣し，三菱商事

とメディパルのノウハウ等を提供して，競合他社との差別化を進め北京市場におけるシェア拡大を目指す。

これに続く第二弾として2013年，三菱商事は，国薬子会社の国薬控股北京天星普信生物医薬有限公司（北京天星）にメディパルと共に資本参加（三菱商事20％）し，北京華鴻と合わせ，上海市と並ぶ中国最大の北京市の医薬品卸売市場でトップクラスの企業グループを形成した。

国薬の知見や中国ヘルスケア市場での経営基盤に，三菱商事とメディパルの物流・営業効率化ノウハウや病院向け総合ソリューションを付加して，日中合弁企業としてのプレゼンスを高めていき，国薬との包括提携を発展させて，医薬品や医療材料・機器の流通や病院内の物流管理業務を効率化し，中国の医療費の削減に寄与しようとしている。なお，本章では以下，医薬品以外の医療材料・医療機器・医療器具・衛生材料などをまとめて，「医療材料」と呼ぶこととする。

（2）　中国医薬品流通市場の現状

中国医薬品市場は，その巨大な人口，一人あたり所得の増大，高齢社会化，医療関連の規制緩和などを受けて，海外企業にとっての有望市場として期待されている。

中国医薬品市場の規模は，2015年にわが国を超え，米国に次ぐ世界第2位の大きさになった。2016年には1,550億ドル（16兆8,950億円）[3]とされ，2020年に向けて毎年10％の伸びが期待される巨大市場である（Ravikiran［2017］）。

しかしこの市場では2013年時点で，卸売企業数が1万社を超えている上に，二次・三次卸が介在する複雑で非効率な流通形態があるため，医療費が増大する傾向にあり，今後少子高齢化を迎えることから，医療費の削減は喫緊の課題とされていた。

中国政府は，医薬品流通について企業の集中増強を図ってきており，2011年に中国衛生部が示した第12次5カ年基本医療衛生制度の中でも，医薬品供給体制の整備として，「複雑な流通構造が高価格の薬品に繋がっているため製造・流通構造の抜本的な改革を実現・効率化を企図」とされている。そこか

3　2016年の年間平均為替レートは，1米ドル＝109円（三菱UFJリサーチ＆コンサルティング）。

ら読み取れるキーワードは，「医薬品流通構造の変革」であった。その後2015年に中国国務院は，「医療衛生サービス体制計画」の概要を発表し，2011年の医療衛生制度改革を発展させて，2020年までに政府が医療関連産業の領域で取り組むべき目標を設定した。そこで，国民の医療サービスへの需要が高まる中，医療関連産業の体制について5つの課題を指摘しているが，その中には，「医療衛生資源の不合理配分」も含まれている。中国政府が医薬品や医療材料の流通・物流の効率化を目指していることは，明確である（岩倉［2015］8-9頁）。

　国薬を含む一部の大型医薬品流通企業は，単なる卸売企業としての商取引という伝統的な働きに加え，新しい営利方法を追及してきた。例えば，医院の価格決定や企業の入札を支援し，川上企業に医薬品流通と在庫のデータを提供し，医院に院内医薬品流通と管理，院内薬局や倉庫の改修と管理の業務を提供するなどである。こうしたバリューチェーンの各部分の整合化，顧客のための各種の付加価値サービスの提供などによって，より多くのビジネス上の価値を実現しようとしている。要するに，中国の医薬品流通企業は，単なる流通・物流機能を超えて特徴あるサービスを提案することによって，総合的なソリューション提供を行うサービス企業に変身することを求められ，その方向に進んできたとされている（联合资信评估［2014］4頁）。

　中でも，国薬の親会社である中国医薬集団総公司は積極的で，2013年末までに，北京，上海，広州および西安に4つの中核物流センターを建設し，その他各省の中心都市に物流センター，地方都市に拠点を整備，全国で185か所を展開した。これらの物流センターは，先進的な貯蔵設備を持ち，各地域に向けた医薬品の配送を集約するための最新のデータ管理システムを装備している。また中国医薬集団総公司は，商品調達，在庫管理，販売センター管理，サプライチェーン管理コンサルティングなどによるサプライチェーン上の付加価値拡大サービスを，サプライヤーと顧客のための包括ソリューションとして提供する体制を整えた（联合资信评估［2014］10-11頁）。

　このような，中国が国家として推進している，医薬品や医療材料の流通効率化に関連する先進的な動きを加速するために，三菱商事とメディパルが国薬に協力して，効果を上げようとしているのである。

（3）　SPDについて

2013年の北京天星への投資発表の際，同時に北京華鴻において，北京市を代表する大病院と医薬品の院内物流管理業務（SPD）の受託契約を締結したことも発表された。

日本で活用されているSPDシステムやノウハウが中国の病院で本格導入されるのは初めてであり，北京華鴻と北京天星によって，SPD事業を核とした中国の病院アウトソース事業の受託拡大を目指している。

北京華鴻の取引先，北京大学の付属病院では，医薬品管理のサポートにより受取口の混雑が10分の1になったなどと報じられており，成果が上がっている（後藤［2015］）。

このSPDとは，一般に，医療材料や医薬品の調達・在庫・使用を管理して，全体としてのコストを低減するサービスである。三菱商事子会社のエム・シー・ヘルスケア（MCH，2010年に日本ホスピタルサービスなどが統合してできた，この領域では日本をリードする先端企業）が前身の日本ホスピタルサービス時代から20年にわたって蓄積してきたノウハウでもある。[4] その全体のイメージを，図表7-1に示した。

ここでMCHは，SPDサービスの提供自体によって料金を得るのではなく，その効率化によって削減できたコストダウンのメリットを分け合うことによって双方が利益を得るという提案を，病院にする。具体的には，効率化を達成した病院が，コストダウンの大きさに対応させて，MCHからの購入額を増やすことによって，MCHは商取引（医療材料などの購買代理店業務）を通じて収益を回収する，という方法である。

MCHが得意とするのは，基本的に医薬品ではなく医療材料のSPDである。MCHの企業としての売上高は2,000億円程度（2016年度）であるが，ほとんどはこのSPDによるものと考えられ，圧倒的な業界ナンバーワンである。地域にいくつかある病院の1つにサプライセンターを作り，卸売企業やメーカ

4　エム・シー・ヘルスケアは，SPD業務を，以下のように説明している（同社ホームページ［2017］「医療材料・医薬品の調達・管理」）。
　「院外に設置された『サプライセンター』から医療材料を院内の各部署まで直接配送・定数配置し，病院側の使用分のみを請求。病院所有の在庫を激減させるとともに，院内の物品管理作業を大幅に軽減します。」

図表7-1　代表的な医療材料 SPD 運用形態の例

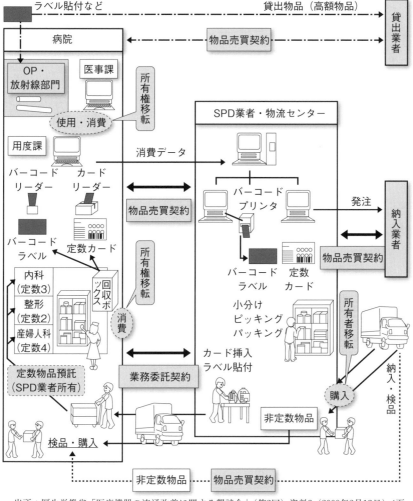

出所：厚生労働省「医療機器の流通改善に関する懇談会」（第2回）資料3（2009年2月13日）4頁。

ーから受領した医療材料をそこで小分けして，各契約病院へ供給する。富山の薬売りのような形で，各病院の棚に在庫を置く。名刺大のバーコード入りカードが入っていて，病院でバーコードを読むと発注される仕組みになっており，翌日か翌々日には補填される。1995年から始めた方式で，今では世の中に認められ，300床以上の大きな病院200病院以上を対象に，100パーセン

ト購買代行をしている。

さらにMCHは，虎の門病院などが参加する医療材料の国内最大の共同調達組織，日本ホスピタルアライアンス（NHA）の事務局として，2018年度に全国300（病床数で全体の約１割）の病院の共同調達を行うことを目指している。わが国医療関連市場で，重要な地位を占めているようである。[5]

（4）　この事例の経緯と現状

本章で分析の対象とするのは，三菱商事が，こうした総合商社の伝統的なビジネスの中核である物流を伴う商取引に関連して，子会社が蓄積したSPDノウハウを，国薬との合弁企業に移植して，医療材料の流通効率化のための新しいビジネスを創造した事例である。2013年に始まった。なおこの事例に関する記述は，主として，インタビュー調査の結果，倉元［2014］144-145頁と三菱商事［2015a］］を基にしている。

三菱商事は国薬と共同で，中国・上海市に医療材料流通会社である国薬控股菱商医院管理服務（上海）有限公司（国薬菱商）を設立した。医薬品ではなく，三菱商事グループ企業であるMCHが日本国内で強みを持つ医療材料の流通事業において，国内で蓄積したノウハウを基に効率化事業を立ち上げて，ビジネスを創造しようとするもの。医療材料の調達や在庫管理を受託して，改善余地の大きい中国の病院経営の効率化を支援する病院向け事業である。病院で使われる医療材料は，注射器，衛生材料，カテーテル，透析用器具など，合計で10万点規模になる。

急成長する中国の医療関連市場の中でも医療材料（医材）市場は最も伸び率が高く，病院利用者の増加や医療技術の高度化に伴う利用の拡大によって，さらなる成長が期待されている。しかし一方で，医材流通業者数は日本の100倍といわれており，医薬品と同様に病院に納品されるまでに複数の中間業者を介する多重流通構造や管理システムの欠如により，コスト増になっているようである。

そこで国薬菱商は，病院から医療材料の調達・在庫管理業務を一括で請け負った上で，調達先を絞り込んで，MCHが蓄積してきたSPDノウハウを用いて，

5　「医療器具を共同調達」『日本経済新聞』2015年11月6日，1頁。

図表7-2　国薬菱商を中心とした病院の医療器具調達代行や在庫管理受託サービス概念図

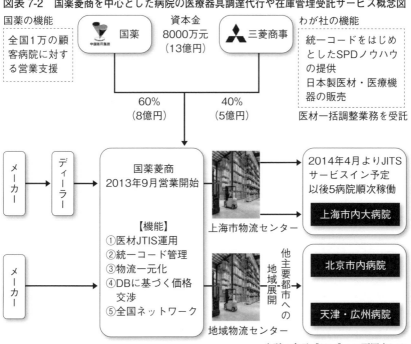

出所：倉元［2014］144頁図表3-10。

医材JITS運用，統一コード管理，物流一元化，DB（データベース）に基づ
く価格交渉などのサービスを提供し，流通全体を効率化しようとする。品番
管理によって，今の時代に医療の世界でもきわめて重要となっている，トレ
ーサビリティの精度も向上させる。また，国薬の全国ネットワークによって，
中国全土への展開を目指していく。

　これは，中国政府が医薬品や医療材料の流通構造の変革を進めようとして
いることから，国家的な要請に応えるサービスともいえる。そうした背景も

6　エム・シー・ヘルスケアは，JITS（Just In Time and Stockless）システムを，以下のように
　説明している（同社ホームページ［2017］「医療材料・医薬品の調達・管理」）。
　「必要なものを，必要な場所へ，必要なだけお届けする先進の管理システム
　総合商社で培った最新の情報収集能力などを活かして独自開発した『JITSシステム』は，き
　わめて有効な医療材料物品管理調達システムとして全国の主要病院で高い評価を得ています。
　また，医療材料の使用量・種類・動向などの各種統計データを得ることができるため，経営管
　理にも役立てられています。」

あり，国薬菱商は中国における医療材料流通効率化ビジネスの市場で，事業を拡大している。

　中国の医療材料市場は急激に拡大し，2016年には188億ドル（2兆492億円，281億ドルのわが国の3分の2）となった。中国市場のこの先5年間の平均成長率は9.6%と予測され，2021年には297億ドルに達し，326億ドルと見込まれるわが国の規模に急速に接近すると見られている（大竹［2017］251頁）。

2 ▶ 価値共創型企業システムの枠組みによる分析

2.1 顧客，市場と共創された価値

　このビジネス創造において，三菱商事グループのノウハウを活かし，中国における医療材料の流通効率化事業を一体となって展開するパートナーとしての顧客企業は，国薬である。三菱商事は，わが国最大手の医薬品卸売企業であるメディパルとの業務提携の上に立って，中国最大の医薬品卸売企業である国薬との提携を進めて，中国で事業を拡大してきた。この事例では，国薬・メディパルとの価値共創の領域を三菱商事として独自に広げて，国薬のための医療材料流通効率化ビジネスの市場を創造しようとした。これが，この事例の最大の目的であると考えられる。

　このビジネス創造に関しては，それまでに築き上げられてきた国薬との信頼関係を基に，国薬と三菱商事グループそれぞれが強みを持つ経営資源，つまり国薬の全国ネットワークや中国医薬品業界における知名度などと，鍵となるMCHが持つSPDノウハウ，三菱商事のグローバル事業経営の経験等を融合させて，価値共創を行う企業間関係が中心になっている。

　これは，このビジネス創造を可能にする重要なノウハウをMCHあるいはその前身の日本ホスピタルサービスが開発して，それを基にわが国国内で大きな事業に育て上げてきた歴史と経験があるから実現できた動きである。今のMCHの株主は，三菱商事（80%）とメディパル（20%）であるが，このSPDノウハウは，三菱商事グループとしての独自ノウハウともいえるものになっている。

　そして創造された市場は，注射器，衛生材料，カテーテルなど医療材料の流通全体（調達・在庫・院内搬送・管理など）に関する効率化サービスの提供を求めるエンドユーザーとしての，中国の病院の集団である。国薬にとっての，医療材料の流通効率化サービス事業の新たな市場である。すでに2014年4月から，上海市内5つの大病院でサービスを順次稼働する予定とされていた（図表7-2）。中国には病床数が500以上の大病院が1,400以上あるとされており，国薬の中国全土に広がる病院とのネットワークを基にして，国薬菱商は，北京，天津など中国各地にも事業を広げ，2018年に，中国の医療材料市場で，約10％のシェア獲得を目指している。

　この事例に関連する企業間関係を俯瞰すれば，三菱商事と国薬が一体となって共同で実現するビジネス創造であり，周辺に関係者としてメディパル，国薬親会社の中国医薬集団総公司，医療材料メーカーさらにユーザーとしての病院などが存在している。

　ユーザーとしてのサービス利用者つまり病院は，三菱商事と国薬の合弁企業である国薬菱商が彼らと共に医療材料の流通を効率化することによる，コストダウン，医療サービスの効率化，さらに利用者である患者の満足度向上などの，直接的なメリットを享受する。その結果，病院の業績が向上する。それは，病院に医療材料を納入する国薬菱商の売上高・利益の増加など，事業の発展につながることになる。

　この結果は，価値共創の視点で見れば，国薬菱商株主の国薬と三菱商事が共創する価値であり，第一義的には中国における医療材料流通の効率化を進めることを目指す，国薬にとっての価値実現となる。またそれは，ユーザーである中国の病院の医療材料の流通効率化によるコストダウン，病院利用者である中国の一般消費者にとっての医療費縮減や病院サービスの水準向上による満足度増大，さらに国家政策である医療材料等の不合理配分の是正という社会的メリットにつながり，大きな社会経済的価値を生み出す。

　国薬はビジネス創造の結果を評価して，財務的に三菱商事の貢献に対する報酬をもたらす判断をする。それは収益モデルにおいて利益として反映される。その他にも，さらに新しいビジネス機会を共同で開発することなど，単なる財務的な成果を超えて三菱商事に報いることも考えられる。

三菱商事とこの事例の実務を担当するMCHにとっては，国内で蓄積した
SPDノウハウを移植し，海外で医療材料の流通効率化事業を展開する初めて
の経験である。中国でSPDを利用した医療ビジネスの展開を積み重ねること
を通じて，社内・グループ内の専門家人材の能力向上やノウハウの蓄積が行
われ，次のビジネス創造につなげられる。それも，大きな価値であろう。将
来的には，ミャンマーなど他の国・地域で同様のサービスを展開することも，
想定できる。それこそが，総合商社である三菱商事にとっての，新しい市場
の創造になる。

2.2　ビジネスシステム

（1）　この事例で構築されたビジネスシステム

　この事例のビジネスシステムの核は，MCHが持つSPDノウハウである。
　サービスのユーザーである中国の病院は，国薬菱商と契約し，医療材料に
関する調達・在庫管理業務を一括して委託する。国薬菱商は，ユーザー病院
における医材のJITSシステム運用で，適時在庫が切れないように商品を搬入
する。その際，統一コードによるデータの送信・管理を行うことから，デー
タがDBに蓄積されるので，それを的確に分析することで，医療材料のメー
カーやディーラーとの価格交渉において，より有利な条件を引き出せるよう
な基礎データを持って臨むことができる。また物流も一元化して，上海市物
流センターや主要都市に設けた地域物流センターに集約し，受入れ・在庫管
理・配送を行うことによって，効率化する。ユーザー病院の医療材料の調達
に関するコストが低減されれば，そこで生まれた価値を国薬菱商と分け合う
ために，病院はその効果に応じて，国薬菱商への発注を増やす。また三菱商
事は必要に応じて，日本製の医療材料を販売することも考えられる。
　そのために，三菱商事からもMCHからも専門家人材を派遣して，ノウハウ
の移転を行い，ビジネスシステムを構築した。
　なお，総合商社は伝統的な商取引において多くの場合，メーカー側に立っ
た販売代理店として働いてきたが，このSPDというソリューションにおいて
は，そうではない。病院側に立った購買代理店として調達の商取引を行い，医
療材料等の商品に関する流通効率化を進めるために，調達・在庫管理などの

業務を一括で受託するビジネスである。この点が従来になかったビジネスへの取組み方針であり，斬新さを持つ。また，このように購買サイドに立って働く総合商社の役割は，中谷［2001］で提示されていたもので，総合商社のビジネスにおける新しい立ち位置を示すものである。

（2）　三菱商事本社のビジネス創造

ここで今，三菱商事本社のヘルスケア部が行う業務は，基本的に，①事業投資を行い，投資先を管理すること，②新しい事業を作り出すこと，この2つに集約されている。物流を伴うような伝統的な商取引のオペレーションは主として子会社や投資先で担当し，本社はこれら2つの業務に集中する。今の総合商社のグループ経営の形が示すように，事業投資先を多数持って主体的に事業を運営し，子会社・関連会社で商取引やロジスティクスを展開，本社は主として事業投資と投資先管理，そしてビジネス創造を担当する体制である，と理解できる。

インタビュー調査において，香川マネージャーは次のように語っている。

「三菱商事本社が行う仕事は，主として2点になっています。まず，メジャーな先であれば人を送り込む場合もありますが，それ以外の形の場合を含めて，事業投資先をマネージすることです。次に，事業投資先との事業の延長の場合も含めて，新しい仕事を創ることです。以前のような売ったり買ったりの取引は，ヘルスケア部だけでなく，三菱商事本社全体では，あまり担当しなくなってきています。」

当然のことながら，総合商社の組織を見る場合，企業グループとしてその全体的な働きを見る必要がある。そして，総合商社でなければできない機能の本質としての働きは，この本社が行っている働きに尽きるともいえると考えている。子会社や投資先は，それぞれのビジネスの実務，オペレーションを行う場であるが，その仕事の多くは，総合商社でなければ行えないものではない。専門商社やメーカー，ロジスティクス企業などの仕事である。要するに，今現在，総合商社の本社が担当しているビジネス創造の働きこそが，総

合商社機能の本質なのである。

　ここで総合商社本社の仕事の重要な部分が，「新しい仕事を創ること」であると指摘されている事実は，総合商社機能の本質がビジネス創造であるということを端的に示しているのではないか，と考えられる。

2.3　経営資源

（1）　ヒト・モノ・カネ・情報の経営資源

　この事例で三菱商事が投入したヒトつまり専門家人材について，同社は，長年の医療ビジネス分野における事業活動を通じて，案件発掘，ビジネスプラン作成，社内での稟議・承認から実際の事業化，さらには投資先の経営まで担当することのできる経験・能力を持った人材を，社内に多数育成してきた。総合商社において，ビジネス創造を可能にする人材が何より重要な経営資源であることは，言うまでもない。

　三菱商事の場合に特に重要なのは，ビジネスを創造するための営業部門のビジネスプランの作成において，社内の各領域の専門家による業務支援プロセスがあり，きちんと機能していることである。これはモノとして捉えられる経営資源である。三菱商事では，コーポレートスタッフ部門がこうした業務支援を行うことで，しっかりとした内部管理体制が構築されている。この部門には，法務，主計，財務，調査などの部署があり，ビジネスリスクの管理も担当する。営業部門は，自ら策定するビジネスプラン，事業投資案を，コーポレートスタッフ部門と話し合いながら間違いのないものにしていく。基本的には営業部門で事業構想を全部まとめて，契約書もドラフトは営業部門で作る。それに問題がないかどうか，コーポレートスタッフ部門が厳密にチェックする。契約書を法務的に問題ないものに仕上げる，構築したビジネスプランの妥当性をチェックする等が，コーポレートスタッフ部門の役目になる。こうした組織機能は，確立された業務プロセスに埋め込まれており，組織の三菱といわれる強固な内部管理体制が稼働している。

　専門家人材，確立された業務プロセス，策定されるビジネスプラン，全てが三菱商事のビジネス創造に欠かせない経営資源になるのである。

　また，構築されたビジネスシステムの上で，収益モデルを稼働させる段階

では，その主体となる国薬菱商の組織に，三菱商事から人材が出ているし，MCHの担当者も出て，国薬菱商の社員と一体となって活動している。MCHからは，システムの導入作業，あるいは導入先でのレクチャーなどを行うことができる人材が出向して，現地で活躍している。

またモノとして，三菱商事という最大手総合商社のグローバル企業ブランドは，国薬との価値共創において重要な要素であったが，この事例の場合には国薬が中国で持つ病院との企業ネットワークが市場創造の視点から重要であり，共有されて働いた。

カネについては，三菱商事の資金量はわが国企業の中でも最大級で，国薬菱商への投資5億円などは，相対的に大きな負担ではなかったと思われる。

(2)　特に重要な経営資源：SPDノウハウ

経営資源の情報としては，SPDノウハウが大切であった。わが国で効果を上げてきた，医療材料流通効率化のためのノウハウ，関連する情報システムが，三菱商事グループ内部で集約されて，ユーザーである中国の病院に提供されたことが重要である。

この事例で鍵となったSPDノウハウは，三菱商事の医療ビジネスにおける中核的な存在となっている子会社MCHが持っている，「【医療材料・医薬品・医療機械】の流通・管理を中心に病院の業務を総合的にサポートする」（同社ホームページ［2017］「病院経営のパートナー」）業務のノウハウである。その核となっていると考えられる，医療材料の流通効率化のノウハウは元来，1995年設立の日本ホスピタルサービスが築き上げてきたもので，20年の間に現場での実施と改良を積み重ねており，高いレベルに達している。杉本［1997］は当時，薬価引下げや医療保険改革の環境変化を受けて，コスト低減は病院の生き残り方策であって，卸売業界を脅かしつつも，病院側のニーズを捉えてSPDの市場が広がると予測されている，と説明した。

三菱商事がグループ内部に，このような独自に蓄積された高いレベルのノウハウを保持していたからこそ，国薬がその経営資源に依存して市場を創造しようと考え，医療材料の領域における価値共創が実現した。このノウハウは，一日の長がある三菱商事グループ，中でもMCHが中心になって提供する

ことが期待され，三菱商事側が主導権を握って国薬菱商の中に移植された。組織間関係論の資源依存パースペクティブで見れば，三菱商事グループのSPDノウハウという経営資源に国薬が依存しようとしたからこそ，三菱商事は一定のパワーを持って，国薬菱商への出資を引き受けることができたのである。そして三菱商事グループは，国薬の中国における顧客病院の全国ネットワーク，医薬品卸売企業最大手という企業ブランドに依存して，この企業間関係が成り立っていると解釈できる。

2.4　機能の統合

（1）　ビジネスシステム構築の段階

　この領域に関する三菱商事の全社的な戦略統合があったこと，経営陣も現場も共通の方向でビジネス創造に動いていたことは，明確である。同社の小林前社長は2014年末，注力する分野を決めて組織横断的な事業開発に取り組んでいることについて，「ヘルスケア，農業，環境，シェールガス，電力の5分野で担当役員を決め，私が責任を持って進めている。」と，第一にヘルスケア分野を挙げて陣頭指揮を明言している[7]。

　国薬との合弁企業設立にあたっては，営業部門が，三菱商事社内のコーポレートスタッフ部門（法務，主計，財務，調査などの部署）と共に，確立された業務プロセスの上で十分な検討を重ねて計画を精緻化し，決断がなされた。情報・調査，事業開発，リスクマネジメント，金融などの機能が内部で統合されて，洗練されたビジネスプランが構築され，意思決定となった。

　その上で，国薬と連携して合弁企業である国薬菱商を設立して，医療材料の流通効率化という，中国における新しい病院支援サービスの市場を，三菱商事・MCHから専門家人材が出てノウハウを導入し，国薬・国薬菱商の社員と一体となって創造した。ここでは，国薬の病院ネットワークをも活かした市場創造機能と，三菱商事グループのノウハウを導入した医療材料の購買代理店としての事業開発機能の，国薬菱商を交えた外部統合が完成して，ビジネスシステムが構築された。

7　「そこが知りたい　戦略2015⑩　アジアの生活産業　どう開拓　三菱商事社長　小林健氏」『日本経済新聞』2014年12月31日，11頁。

なおビジネスシステムの構築プロセス全てにおいて，総合商社としての三菱商事のオーガナイザー機能が大いに発揮されているのは間違いない。

（2）　収益モデル稼働の段階

実際のビジネス稼働の後は，三菱商事自体は日常の商取引に関与せず，関連会社としての国薬菱商の経営を，国薬と機能統合して行う。

国薬菱商は，病院の医療材料の一括調達・在庫管理業務を自社で受託して，医療材料のサプライチェーンを管理し，MCHの指導を受けて導入したSPDノウハウとシステムを用いて，流通を効率化する。その効果を反映して病院との商取引が増え，国薬菱商の売上高が拡大しコミッション収益も増える，という収益モデルである。そこでは，三菱商事グループが持つ医療材料のSPDノウハウを活用した商取引とロジスティクスの機能が，国薬菱商と病院そして医療材料のメーカーやディーラーと外部統合されている。

2.5　収益モデル

すでに述べたように，国薬菱商が確立するSPDによる収益モデルは，形として伝統的な物流を伴う商取引によるコミッション収益に依存している。ここで重要なのは，その前提として，SPDソリューションによりコストダウンという価値（具体的には病院にとっての財務上の利益増）を生み出し，それを国薬菱商と病院側がシェアするという考え方である。

国薬菱商は，コンサルティング会社やIT企業のように，ノウハウの移転やシステムの導入自体によって収益を得ることを主目的とするのではない。この価値をユーザーである病院側が評価して，国薬菱商との商取引の量を増やすことによってコミッション収益が拡大する，という形で成果を得ようとする。ここで収益は，生み出された効率化，コストダウンという価値を，ユーザーである病院側が評価した結果としての，国薬菱商の売上高・利益の増大となって実現される。

三菱商事自身の収益モデルは，国薬菱商の当期純利益を基にする持分法投資損益と受取配当金，主としてこの2つの事業投資収益によることになる。この時，決算における当期純利益の金額と配当支払率は，国薬菱商の大株主（60

％）であり経営に責任を持つ国薬が，このビジネスシステム構築の働き全体の評価をも反映して，決定することになるであろう。財務的に，国薬は，三菱商事との価値共創の結果実現された価値を彼らの視点で評価して，三菱商事が得る収益の大きさに反映するのである。

　なおこの事例で最も重要なSPDノウハウを提供するMCH自身は，国薬菱商の商取引を基にする収益モデルの中には入っていなかった。ただし今後は，MCHからも出資するなどの形を検討している，とのことであった。

　この事例の国薬菱商の収益モデルは，かつての商権ビジネスが，総合商社の先行投資など何らかの事前の貢献によって与えられる商権に基づいていた形に類似している。SPDサービスによって実現した病院のコストダウンのメリットを，病院と国薬菱商が分け合うが，サービス料金の形での支払いはなされない。そのメリットの見返りとしての，商取引増加の機会付与に基づく売上高増によって，国薬菱商は収益を獲得するのである。そして三菱商事自身の収益モデルは，関連会社である国薬菱商の商取引による財務上の売上高・利益の拡大を基にした，事業投資収益による。

2.6　組織文化

　インタビュー調査における香川マネージャーの発言にもあるように，今の総合商社の本社の業務の1つの核は，ビジネス創造である。このことそのものが，三菱商事の組織文化が，新しいビジネスの創造に向いていることを明確に示している。

　すでに第4章で紹介したように，三菱商事も過去，医療関連事業に色々な形で参入してきたが，大きな展開となっているのはMCHなどに限られていると思われ，全てがうまく動いているわけでもない。しかしこの事例のように，機会があれば，常に新しいビジネスを創造しようとする強い姿勢があることは，明確である。

　さらに，先行研究レビューでも見たように，2015年に三菱商事が出版した書籍の題名，『BUSINESS PRODUCERS　総合商社の，つぎへ』自体も，そうした組織文化をよく示しているものと考えられる。

　三菱商事では，歴史的に「組織の三菱」と呼ばれる組織文化と，徹底した

グループ会社管理,「三綱領」に基づく倫理観が今も生きている。「立業貿易」で海外との関係でビジネスを創造していくことを明確にしていることも,組織文化を示すものである。

3 ▶まとめ

3.1　企業間関係と市場創造

この事例では,中国事業のパートナーとしてのメディパルも含め,何年も一体となって動いてきて信頼感が醸成されている,国薬との企業間関係が重要であった。その関係があったから国薬も,医薬品流通改革の次のステップとして,医療材料の流通効率化に乗り出すことができたのであろう。

鍵となる企業間関係を見れば,三菱商事と国薬が一体となって国薬菱商を設立し共同で実現するビジネス創造であり,その周辺に関係者としてメディパルあるいは国薬の親会社である中国医薬集団総公司,中国の医療材料メーカーやディーラーさらにユーザーとしての病院,関連するわが国の医療材料・医療機器のメーカーなどが存在している,という形である。さらにその外に,中国の病院を利用する患者,つまり病院が提供する医療サービスのエンドユーザーがいる。

創造されたのは,医療材料の流通効率化サービスの市場であり,ユーザーは,医療材料の流通効率化を求める中国国内の病院集団である。2018年には,中国で約10%のシェア獲得を目指す。そこで中心になったのは,三菱商事グループが保有するSPDノウハウと,国薬の全国ネットワークという,経営資源であった。このビジネス創造を可能にした重要なSPDノウハウは,三菱商事の子会社が開発しわが国国内で大きな事業に育ててきた歴史と経験があるもので,三菱商事グループとしての独自ノウハウといえるものになっており,確実な実績があったことが大きい。

8　「三綱領」とは,岩崎小彌太の訓諭に基づく三菱商事の企業理念。「所期奉公,処事光明,立業貿易」の3つからなる。この「立業貿易」は,「全世界的,宇宙的視野に立脚した事業展開を図る。」の意味である（三菱商事ホームページ［2017］「企業理念」)。

そこで創造された価値は，国薬菱商による医療材料流通効率化によるコストダウンというユーザー病院にとってのメリットを基にした，中国における医療材料流通の付加価値拡大を目指す国薬にとっての価値であり，財務的には売上高・利益の増加となる。それは，三菱商事の事業投資収益の獲得につながる。しかし価値の発生はそこに止まることなく，病院の利用者である中国の一般消費者にとっての医療費縮減，あるいは病院で受けるサービスの水準向上による満足度増大という形で，より大きな社会的メリットにつながり，最後には国家レベルでの医療材料の不合理配分の是正という社会経済的価値を生み出す。

　三菱商事とMCHにとっては，SPDを基にした海外事業展開のノウハウ蓄積，人材育成が行われ，次につながり，グループとしての医療ビジネスを拡大できることが大きな価値となる。

3.2　機能の統合と収益モデル

　三菱商事は，リスクを取って顧客企業のニーズを満たそうとして，様々な機能を内部・外部で統合して市場を創造した。

　ビジネスシステム構築の段階では，三菱商事社内の戦略統合を前提に，営業部門とコーポレートスタッフ部門との機能の内部統合が行われて，ビジネスプランが洗練され，投資を含む意思決定がなされた。また中国国内のユーザー病院の開拓は，国薬菱商・国薬との連携によって進められ，MCHからのノウハウ提供などを軸にして全体のバリューチェーンが設計されて，市場創造と事業開発機能の国薬・国薬菱商との外部統合が完成し，三菱商事のオーガナイザーとしての働きを基にビジネスシステムが構築された。

　収益モデル稼働の段階で，三菱商事は国薬菱商の経営を国薬と機能統合して行い，国薬菱商が病院の医療材料のサプライチェーンを管理し，商取引を行って売上高を増やした。MCHの医療材料のSPDソリューションを基にする商取引とロジスティクスの機能が，国薬菱商と病院そして医療材料のメーカーやディーラーと外部統合されて動いている。

　国薬菱商の収益モデルは，伝統的な形態である商取引とロジスティクスによっている。しかしそこでは，病院がコストダウンのメリットを評価して国

薬菱商からの調達を増やすことが鍵である。それによって，国薬菱商の売上高・利益が増え，その結果を見て，大株主である国薬が三菱商事とのビジネス創造において実現された総合的な価値を評価する。そしてその評価を国薬菱商の決算において，当期純利益の金額と配当支払率の決定に何らかの形で反映する。三菱商事としての収益モデルは，主としてこの決定に対応した，持分法投資損益と受取配当金による事業投資収益の獲得である。

3.3　ビジネス創造の全体像

　この事例でも，総合商社の機能の本質がビジネス創造であることを，理論的に描き出せたのではないかと考えている。

　このビジネスシステムでは，病院の購買代理店という立場に立つ国薬菱商が，MCHが持つSPDノウハウを導入して，医療材料に関する調達・在庫管理業務を一括受託し，システムの利用，物流一元化と管理によって，医療材料の流通全体のバリューチェーンを効率化している。ユーザー病院の医療材料調達のコストダウン効果を，病院が国薬菱商と分け合う，という発想である。

　そこでは，三菱商事がパートナーとしての国薬と一体になって資金を投入して合弁企業である国薬菱商を設立し，三菱商事グループからはSPDノウハウ，国薬からは全国の病院とのネットワークなどの経営資源を提供し合い，人材も投入して，市場創造を行うことが前提であった。

　この事例で創造された医療材料の流通効率化事業は，収益モデルだけを見れば，伝統的な商取引によっている。しかし，その前提となるビジネスシステムとして構築されている，医療材料の流通を効率化するプロセスによるコストダウン効果が，商取引量そして売上高・利益の拡大に反映される。この因果関係は，伝統的な総合商社の商権が，何らかの先行投資の貢献に対する見返りとして与えられたものであったことと，類似している。

　このビジネス創造は，関係する企業が享受する価値を超えて，中国の一般消費者の医療費縮減など大きな社会的メリットにつながり，国家レベルでも社会経済的価値を生み出している。

　本章では，三菱商事が伝統的なモノ（医療材料）の流れに基づく流通・物流関連のビジネスを国内で創り上げ，そのノウハウを中国で現地最大手の医

薬品卸売企業との合弁企業に提供し，一体となって実現した病院の医療材料流通効率化事業の成立ちを分析した。理論的枠組みとして，価値共創型企業システムを用いることによって，総合商社の機能の本質がビジネス創造であることを示すことができたものと考える。

　最後に，この事業について詳細をご説明くださり，資料などをご提供いただいた，三菱商事生活商品本部ヘルスケア部病院ソリューションチームの香川宏樹マネージャー（肩書き等は当時）に，心から感謝申し上げたい。

8章

三井物産のアジアにおける医療サービス事業

1 ▶ 調査概要と事例紹介

1.1 調査の概要

　本事例でも研究を進めるにあたり，2つの情報収集方法を利用した。一般公開情報の調査と，三井物産のこの事業担当者への半構造化インタビューである。

（1）　一般公開情報の調査

　この事例は，倉元［2014］（132-135頁）で概略が紹介されている他，三井物産自身が公表する経営計画やニュースリリース，当時のコンシューマーサービス事業本部の事業説明会資料（三井物産［2013]），現在のヘルスケア・サービス（HS）事業本部の事業説明会資料（三井物産［2016]），さらに新聞・雑誌の記事などで，数多く取り上げられている。

　そうした一般公開情報の中で，事前に入手できるものを収集して分析し，事例の概要を整理した上で，インタビュー調査を準備した。

　なお，以下では主として同社のリリース等資料とインタビュー調査の結果に基づいて記述し，その場合には特に情報源について記載しない。それ以外の，一般の新聞・雑誌記事などによる場合は，注で出所を明記する。

（2） 半構造化インタビュー

一般公開情報の調査では把握できない詳細を知るために，実際にこのビジネス創造を核となって推進した事業担当者に対するインタビュー調査への協力を三井物産に依頼し，実施した。一般公開情報の調査で得た知識を基にして，質問項目を価値共創型企業システムの枠組みに従いながら設計した。

具体的には，2015年1月26日（月），三井物産コンシューマーサービス事業本部の山村俊夫本部長補佐へのインタビュー調査である。

山村氏は，このビジネス創造事例の，当初の企画・設計，社内稟議の過程と承認を得ての実行まで，全てに関わった実質的な推進責任者であり，インタビュー対象としては最適の人物であった。

1.2　事例の紹介

（1）　三井物産の医療関連事業への取組み

すでに第4章で紹介したように，三井物産も1980年代から，他の総合商社と並んで医療ビジネスに進出した。東京の聖路加国際病院の新設に関わり，歯科医療チェーンを展開し，医療機器販売事業にも進出するなど，医療ビジネスで地歩を築いてきた。

同社では2004年，経営陣が，わが国経済の変化を考えると産業構造の中でサービス産業が重要性を増すことは間違いないと判断し，全社戦略として関連部門をまとめてサービス事業に関する取組みを強化するために，1つの事業本部を作った。それが，2016年3月まで存在したコンシューマーサービス事業本部であり，その中の組織が中心となって医療関連事業を担当してきた。

当時，医療ビジネスの領域では，「2025年問題」[1]が意識されるようになっていた。それに対応してビジネスを展開するため，2008年にこの事業本部内にメディカル・ヘルスケア事業部を新設し，複数の部署で取り組んできた医療関連ビジネスを集約した。

医療は土着型のサービス業であるが，サービスの対象は人間であり起こる

1　約800万人とされるわが国の団塊の世代（1947〜49年生まれ）全てが，75歳を迎えて後期高齢者になるのが2025年。後期高齢者人口が膨れ上がり，全人口の5人に1人は後期高齢者という超高齢化社会となり，様々な問題が予想されているため，それに対応する医療・福祉などのサービスが注目されている。

ことは同じ。見方を変えれば，きわめてグローバルな産業である。医療サービスをネットワークでつなぐことにより，グローバル化が起こる。これが三井物産の発想であった。

　近年は医療サービスへの投資を積極的に進め，IHH（2011年，詳細は後述），コロンビアアジア（2016年）に投資を行った。周辺事業では，米国で医療人材派遣企業を買収して人材関連の事業展開を開始し（2014年にDelta，2017年にアカウンタブル），医療・介護等の情報インフラを提供するエス・エム・エス（SMS）との連携によって，アジア大洋州で医療情報サービスを手がけるMIMSグループの持株会社を買収した（2015年）。MIMSグループは，アジア大洋州地域の医療現場で強い影響力を持つ，約200万人の医療従事者に医薬情報を提供する企業である。また2016年には米透析事業会社ダビータのアジア事業であるダビータ・ケア，2017年には医療機器大手のパナソニックヘルスケアに投資した。

　新中期経営計画（三井物産［2017］9頁）でも，ヘルスケアを成長分野と特定しており，そこでは，IHHやパナソニックヘルスケアと共に事業を展開する，アジアを主要なマーケットと位置づけている。

　2016年4月からは，ヘルスケア関連事業，医薬事業，アウトソーシングサービス事業，人材・教育関連の事業などを再編成したヘルスケア・サービス事業本部を新設，病院・周辺事業，医薬品開発・製造・販売事業やアウトソーシングサービス事業などのグローバル展開を推進すると共に，IT・データを活用した新規事業開拓に挑戦している。

　そこでは，「ヘルスケアエコシステム」として，病院を中核プラットフォームとし，専門医療，医薬，情報，サービスなどの各種周辺事業を有機的につなぎ合わせ，医療の質と効率性を高めて，社会に貢献するための次世代型の医療インフラ構築を目指す。医療を提供する場の中心に病院があり，その周りに，初期医療のクリニック，診断センターや透析センターなどの専門クリニック，薬局などの周辺事業がある。そこで使用される薬や輸液を開発・製造する事業等もある。さらに，医療人材の派遣・教育や医療に関する様々な情報提供などの経営支援型事業，病院の清掃，患者や職員への給食，電気も含めた設備・施設管理などのアウトソーシング型事業も，重要である。

図表 8-1　三井物産のヘルスケアエコシステム

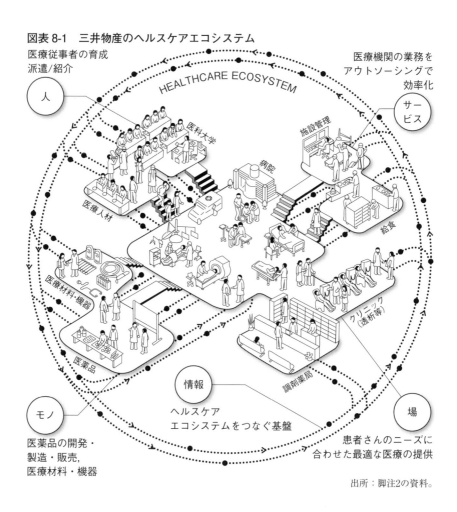

医療従事者の育成
派遣/紹介

人

医療機関の業務を
アウトソーシングで
効率化

サービス

HEALTHCARE ECOSYSTEM

医科大学

施設管理

病院

医療人材

給食

医療材料・機器

クリニック
(透析等)

医薬品

情報

調剤薬局

ヘルスケア
エコシステムをつなぐ基盤

モノ

医薬品の開発・
製造・販売,
医療材料・機器

場

患者さんのニーズに
合わせた最適な医療の提供

出所：脚注2の資料。

　ここで三井物産は「つなぐ力」と「総合力」を発揮して，周辺事業と病院をネットワークで結ぶことにより，全体として患者と医療提供者に様々な価値をもたらし，最適な医療を持続的にかつ安定的に提供できる，新たな医療インフラづくりに取り組んでいる。[2]

2　三井物産ホームページ［2017］「Business Innovation　患者さんと，医療にかかわる全ての人の未来を。三井物産のヘルスケアエコシステム」。

（2）　東南アジアの医療ツーリズム市場

　経済成長が著しいアジア地域では，中間層・富裕層人口の増加，ライフスタイルの変化，高齢化などを背景に，高度医療ニーズの拡大が見込まれているのに対し，質の高い医療を提供できる医療機関が圧倒的に不足しており，病院インフラの整備と医療サービスの質的向上が大きな課題となっている。加えて，より高い質の医療サービスを受けるために他の国を訪問する，医療ツーリズム市場の拡大も着実である。

　米国の調査会社 Frost & Sullivan は2015年，アジア太平洋の医療ツーリズム市場が2019年までに年平均16.3%増え，205億ドル（2兆4,805億円）[3]に達すると試算している。[4]低コストで高いレベルの医療サービスを求めて，医療ツーリストがこの地域内を移動するだけでなく，中東，アフリカ，そして米国や欧州からも来訪する。

　Connor［2016］には，アジアの医療ツーリズムの現状が紹介されている。第一に，米国の調査会社 Patients Beyond Borders によれば，世界の医療ツーリズム市場は毎年最大25%伸び1,100万人以上が利用することになるが，その3分の1は東南アジアを目指す。第二に，医療ツーリズムによって移動する東南アジアのツーリストの多くは，この地域内を移動する。例えば，インドネシアのツーリストは，マレーシアで最もたくさん医療費を支払っている。第三に，マレーシアは，タイ，シンガポールなどと共に，この地域で医療ツーリズムにおいて成功した国の1つとされている。

　Malaysian Healthcare Travel Council（MHTC）によれば，2016年にマレーシアは92万人以上の医療ツーリストを受け入れているが，2017年には100万人を見込み，収入も13億RM（マレーシア・リンギット，338億円）[5]と前年比30%増を予想している（MHTC［2017］）。4,000億円規模の収入があるとされるタイに比べれば小さいが，着実な発展を見せる。シンガポールも，合理的な費用でアジア随一の高水準で先進的な医療サービスを受けられることから，医療ツーリズムにおいて人気を集め，1,000億円程度の市場規模である。[6]

3　2015年の年間平均為替レートは，1米ドル＝121円（三菱UFJリサーチ＆コンサルティング）。
4　Maierbrugger［2015］。
5　2017年の年間平均為替レートは，1RM＝26円（マレーシア国立銀行）。
6　「医出づる国Q&A②医療ツーリズム活況」『日本経済新聞』2015年1月22日，38頁。

同国においては必要不可欠な重点産業とされ，医療ツーリズム重視が国家戦略として掲げられている。マレーシアやインドネシアなどから，ここでしか受けられない先進医療を求めて，多くの富裕層が治療目的でシンガポールを訪れる。しかし近年，シンガポールドル高を含めたコスト上昇やマレーシアなどの医療サービス水準の向上もあり，シンガポールの医療ツーリズム産業はより高度な先進医療によって差別化を図っていく必要がある（Lai [2017]）。

（3）　三井物産の医療サービス事業への参入

東南アジアにおける医療ニーズおよび医療ツーリズム市場の拡大をビジネスチャンスと捉えて，対応する事業に直接参画するため，三井物産が動いた。

同社は2011年，マレーシア政府傘下の国策投資会社 Khazanah Nasional Berhad（カザナ）との連携により，マレーシアに本社を置くアジア最大の病院グループ持株会社 IHH Healthcare Berhad（IHH）を組成。その株式30％を約900億円を投じて取得し，本格的に病院経営というB2C型サービス事業に進出した（図表8-2は2013年の全体像）。持株比率はIHHの上場によって希釈化し，さらに2016年9月に一部持分を売却したため，*IHH Annual Report 2016*（IHH［2017］）によれば2017年3月末で18.04％である。カザナはIHHの最大の株主として2017年3月末時点で41.12％を保有する。

IHH，そして大株主カザナが期待したのは，将来的に医療ニーズが拡大する東南アジアおよびインド，中国市場等でのグローバル展開，日本や欧米の医療機関との協力による先端医療サービス導入，臨床検査センター・専門クリニックなどの周辺事業構築などにおける，三井物産の貢献である。また，三井物産の様々な国での業務管理の実績，制度も文化も違う国で業種の異なる複数の関連会社を管理・経営してきたノウハウ，企業ネットワークとコネクションなども活かせる，と考えられていた。

そうした三井物産の経営資源に期待し，カザナは同社のIHH株式取得に合意した。

過去の総合商社の医療ビジネスへの参入実績とその結果，現実には成功事例が数多くないことをふまえて，社内には不安視する見方もあったが，三井物産は投資を決定した。現在までの展開を見る限り，IHHの業績を含め，大

図表8-2　三井物産のIHH投資の全体像（2013年）

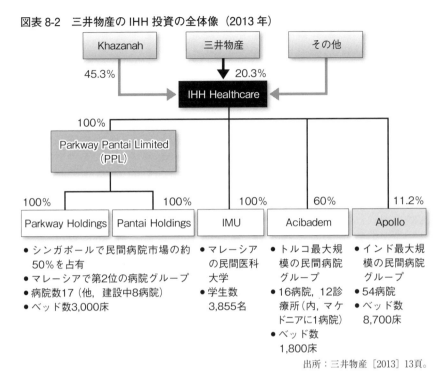

出所：三井物産［2013］13頁。

きな前進を実現している。

　IHHは2012年，シンガポールの一等地にマウント・エリザベス・ノビーナ病院（ノビーナ病院）というアジアで最高レベルの医療設備を持つ病院を，約300床の施設として開設した。日本ではほとんど見られないが，プライバシーを重視する各国元首クラスのVIPにも対応できるよう，個室直通のエレベーターや，個室内での透析や簡易手術を可能とする設備，専属の執事，家族やガードマンの控室等を備えた，1泊100万円近い施設も完備する。また，米国の多くの病院同様に，医師は自身の外来クリニックを病院内（メディカル・スイーツ）に保有し，入院や手術・検査の際にはIHHの施設を使用する仕組みとなっている。IHHはメディカル・スイーツを医師に売却，もしくは賃貸することによっても収益を上げており，2012年には12億RM（312億円）[7]を得ている（IHH［2013］50頁）。また，IHHがシンガポールで運営する4つの

7　2012年・2016年の年間平均為替レートは，1RM＝26円（マレーシア国立銀行）。

病院の患者の約4割が国外から来る，とされている（吉田・タン［2014］）。

三井物産は，この病院内に日本人医師の肝臓疾患・生体肝移植専門クリニックを一時開設し，当時シンガポールにはなかった医療技術を提供するなど，連携した展開を見せる。

IHHは，2012年7月にシンガポールとマレーシアで株式を上場し，三井物産と連携しつつ事業を拡大，トルコ，インド，中国などでも医療機関を展開している。IHH［2017］によれば，2016年度の売上高は，前年度比18.5%増の100.2億RM（2,605億円）[7]。全従業員数35,000人超，ベッド数10,000超，10か国で50の病院を経営している。中国では今後，成都，南京，上海で新しい病院を開設していく予定である（Tan［2017］）。

それまで三井物産には病院経営の経験はほとんどなかったが，この投資をきっかけに，5～10年かけて病院周辺事業を育てる方針で取り組んできた。将来的には日本で規制緩和が進んだ際に，アジアで培ったノウハウを輸入することも想定していた[8]。

2016年には，ダビータ，カザナとの連携でアジア透析事業に参画，米国を中心に培われた高品質な医療をアジアで提供し，アジア地域での医療品質の向上に貢献する。さらに同年，中間層向けの一次・二次医療を中心とする病院でアジア最大手のコロンビアアジア（Columbia Asia Group）に105億円を投資して株式の16%を取得し[9]，その領域の事業にも参入した。IHHやMIMSグループ，ダビータ・ケア等との連携により，予防から予後にわたる幅広い医療サービス基盤の構築を目指している。なおコロンビアアジアは2017年12月時点で，マレーシア，インド，ベトナム，インドネシアに計30の医療機関を経営している（同社ホームページ［2017］"About Columbia Asia"）。

こうした三井物産のアジアにおける本格的な医療サービス事業進出の大きなきっかけとなり，プラットフォームの核となったのが，IHHである。

この事例は，三井物産が，病院経営というB2C型の純然たるサービス事業（モノの取引ではない，サービス自体の提供事業）への本格的参入のため

8　「商社　アジアの突破口⑭　ヘルスケア争奪戦」『日本経済新聞』2014年11月27日，15頁。

9　「日本での医療参入視野　三井物産　アジアの病院出資発表」『日本経済新聞』2016年7月28日，14頁。

に，900億円超の投資を行い医療機関の経営に直接参画している点で，斬新であると考えられる。同社はかつて，歯科の個人医院のチェーンを展開したことがあったが，本格的な大病院の経営に関わるのは初めてである。同社からIHHグループに取締役と出向者を派遣し，戦略策定・実行，事業推進など，病院経営，医療サービス事業に深く関与する。

永冨公治ヘルスケア・サービス事業本部長は，例として，糖尿病の患者の場合，診察はIHHなどの病院，透析はダビータ・ケアで受けて，自宅ではパナソニックヘルスケアの測定器（血糖値自己測定器で世界第3位の実績を持つ）で血糖値を測ることによって，連携した治療が可能になる，とメリットを示している。その中核に，IHHの事業が位置づけられていることになる。

2 ▶ 価値共創型企業システムの枠組みによる分析

2.1 顧客，市場と共創された価値

この事例における投資のパートナーは，IHHの大株主であるカザナであり，カザナと連携した別の動きも行っている。しかしこのアジアにおける医療サービスの事業展開を中心に見ると，価値を共創するパートナーとしての顧客企業は，実際にビジネスを一体となって展開するIHHである。さらに，中間層の医療ニーズに対応するコロンビアアジアの病院も核となる。その先に，医療ツーリズムでIHHの病院を訪れる東南アジアなどからの患者や地元の患者（医療サービスのエンドユーザー），あるいは病院に勤務する医師や職員，透析事業会社，医薬品・医療材料の供給企業などの，バリューチェーン（あるいは三井物産のいうヘルスケアエコシステム）上の関係者，またIHHを共同で保有するカザナなどのステークホルダーがいる。

IHHは三井物産を戦略事業パートナーとして，シンガポールやマレーシア，香港等において最新病院などを新設すると共に，トルコやインド等の病院を

---

10 「小児歯科全国チェーン，三井物産，民間企業で初めて──来年央，相模湖に第1号」『日経産業新聞』1984年8月9日，1頁。

11 「インタビュー最前線 三井物産 永冨公治ヘルスケア・サービス事業本部長」『毎日新聞』2017年7月3日，8頁。

図表 8-3　三井物産のアジアにおける医療サービス・ネットワークの構築

IHHとColumbia Asiaを通じて，アジア新興国の富裕層から中間層の幅広い医療需要に応えていきます

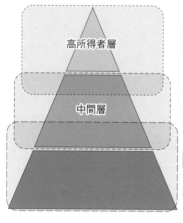

高度医療を中心に国の医療サービス発展に寄与

外来及び簡易な入院治療を中心に，急増する中間層の医療ニーズに対応

国公立病院
プライマリ・ケアから高度医療まで，国の医療ニーズを下支え

【IHH】

【Columbia Asia】

出所：三井物産リリース2016年7月27日。

買収，中国本土にも展開して，アジアを中心とする海外からの患者（医療ツーリスト）や地元患者に対して公立病院では提供しきれていない高度先進医療サービスを提供する。同時に，三井物産は，コロンビアアジアへの投資で，より広く，これから医療ニーズがふくらむ中間層向けの一次・二次医療を中心に提供する病院まで含む，アジアの医療サービス・ネットワークを構築する。MIMSグループ，ダビータ・ケア等との相互連携によるヘルスケアエコシステムの実現であり，高レベルの医療サービス市場の創造である。

　なお三井物産としての当初の計画では，この投資におけるIHHと共同した事業展開に，以下の３つの方法が想定されていた。

①　IHHそのものの企業価値を高めるための，Bolt-on型で行われる事業。IHHのグローバル展開を視野に入れた，各国現地パートナーや医療機関の紹介，新たな周辺事業の発掘等，新しい付加価値を三井物産が生み出していく。

②　Spin-out型つまり，IHH内部の仕事を外に出す。内部のみで展開するよりも外部への委託も受け入れて，規模の経済をねらうもの，例えば検査センターのようなもの。それについて，三井物産がより効率的な

方法での展開を提案する。

③　IHHの経営を支援するもの。アウトソースなど，日本や米国で行われ
　　ている新たな医療機関の支援モデルを導入する。医療人材派遣企業と
　　連動した支援など。

　IHHと共創される価値は，東南アジアや中東，あるいは米国や欧州等から
IHHが経営する病院を訪れる患者，または各国地元の患者に，これまでにな
い高度な医療サービスを提供することによって得られる，高い患者満足度と
ロイヤルティ，健康増進，こうしたことを通じて実現されるアジア地域全体
の医療サービスの質の向上，など社会経済的なものである。

　結果としての，IHHの事業拡大，売上高・利益の増大も重要となる。IHH
[2017] によれば，同社の株式時価総額は民間病院事業者として世界第2位で
あり，2016年度の売上高・純利益は，三井物産がIHHに投資した2011年度の，
それぞれ3.0倍と1.6倍である。

　この共創された価値は，持分法投資損益の基になるIHHの当期純利益金額
と，受取配当金，IHHの企業価値向上として，三井物産の事業投資収益など
に反映されていく。

　しかし三井物産のこのビジネス創造から得られる見返りは，単なる財務的
な報酬だけではない。IHHに投資していることで，三井物産はIHHをコアと
する病院事業，周辺事業への展開，事業拡大を可能としている。

　三井物産にとってIHHは，アジアにおける医療サービス事業の展開あるい
はヘルスケアエコシステムにおけるプラットフォームであり，近年の中間層向
けの病院，透析事業の展開などもそこから派生している。そしてアジアにお
ける，高レベルの医療サービス提供の市場（患者の集団）が創造される。も
ちろんそれは，IHH，コロンビアアジア，ダビータ・ケア等にとっての市場
の創造であり，価値の実現なのであるが，同時に三井物産にとっての価値も
もたらす。アジアにおけるヘルスケアエコシステムの構築という大きな事業
展開こそが，三井物産が目指していた価値の実現なのであろう。さらにそう
したことの繰返しが，三井物産社内の医療関連事業における専門家の能力向
上やノウハウの蓄積となって，次のビジネス創造につながっていくものと思
われる。

三井物産は，専門家能力や社内のノウハウを活かして，可能性があるなら世界の他の地域の病院経営組織と同様の事業を進めること，つまり新たに自社のための大きなビジネス創造を行う可能性を否定しないが，現在はアジアに集中している。

2.2　ビジネスシステム

　三井物産が構築したビジネスシステムは，次のようなものである。

　まずIHHに対する投資を行い，東南アジアを中心とするアジア地域での事業展開における戦略的パートナーとしての地位を確立した。その上で，トルコや中国などにおいて，積極的に共同で事業展開を進めた。そのために，三井物産は取締役だけでなく専門家としての社員も派遣し，直接経営に参画して，IHHと共に中国展開をはじめとする戦略を策定し実行した。さらに高いレベルの医療サービス事業の展開の延長として，アジアにおける中間層向け病院や透析事業の展開という，自社独自のビジネス創造を進めている。

　その背景には，流通・物流に関わることで価値を生み出す従来型のビジネスモデルが限界に達し，医療の世界でも医薬品や医療機械の取引仲介だけを軸とするものが成り立ちにくくなってきたことがある。第7章で紹介したように，三菱商事はここで，医療材料の流通効率化という付加価値を生みだすことで，商取引を収益モデルとして活かす方法を採った。しかし三井物産は，新しいビジネスシステムを，B2BやB2Cのモノの取引仲介に関係する伝統的な方法にこだわることなく，B2C型の医療サービスを展開する病院の経営に参入し，そこから様々な方向に発展させていく方法で構築した。そこが，この事例の，総合商社のビジネス創造としての斬新な面である。

　三井物産は，インベストメント・バンクのように単に資金を投入し経営陣を派遣するだけでなく，取締役に加えてこの分野の専門家人材も投入し，他領域のパートナーとの関係を含む世界的な企業ネットワークやグローバルな経営ノウハウなども活かして，IHHと共に，B2C型の医療サービス事業で，アジアにおける新しいビジネスを創造する仕組みを構築した。そしてそこをプラットフォームとして，自社の新たなビジネスを創造する。医療関連事業，中でもB2C型の医療サービスを提供する病院経営において，本格的に自社が

参画して展開するビジネスシステムを確立し，それを基盤に独自のビジネス創造を進めている。

　ここで三井物産は，モノのバリューチェーンではなく，病院ビジネスそのものを展開するバリューチェーンに入り込んで，総合商社本来のマーケティングの力を発揮し，ビジネスを創造しているのである。

2.3　経営資源

　医療ビジネスを担当できる経営資源のヒト（専門家人材）が，何よりも重要である。2008年当時，三井物産の社内で，メディカル・ヘルスケア領域において，10年という中長期的スパンで事業を確立する目的で，知識と経験を持つ専門家人材を物資部門や化学品部門などから集めて，担当組織であるメディカル・ヘルスケア事業部を組成した。2016年4月には，この組織が発展して，ヘルスケア・サービス事業本部となっている。

　当時，IHHの中核事業であるParkway（シンガポール最大手の民間病院グループ）にカザナが出資し，Parkwayとカザナの両社がマレーシアの民間病院グループPantaiの株主として，マレーシアの医療レベルを引き上げる事業，高度医療を導入する事業を展開していた。三井物産の呼びかけにより，カザナが直接・間接に保有していた，Parkway，Pantai，IMU（マレーシアの民間医科大学）とApollo（インド最大規模の民間病院グループ）への一部出資分などを集約して，2010年にIHHを設立したのである。そして，元々三井物産が親しくしていたParkway経営陣の推挙もあり，IHHのアジア（その中心は中国）での事業拡大を目指すための戦略事業パートナーとして，三井物産が出資参画することになった。

　この意思決定を行う際，三井物産の社内では，医療関連事業に関する知識も蓄積されており，迅速な検討とビジネスプラン作成が可能であったし，その後の投資に伴い取締役や社員をIHHに派遣して，病院経営に直接参画しビジネスを創造する力もあった。さらに，投資先IHHの経営に直接関わることによって，医療サービス事業，病院経営の現場での人材育成も可能になる。なお2013年7月時点では，同社からIHHグループに取締役以外にも出向者4名を派遣しており（三井物産［2013］14頁），彼らが戦略策定・実行，事業推

進など，病院経営の実務に深く関与していた。IHH のホームページによれば2017 年 12 月には，取締役 1 名，Alternate Director（マレーシアの制度で取締役に代わり取締役としての執務を行う者）1 名が，取締役名簿に名を連ねている（IHH ホームページ［2017］"Board of Directors"）。またコロンビアアジアには，三井物産から二人の取締役が派遣されている（Rai［2016］）。

　IHH と一体となって事業展開するようになって後，三井物産の専門家人材，企業ネットワーク，経営ノウハウ等が活かされて，トルコや中国での病院事業の展開などにつながってきた。例えば，三井物産メディカル・ヘルスケア事業第一部に所属する，外資系銀行出身の金融の専門家人材も，IHH の経営に関わり，専門知識を活かして活躍していた（キャリアインキュベーション［2012］）。

　数年前，三井物産から送り込まれていた担当者（2017 年度，IHH の Alternate Director）は，元来，医薬品原料の輸出入，国内ジェネリック，国内薬局チェーン，米ヘルスケア IT 等の専門家としての経験を積んだ人材であったが，ノビーナ病院をはじめとするシンガポール・マレーシアの病院を運営する事業会社 Parkway Pantai で，経営企画担当のバイスプレジデントとして働いていた。IHH がグローバル展開に積極的であるため，新たな商機が次々と舞い込み，病院建設の問合わせが各国の要人・政府関係者から寄せられた。そこでは，採算性，医師の確保，医療制度の調査など，国が異なることによる検討項目が多く，国内病院の経営とはレベルの違う難易度があった。彼のテーマは，「病院という将来の成長産業で商社がどのような立ち位置を確保するか。」を考えることであった。2013 年 3 月当時は，中国進出プロジェクトを仕掛けており，彼も仲介役として三井物産の在中国の人材と密な情報交換を行った。三井物産が持つグローバルな事業基盤や人脈など，IHH をはるかに上回る経営資源の厚みが効果を上げていた。

　この案件組成のきっかけとして，三井物産が総合商社として持っているグローバルな，特に中国を中心とする企業ネットワーク，元来保持していたカザナや Parkway との企業間関係，企業ブランドなどの無形資産（総合商社にとってのモノといえる経営資源）があったことは，重要である。組織間関係論の資源依存パースペクティブで見ると，IHH が中国，トルコなどに展開し

ようとする際，三井物産の海外ネットワークなどの経営資源に依存しようとしたことになる。それによって，三井物産は一定のパワーを持って，IHHへの投資をカザナなどから打診されることになった。

　なお三井物産はこのIHHへの本格的な投資以前から，関連する企業との信頼関係を築いていた。すでにIHHの事業の核であるParkwayと関係を構築しており，2010年にはそのグループ傘下で治験支援事業を展開するシンガポールのGleneagles CRCに49％出資している（現在は売却）。こうした活動を通して，三井物産とIHHやカザナの間に信頼関係が築かれ，実績も評価されて，経営資源に対する期待に加えてParkway経営陣からの推挙もあり，IHHへの出資参画が実現した。時間をかけて構築された企業間関係が，総合商社としての三井物産の重要な経営資源であった。

　もちろん，約900億円という金額の投資を許す三井物産の資金力（カネ）が，重要な経営資源であったことも事実である。同社は，数千億円単位のフリーキャッシュフローを生み出す力を持っている。

　また病院経営自体についての企業としての経験は少ないが，数十年間にわたる医療関連事業の経験を有しており，この分野の情報・ノウハウという意味ある経営資源も，社内に蓄積していた。そうした基礎の上で，IHHとの事業展開についても，十分練られたビジネスプランの作成が可能であったと考えられる。

　三井物産はこれら，医療ビジネスに関連して投入可能なヒト・モノ・カネ・情報の経営資源を活かして機能を統合し，病院経営というサービス事業を展開してきた。

2.4　機能の統合

（1）　ビジネスシステムの基礎構築に向けた統合

　IHHへの投資に踏み出す前の，三井物産自身の機能の内部統合の第一歩としては，個別機能の統合の前提として，全社的な戦略統合がある。2004年頃のサービス産業への全社戦略的な対応，すなわち，世界経済のサービス産業化を受けた組織的な方針の決定とコンシューマーサービス事業本部の創設，さらに2008年の専門性ある人材を集めたメディカル・ヘルスケア事業部の新設

などによって，こうした事業領域への積極的な取組み強化のための戦略統合が行われていた。

全社的な戦略統合があり方向性が共有されていたことを前提に，この事業本部と社内の関係各部門によって，情報収集・調査が行われ，色々な市場創造や事業開発の可能性が検討された。さらに，このIHHへの投資案件を進める際も，内部のコーポレート機能部門，例えば法務，財務，経理，経営企画などとの十分な連携を基に，情報収集・調査さらにリスク判断が行われて，計画を精細にしていった。また同社は，三井物産戦略研究所を子会社として持っており，その調査専門家としての機能による支援は有意義であった。この研究所はグループのために仕事をするシンクタンクという位置づけにあり，世の中の大きな流れを捉えて分析し，アドバイスする。こうした様々な機能を内部で統合して発揮した結果，ビジネスプランが精緻化され，戦略的な投資の意思決定と事業投資の実行がなされた。

その際の人的なオーガナイザーは，今回インタビュー調査に応じていただいた山村氏（当時のメディカル・ヘルスケア事業部長）とそのスタッフを中心とする，コンシューマーサービス事業本部の専門家人材であった。

この事例では，三井物産の戦略統合とビジネスプラン構築に続く投資（金融機能），それに伴う同社からの取締役・出向者派遣，IHHとの情報・調査，リスクマネジメント，事業開発・経営などの機能の統合によって，ビジネス創造を推進する仕組みつまりビジネスシステムの基礎ができ上がった。中国など三井物産の海外拠点の情報・調査機能もオーガナイズして，生きた現地情報を入手するなどの活動を積極的に進める体制もあった。そうしたことがきわめて重要であり，ここでビジネス創造を行う基礎体制が完成した。

（2） ビジネスシステムの稼働における統合

実際の市場創造と事業開発は，ビジネスシステムの基礎が構築された後，その稼働として行われる。

三井物産はその経営機能を発揮して，IHHの病院経営に深く関与しつつ，IHHと一体になり市場創造を進めた。海外拠点をオーガナイズした情報・調査機能の統合，IHHと協力しながら検討するリスクマネジメント，金融に関

する専門家の機能統合などによって，トルコや中国等での病院展開に向け，高品質医療の提供のための市場創造機能と事業開発機能が発揮されてきた。既述のように，投資案件を検討する際には，三井物産の外資系銀行勤務の経験がある社員が，金融面の専門知識も活用している。

さらに三井物産にとってのオーガナイザー機能の外部統合の一例としては，IHHの紹介による上海市の中国資本民間病院の運営受託もある。IHHと連携しながら，自社による健康診断サービスなども中国で展開し，三井物産自身の中国展開を拡張，市場を創造し事業を開発した（後藤［2015］）。三井物産独自の，新しいビジネスの創造である。大きなものではないが，IHHとの事業展開から派生した同社自身のためのビジネス創造となる。

また，ノビーナ病院のメディカル・スイーツの入居者として，2013年に日本人医師の肝臓疾患・生体肝移植専門クリニックを紹介した。これは当初の計画の①であり，オーガナイザー機能を発揮し，市場を創造しようとしたものであった。このような動きは，今後も継続されると考えられる。

さらに2016年に，同社のアジア地域における医療ビジネスの総合的な展開の１つとして，カザナと共にアジア透析事業へ参画していることも，IHHを共同で経営するカザナとの密な関係を基にした市場創造機能の働きであり，事業開発を行い，新しいビジネスを創造している。

IHHとビジネス創造を進める体制は，そのまま展開されて，その後の投資先である，コロンビアアジア，ダビータ・ケア，MIMSグループなどと連携した，より大きな動きを生み出す原動力となっている。

こうしてビジネスシステムが稼働することによって，IHHやコロンビアアジアを中核とするヘルスケアエコシステムが構築されてきた。

2.5　収益モデル

（1）　事業投資収益による収益回収

三井物産は，ヘルスケアエコシステムの周辺で，IHH，コロンビアアジアなど数多くの関連企業に投資を行って，その関連企業の価値を高めることにより事業投資収益を確保していると思われる。

しかしこのビジネス創造は，IHHを核パートナーとして投資することから

始まっていること，上場企業でありデータが公開されていることから，収益モデルについても，IHHとの関係に集中して検討する。

　IHHとの関係における三井物産の基本的な収益回収方法は，B2C型サービス事業としての病院経営に主体的に参画しつつ，IHHから受け取る配当金と，IHHの決算の当期純利益を元とする持分法投資損益の計上に加えて，IHHの企業価値向上の取込みである。当然のことながら，IHHの売上高・利益は，主として，三井物産と共に展開する病院における医療サービスの提供に対して，患者が支払う料金によっている。

　三井物産の1つの収益回収方法として，定常的なものではないが，持株の売却によるキャピタルゲインの獲得がある。インベストメント・バンクほどドライにこの方法による収益回収を目指すわけではないとしても，企業価値向上の取込みとして現実に用いられるものである。三井物産は2016年，IHHの持分の一部を売却して，利益を得ている。

　なお，IHHが決算において決定する配当支払率や持分法投資損益の元となる当期純利益の金額などには，大株主であるカザナ（2017年3月末でIHH株式の4割以上を保有）や三井物産も含めた株主およびIHH経営陣が，IHHの成長戦略と株主還元方針を，総合的に判断して反映しているものと思われる。

　またオーガナイザー機能の外部統合として実現した中国の病院の経営受託などを行う場合には，IHHから離れた別事業でのサービス提供による収益獲得も想定されるが，それはIHHとの価値共創に付随する収益であり，ここでは考慮しない。

（2）　IHHとの直接の商取引の回避

　三井物産のIHHへの出資目的はあくまでもIHHの企業価値向上であることに加えて，三井物産が上場企業であるIHHの経営に組織として一体となり深く関与する以上，IHHやそのグループ企業との一般的な商取引を行うと，コーポレートガバナンスの観点から利益相反行為とみなされる可能性がある。したがって，このIHHと連携した事業展開では，IHHとの関係でそうした伝統的な総合商社の商取引を行うという形の収益モデルの稼働は目指していない。

　これは，バリューチェーン構築をビジネスモデルの要素として想定し，モ

ノの商取引への関与も目指すことが多い総合商社の動きの中では，独自性の強いものであろう。

（3）　三井物産の事業投資収益の試算

　IHHが上場企業であることから，*IHH Annual Report 2016*（IHH［2017］）の財務数値や株価等を基にして，公開されていないが，三井物産が得たであろうこのビジネス創造の結果としての収益を，2016年度決算による数値として試算してみた。

　三井物産は，以下のような方法によって，十分事業投資収益を獲得していると考えられる。単位は百万RM（リンギット），為替レートは，1RMあたり，2016年の年間平均26円，2017年3月末25円，7月18日26円（マレーシア国立銀行）。

①　三井物産はIHH株式を，2017年3月末，18.04％所有していた。実投資原価907億円（2011年度有価証券報告書）。

②　法人税・非支配持分控除後の連結純利益（親会社所有者分）：

612.4（159億円）

　持分法で連結純利益の18.04％を計上（2017年3月31日）：

110.5（29億円）

③　発行済株式8,231.7百万株，三井物産持分1,485.4百万株（18.04％）。

　配当金は3sen／株（支払日2017年7月18日）：　　44.6（12億円）

④　三井物産のIHHへの想定事業投資収益（②＋③）：　155.1（40億円）

⑤　2017年3月末のIHH株価終値：　　　　　　　　　6.00RM

⑥　三井物産持分の投資時価総額：　　　　　　　　8,912（2,228億円）

⑦　三井物産の投資の想定含み益（2017年3月末）：　1,321億円

　なお，三井物産はIHH株式164.6百万株（発行済株式の約2％）を2016年9月に売却し，株式売却益146億円を得た（2016年度有価証券報告書41頁）。

2.6　組織文化

　過去の総合商社の動きを見ると，常に新しいビジネスを創造することを使命としている，と言ってもいいのではないかと思われる。これは，ある一定

の製品を製造することを事業の核として，その範囲での新製品・新製法などの開拓はあり得ても，全く製品の分野を変えることはほぼ想定できない製造企業とは異なる。

例えば，トヨタ自動車が急に食料品を中心とする製造企業を買収することは，まず考えられないであろう。

しかし総合商社の場合には，この三井物産の事例のように，何らかの社会経済的な変化がありそこにビジネスチャンスがありそうだ，ということになると，最初にパイオニアとして進出することは考えうることである。

そのような新しい取扱商品分野の開拓ということでなくても，本書の中で紹介してきた事例のように，総合商社は，何らかのリスクを取った先行投資などの貢献を行って，先に動いてビジネスチャンスをつかもうとする。

例えば，三井物産も，高度経済成長の終わり頃，イランにおける油田の採掘権を確保する目的もあり，随伴する油田廃ガスを有効利用するための石油化学事業であった，イラン・ジャパン石油化学プロジェクトをコーディネーターとして推進した。しかし，イラン革命が勃発して工事は中断，結局，同社は数千億円の損失を出して撤退するという，総合商社の歴史に残る手痛い経験をしている。

また直近の2015年度に，銅やLNG価格の下落などを受けた減損損失で，三菱商事が1,494億円，三井物産が834億円の最終赤字になり，その前年の2014年度にも，住友商事がシェールガスや鉄鉱石等の開発事業の損失で732億円の最終赤字になるなど，総合商社がビジネス創造に取り組んだ結果としての失敗は，数多い。

しかし，総合商社は常にビジネス創造を志向し，結果としての収益を求める存在なのであり，組織文化もそれを裏打ちしている。彼ら自身に言わせると，「常に走っていなければ，倒れる」ということである。

本章で分析した事例の三井物産についても，戦前の創業時から続くその組織文化を最もよく表現する言葉として，「挑戦と創造」や「自由闊達」がある。これらの言葉は，同社関連の文書（例えば，槇田[2007]，アニュアルレポートや会社案内など）に明記されている。戦前の三井物産とは法人格は異なるが，一般に，今もその組織文化は生きているとされる。

　今回のIHHへの事業投資に関しても，Ｂ２Ｃ型の純然たるサービス事業領域で，経験の多くない病院経営に約900億円の事業投資を行って進出する三井物産の動きは，そうした組織文化の反映ともいえるのではないか，と考えている。

3 ▶ まとめ

3.1　企業間関係と市場創造

　この事例において実際に三井物産と一体になって事業展開をして価値を共創する，第一のパートナーとしての顧客企業は，ビジネスを主体となって展開するIHHそのものである。IHHの大株主であるカザナとも，アジアにおける透析事業の展開などを共にする関係がある。しかしこの高いレベルの医療サービス市場をアジアで創造するという目的に関して重要なのは，IHHとの企業間関係である。その関係は，この案件の実現前から，三井物産とIHHやカザナなど，関係者との間で構築されていた信頼関係の上に立っている。

　そして三井物産は，IHHに専門家人材を送り込み，企業ネットワークや海外経営のノウハウなどその他の経営資源も投入して，一体となってアジアにおける事業の展開を進め，この地域における高いレベルの医療サービス市場を創造した。ここで共創される価値は，各国の患者に高度な医療サービスを提供することによって得られる患者満足度やロイヤルティと，健康増進や医療技術の向上による社会貢献などの社会経済的なものが中心である。その上で，IHHなどヘルスケアエコシステムに関わる組織の事業拡大，売上高・利益の増大が実現され，三井物産の財務的な収益，つまり事業投資収益（持分法投資損益と受取配当金），さらに事業投資の価値拡大に反映される。

　三井物産の視点で見ると，このビジネス創造は単なる財務的な報酬をもたらすだけではない。アジアでの医療ビジネス展開のプラットフォームとしてのIHHの発展や，カザナとの新しい事業機会の開発（その一部はすでに透析事業の展開などで実現している），ヘルスケアエコシステムの拡充，社内の専門家の能力向上やノウハウ蓄積などの基礎となり次のビジネス創造につなが

ること，などの価値があると考えられる。

3.2　機能の統合と収益モデル

　この事例で三井物産がビジネス創造を実現するための前提としては，全社的な戦略統合があった。医療ビジネスに全社的な体制で取り組むという，戦略的な意思決定を経営陣がしたことが第一歩である。

　その上で同社は，伝統的な商取引やロジスティクスの機能から離れて，病院経営というB2C型サービス事業の経営に深く関与する決断をした。資金力を活かした事業投資を可能にする金融，自社の海外拠点やIHHその他と一体になった情報・調査，リスクマネジメント，市場創造，結果としての各国における事業開発等の，様々な機能をオーガナイザーとして統合して発揮するビジネス創造に徹した姿を実現した。

　三井物産はこの事例で，自らが大きな事業投資を行って医療サービス事業の経営に参画し，総合商社の経営資源を投入して様々な機能をも統合しつつ，事業を拡大していくという形の，機能統合の姿を描き出した。それによって病院経営というB2C型サービス事業の展開に，自ら直接参画するビジネスシステムを構築した。

　この事例の収益モデルは，IHH等への事業投資から得られる事業投資収益を中心としている。従来型の商取引やロジスティクスの機能は，収益モデルの中心に位置づけられていない。コーポレートガバナンスの観点から，IHHとの関係では，そうした機能の発揮は想定されていない。ビジネスシステムの構築と稼働を中心にする，ビジネスの創造自体を目指す姿勢が，明確に出ている。

　このような，投資先に専門家人材を投入し，組織としての機能統合を活かして直接経営を実行することによって価値を共創する総合商社の姿は，一定期間経過後に投資持分を売却することを前提に，巨額のカネと多少のヒトは出すが投資先の支援・育成に直接関わることの少ないインベストメント・バンクの手法とは，明らかに異なるものである。

3.3　ビジネス創造の全体像

　本章は，総合商社が展開する，純然たる医療サービスを提供するＢ２Ｃ型の事業を，ケース・スタディによって分析したものである。ここにおいても，総合商社機能の本質がビジネス創造であることを，事実に基づいて確認できたのではないだろうか。

　この事例は，モノの商取引やロジスティクスから離れて，本来ビジネス創造活動そのものの重要な一部である事業投資に基づいた収益回収を収益モデルとしているため，総合商社機能の本質がビジネス創造であることをより純粋に示すことができているものと考えている。

　ここで三井物産が構築したビジネスシステムは，Ｂ２Ｃ型のサービス事業である医療ビジネスを展開するIHHに投資を行い，直接経営に参画して，戦略的な事業パートナーの地位を得たことに始まる。そして自社の人材を派遣しネットワークも活かすことにより，トルコや中国などにおいて積極的に共同で事業開発してIHHを発展させた。さらに中間層向けの病院，透析事業なども取り込んで，広く社会経済的な価値を実現し，IHHなどのための市場を創造し価値を生み出す。それと同時に，自社のビジネス創造も行い，収益を確保する。そういう形のビジネス創造である。形だけ見れば，田中隆［2012］のいう，総合事業運営・事業投資会社として捉えることもできるようであるが，ここで実現している機能の本質は，あくまでもビジネスの創造なのである。要するに三井物産が，IHHなどのためのＢ２Ｃ型ビジネスの創造を，経営に参画して一体となって行い，大きな価値を生み出していること，それが何より重要なのである。

　このビジネスシステムによって，アジアにおける中間層向けの病院や透析事業の展開などを進め，中国の民間病院の運営受託や医療情報サービスも手がけて，自社独自のビジネス創造を様々な方向で積極的に行い，ヘルスケアエコシステムの構築を実現させている。

　さらに三井物産は，医療関連のビジネス面の成功だけではなく，アジアの医療サービスの質の向上を通じて社会に貢献し，社会経済的な価値も実現しようとしているのである。

　大きな事業投資を行い，顧客企業と共に一体となって事業を開発し，ビジ

ネスを創造する。そこでは，伝統的な総合商社の収益モデルであった，商取引やロジスティクスへの関与は，中心としない。これは総合商社の新しいビジネス創造の形として，主流になるものなのではないだろうか，そう考えている。

　最後に，この研究について懇切にご助言くださり，資料などをご提供いただいた，三井物産コンシューマーサービス事業本部の山村俊夫本部長補佐（肩書き等は当時）に，心から感謝申し上げたい。

9章

考察と結論

1 ▶ 事例研究の目指したもの

　第5章から第8章までの歴史的リサーチとケース・スタディによる事例研究では，第3章で構築した価値共創型企業システムの枠組みを用いて，時代の区分と取引対象の区分で代表的と考えられる総合商社のビジネス創造事例4つを分析した。各章の事例研究によって，これらの事例の企業間関係の構成，提供する価値，その実現のされ方などを整理して，働きの全体構造を解明しようとした。

　そこではこの理論的枠組みの7つの要素に基づいて，各事例を整理した。その要素は，①顧客（パートナー），②創造された市場と価値，③ビジネスシステム，④経営資源，⑤機能の統合，⑥収益モデル，そして⑦組織文化である。

　本研究の事例分析は定性的な質的データ分析であることから，各事例を，この7つの要素を共通コードつまり概念カテゴリーとして用いて分析した。Yin[1994] のいう追試を繰り返すことによって，本研究の課題2である，「その理論的枠組みを用いて，代表的な総合商社のビジネスの事例を分析することを通じて，働きの全体構造を整理して明確にする。」の解決を目指した。その前提として，課題1を解決するために構築した，価値共創型企業システムの枠組みがあった。

2 ▶ 4つの事例の整理

　ここでは，7つの要素を共通の概念カテゴリーとして，総合商社の代表的なビジネス事例を分析した結果を，あらためて整理する。以下，各事例について，7つの要素に関し，特徴的な点を指摘していく。

　図表9-1に対応して，事例を次の番号で呼ぶこととする。

　事例1：明治時代の三井物産による綿製品の清国輸出

　事例2：A社による国内化学品の商権ビジネス

　事例3：三菱商事の中国における医療材料の流通効率化事業

　事例4：三井物産のアジアにおける医療サービス事業

　これらについて，ビジネスのタイプ，社会経済的な価値，ビジネスシステム，発揮された重要機能，そして収益モデル（事例3・4では本社（親会社）の収益回収方法）を，図表9-1で簡単にまとめている。

2.1　顧客（パートナー）

　総合商社がビジネスを展開する際，ほとんど全ての場合に，パートナーとしての顧客企業と一体になって行動する。そのことが，本研究において，総合商社の企業間関係の構成を第一に考える理由である。

　現実に4つの事例全てで，各総合商社は，特定のパートナー，本研究でいう顧客企業と一体になった展開を見せた。組織間関係論の資源依存パースペクティブで見る場合，総合商社が持っている経営資源（専門家人材，資金力，企業ブランドやネットワーク，情報やノウハウなど）に対する顧客企業の依存が，総合商社に一定のパワーをもたらし，それが総合商社の商権獲得あるいは事業投資の実行につながったことは間違いない。しかしそれは，総合商社が顧客企業を支配したというようなものではなく，総合商社も顧客企業の経営資源，つまり製造やサービスの開発・生産などに関する資源に依存する，相互依存関係であった。

　事例1では，三井物産がそれまで，わが国を代表する綿紡績企業と紡績機械や原料棉花の輸入などを通じて培っていた強い企業間関係を基にして，個

図表9-1　4つの事例の特徴

	事例1 明治時代の三井物産による綿製品の清国輸出	事例2 A社による国内化学品の商権ビジネス	事例3 三菱商事の中国における医療材料の流通効率化事業	事例4 三井物産のアジアにおける医療サービス事業
ビジネスのタイプ	B2B			B2C
社会経済的な価値	品質向上，貿易・流通業務や資金繰りからの解放などによる綿紡績産業の基幹産業への発展，明治国家の外貨獲得額増大と産業革命の実現	高品質の原材料の供給によるわが国電気電子産業等と関連する流通産業の発展，高度経済成長の促進	病院のコストダウンやサービス効率化による一般消費者の医療費縮減，医療材料の不合理配分の是正	医療ツーリストや地元患者の健康増進，アジア全体の医療技術向上による医療ツーリズム産業の発展
ビジネスシステム	高品質原材料の輸入，品質向上の支援により，競争力ある製品の供給体制を整備し，無口銭取扱いも進め，製品に三井のブランドマークをもつけて信用度を増し，輸出組合を組成して紡績企業と密な協力体制を組むなど，綿製品を積極的に輸出する仕組み	A社がオーガナイザーとしてB社と共に有力専門商社を組織化した販売代理店網を作り，B社および代理店と一体になって市場創造活動を展開する体制，商取引における商社金融による代理店の資金繰り支援などの仕組み	国内で蓄積した医療材料流通効率化のSPDノウハウを導入して物流を集約，医療材料の流通を効率化し，コスト低減の価値を病院と国薬菱商とが分かち合う仕組みを，病院側の購買代理店として確立した上で，国薬が持つ全国ネットワークを通じて展開	世界的な企業ネットワークやグローバルな経営ノウハウなどを活かして，IHHの病院経営に直接参画することで強化し，医療サービスを提供する事業領域で，アジアにおけるヘルスケアエコシステムのプラットフォームを構築
発揮された重要機能	綿紡績企業や関連企業等をまとめたオーガナイザー機能と清国市場を開拓した市場創造・事業開発機能	B社営業担当者との二人三脚による市場創造機能と，代理店網を組織したオーガナイザー・金融機能	ノウハウ導入による医療材料の購買代理店としての事業開発・経営機能	巨額投資を実現する金融機能と，IHHと一体の事業開発・経営機能
収益モデル	伝統的な商権ビジネスによる口銭収益を中心とする		受取配当金と持分法投資損益による事業投資収益を中心とする	

出所：筆者作成。

別企業のみではなく，わが国の綿紡績産業全体と共に，ビジネスを創造しようとしたことがうかがわれる。戦前の同社の存在の大きさを示す。

　その他の事例でも全て，特定の企業との元々の信頼関係の上に立った密な企業間関係があったことが，連携したビジネス創造を実現できた理由であると考えられる。

　事例2で顧客である化学メーカーB社には，元々総合商社A社との企業間関係があり，それが戦後の高度経済成長期の，両社一体になったビジネス創造に結びついていた。しかし，時間の経過と共に，B社の自社営業能力の強化によって商権の陳腐化が進み，商社冬の時代といわれる頃，その関係も弱くなっていった。ただ一部の商取引は，今もA社子会社の化学品専門商社C社によって担当されている。

　事例3で三菱商事グループの顧客は，中国最大の医薬品卸の国薬（国薬控股股份有限公司）であり，三菱商事と国薬がビジネス創造のために合弁企業を設立した。その前提には，三菱商事とわが国最大手の医薬品卸売企業メディパルとの業務提携，さらにこの2社と国薬との業務提携を基にした企業間関係がある。この3社が北京市で医薬品卸を経営し成功を収めてきた実績が，三菱商事の新たなビジネス創造につながった。

　事例4の三井物産の顧客はIHH（IHH Healthcare Berhad）であるが，その親会社であるカザナ（Khazanah Nasional Berhad）などと築き上げていた信頼感に基づく企業間関係があり，IHHとのビジネス創造が始まった。

　このように総合商社のビジネス創造には，特定企業との，強い信頼感に基づいて元来築き上げられていた企業間関係が前提として存在しており，それを核に動き出していることを確認できる。

2.2　創造された市場と価値

　B2B型のビジネスを創造した事例1～3の場合は，それぞれ取引対象となる製品のユーザー集合としての市場ができ上がった。事例1では清国における綿糸布のエンドユーザーである綿製品製造加工企業，事例2では国内の電気電子産業などの製造企業，事例3では中国の病院が，集団として市場になっている。

　ただし事例4は，B2C型のサービス事業である病院経営に関するものであり，この事業の市場は，第一に高度先進医療サービスを望む海外からの患者（医療ツーリスト）や地元患者，さらにより安全で良質な一次・二次医療を望む中間層の患者となる。新たな病院を設立することによって，アジアでそうした市場を創造してきた。

　そしてそれぞれのビジネスを創造することによって，総合商社と顧客企業によって共創された価値は，財務的には，事業の展開を通じた，商取引による口銭等の収益あるいは事業投資による受取配当金と持分法投資損益の収益を中心としている。しかしその結果を生み出すために，単なる財務的な収益を超える価値を，総合商社が顧客企業と共創していることも重要である。

　それは事例1の場合，わが国綿紡績産業の，国際競争に耐えうる製品品質への向上，難易度の高い貿易・流通業務や資金繰りからの解放などを通じた，戦前の基幹産業への発展であり，三井物産の事業の発展と人材育成，そして総合商社としての地位確立であった。さらにこれは，輸出の拡大によって明治国家の外貨獲得額の増大につながり，わが国の産業革命を実現した。

　事例2でA社は，B社と共に高品質の原材料を供給することによって，わが国の電気電子産業等の拡大を支え，巨大な販売代理店網を組織し専門商社群を育てて，この領域の流通産業全体の発展，そして高度経済成長の促進にも寄与した。それは，A社化学品部門の事業の柱の確立につながり，B社の新しい産業分野の市場創造も実現した。

　事例3では，三菱商事が国薬と共に展開する中国の病院の医療材料流通効率化によって，国薬菱商（国薬控股菱商医院管理服務（上海）有限公司）の事業が発展し，病院もコストダウン，サービス効率化，患者満足度の向上などのメリットを受ける。しかしより大きくは，中国の一般消費者の医療費縮減，国家的な医療材料の不合理配分の是正という政策目標の達成など，社会経済的な価値も実現されている。三菱商事自身にとっては，海外で医療材料の流通効率化事業を展開する経験，専門家人材の能力向上やノウハウの蓄積も重要な価値となる。

　事例4で価値の重点は，三井物産がIHHと共同して進める病院事業の拡大を通じて実現される，医療ツーリストや地元患者の健康増進などの，大きな

ものである。さらにアジア全体の医療技術向上を通じる，この地域の医療ツーリズム産業のますますの発展も，社会経済的に意義のある価値である。また，三井物産のアジアにおけるヘルスケアエコシステムの構築と，医療ビジネス領域の人材育成やノウハウ蓄積も重要となる。

2.3　ビジネスシステム

　事例1と2は，伝統的な総合商社の貿易取引あるいは国内商取引の事例である。

　事例1では，商権を獲得するために三井物産が，品質の高い米棉の供給増や綿紡績企業への技術的な助言・指導，自社人材の清国派遣などを通じて，市場で競争力ある製品の供給体制の整備を進めた。さらに一定の無口銭取扱い，三井ブランドの活用，紡績企業との協力体制による輸出組合の組成などの利害調整も行った。同社は，海外拠点等自社の商取引基盤を活かして綿製品を積極的に輸出する，バリューチェーン全体を動かすビジネスシステムを構築した。先行投資による商権獲得の姿が，明確である。

　事例2でA社は，B社と共に，電気電子産業などのメーカーの原材料調達に強い影響力を持つ専門商社を起用して組織化した巨大な販売代理店網，その上でB社・代理店と一体となって市場創造を進める営業体制，専門商社に対する商社金融の方式などの要素からなるバリューチェーンの組成を行い，ビジネスシステムとして確立した。先行投資によって商権を獲得する，戦後の典型的な商権ビジネスが完成されていた。

　事例3と4は，同じ医療ビジネス分野の事例であるが，ビジネスへの関わり方が異なる。事例3で三菱商事は，病院の医療材料の流通効率化という従来型のモノの商取引に関連したビジネス創造を行った。そこでは，ビジネスシステム創造を基にした収益モデルの稼働，という流れが明確である。しかし事例4で三井物産は，病院経営自体に直接参画し，その事業を企画し拡大するために病院の業務に入り込んで活動しており，病院自体の収益モデルには直接深く関与してはいない。

　事例3では，三菱商事子会社のMCH（エム・シー・ヘルスケア）が持つSPD（Supply Processing and Distribution）ノウハウの導入と，国薬の病院と

の全国ネットワークを通じた展開が鍵である。ユーザー病院は，国薬菱商に医療材料に関する調達・在庫管理業務を一括して委託する。国薬菱商は，医療材料のJITS（Just In Time and Stockless）運用，統一コード管理，物流一元化，DB（データベース）に基づくサプライヤーとの合理的な価格交渉などを実現して，医療材料の流通全体を効率化する。コスト削減に対応して，生まれた価値を国薬菱商と分け合うために病院が国薬菱商への発注を増やし，国薬菱商の売上高増となる。この仕組みを，国薬の全国ネットワークを通じて展開する。三菱商事が構築したビジネスシステムは，このように，自社グループと顧客企業である国薬の経営資源を活かしつつ，先にサービスを行って病院のコスト削減を実現し，その見返りとしての合弁企業の収益拡大につなげるものであった。斬新なのは，国薬菱商が病院側に立つ購買代理店として機能することで，かつてはなかった視点である。

　事例4で三井物産は，巨額の投資を行うことによって，中国を中心とするアジア事業展開のIHHの戦略事業パートナーとしての地位を確立した。その上で，人材を派遣してB2C型サービス事業である病院経営に深く参画し，自社の企業ネットワークやグローバルな経営ノウハウも活用しつつ，トルコや中国などでの共同事業展開を進め，IHHの病院経営を強化してきた。ここでは，IHHと一体となってアジア地域で高度先進医療サービスを提供するためのビジネスシステムを構築して，モノのバリューチェーンではなく，病院ビジネスそのものを企画し展開するバリューチェーンつまり業務の流れに入り込んでいる。そのビジネスシステムを稼働するためにマーケティング面の力を発揮し，IHHの事業展開を進める。病院ビジネスに直接参画するビジネスシステムを構築したことが，モノのバリューチェーンに関わる他の事例との違いである。ここでIHHと展開する事業は，三井物産のアジアにおけるヘルスケアエコシステムのプラットフォームとして位置づけられており，透析事業や中間層向け病院の展開など，関連するビジネス創造につながっている。

　これら全ての事例について言えるのは，総合商社の本来の働きは，こうしたビジネスシステムを自ら設計して構築し動かすことであり，このビジネスシステムを創り上げる働きが核心である，ということである。

2.4 経営資源

　総合商社のビジネス創造においては，組織間関係論の資源依存パースペクティブで見た顧客企業との依存関係が重要である。顧客企業は自らに不足する資源を求めて，総合商社との連携を考える。総合商社は主としてマーケティング関連の経営資源・機能を持っているが，製品やサービスを開発し生産するための経営資源・機能は弱い。顧客企業は逆である。そこにこの両者の価値共創のための企業間関係が生まれ，資源依存の関係となる。

　以下では，その際，総合商社が提供する経営資源を中心にまとめる。

（1）　人材（ヒト）

　4つの事例全てで，総合商社のビジネス創造に関連する専門家人材・組織が動員されて，ビジネスが創造されていた。

　事例1では，三井物産がわが国の綿紡績企業のために，紡績機械や棉花の輸入，製品の販売などを行い，バリューチェーン全体に深く関与していたことから，この産業分野に関して経験豊富な専門家人材が育成されていた。棉花部の大阪本部を中心に，彼らが海外拠点と連携してビジネス創造を進めた。

　事例2で，A社は各部門にビジネスシステム構築を行う能力を持つ，戦前から十分な経験を積んだ担当者を有しており，彼らの専門性を活かして，B社と一体となりビジネス創造を行った。その際には，専門商社へのアプローチや新ユーザーの開拓などの市場創造活動を，B社の営業担当者との二人三脚で進めた。収益モデルの稼働後は，A社の営業人材がオペレーションを担当し，与信リスク管理の審査部門など他部門の専門家人材が支援した。商権ビジネスが子会社に移管されてからは，オペレーションに必要な人材は全て子会社の化学品専門商社C社の専門家人材となった。そこで親会社A社は，C社の経営層に自社人材を派遣する他，自社内に営業人材も配置してC社の営業活動を支援し，販売代理店網の取りまとめなどを行う。必要に応じ，A社・C社の人材がB社と一体となり，ビジネス創造を共にすることもありうる。

　事例3で三菱商事は，社内で養成した医療ビジネス分野の専門家人材を投入し，ビジネスプラン作成，社内承認，事業化，投資先経営まで行っている。コーポレートスタッフ部門の専門家人材も，ビジネスプラン作成のプロセス

を支援し，厳格な内部管理の役割を果たしてきた。国薬菱商には三菱商事自身の人材の他，ノウハウを提供するMCHの人材も派遣されている。

事例4の三井物産は，ビジネス創造の段階において，社内でメディカル・ヘルスケア領域を長年担当した専門家人材を投入し，コーポレート機能部門の専門家とも連携して，ビジネスプランを前に進めた。さらにビジネスシステムが働きを始めた際に，取締役と現場の専門家人材をIHHグループに派遣して，病院経営に直接参画している。

（2）　企業ネットワーク・ブランドや業務プロセス（モノ）

総合商社が持つモノとしての重要な経営資源は，企業ネットワーク，企業ブランドあるいは業務プロセスなどである。メーカーではないので，工場設備，生産機械などの物理的なモノは多くは保有しない。その代わりに，取引を通じて広がるグローバルな企業ネットワーク，世界的な企業ブランド，長年の実務を通じて構築してきた効率的で厳格な業務プロセスなどを持っており，そうした資源を活用してビジネスを創造する。

事例1で三井物産は，過去の取引を通じて，綿紡績企業や関連金融機関，ロジスティクス企業などとの間のネットワークを持っていたし，ブランドとしての企業名もすでにグローバルに認知されていた。綿糸に自社名も記した商標をつけて清国に輸出したことも，重要な経営資源の活用である。

事例2では，市場創造の段階でB社と活動する際に，戦前から続く総合商社であるA社の企業ネットワークや企業ブランドによる信用力なども，力を発揮したと思われる。現在子会社C社が市場創造を行う場合も，A社の企業ブランドは力を持っている。

事例3でも，わが国を代表する総合商社である三菱商事の企業ブランドは，顧客企業との連携における信頼感の基になっている。また同社の場合，特に重要なのは，コーポレートスタッフ部門による業務支援のプロセスが確立しており，厳格に役割を果たしていることである。しっかりとした内部管理体制が構築されており，そうした体制が同社の強みであるとされている。

事例4で，このビジネス創造が始まるきっかけは，三井物産が持っているグローバルな企業ネットワークや企業ブランド，IHHや親会社カザナとの密

な企業間関係，信頼感などであった。ビジネスシステムが働きを始めてからも，そうした企業ネットワークは活かされているし，IHHの事業を離れたアジア地域における三井物産独自のビジネス創造の局面でも，カザナやIHHとの企業間関係が活かされている。

（3）資金力（カネ）

全てにおいて，総合商社の巨大な資金力が活かされている。

事例1で，このビジネス創造が始まった1890年代の三井物産は，すでに大きな資金蓄積を行い，三井財閥にとっての資本増殖の中核的な事業部門となっており，多くの綿紡績企業に信用を与えていた。綿製品の清国輸出に向けて，人材派遣や無口銭による取扱いなどを進めるための資金も，豊富に持っていた。

事例2でA社は，製品Dのための営業組織を組成し，生産された製品D全てを買い取り在庫して販売するために，戦略的な意思決定に基づく大きな資金投入を行った。収益モデルが稼働し始めると，A社の巨大な資金力を活かして，販売代理店に対する積極的な商社金融の提供も行った。

事例3で三菱商事は国薬菱商に5億円を投資したが，わが国屈指の資金力を持つ同社にとって，相対的に大きな負担ではなかったと考えられる。

事例4で三井物産は，907億円という金額の投資を実現する巨大な資金力を持っていたからこそ，この案件で成功したと思われる。

（4）ビジネスプラン，情報・ノウハウなど

経営資源における最後の要素で，ビジネスプランの形を採ることもある。

事例1では，三井物産の海外拠点がもたらす有意義な現地情報を基に，専門家人材が蓄積されたノウハウを活かして，ビジネスプランを作成し，綿紡績企業と共有することによって，ビジネス創造を積極的に進めることができたと想定できる。

事例2では，A社の専門家人材がそのノウハウを活かして作成したビジネスプランの存在が，B社を動かし，専門商社にアプローチするために力を発揮したと考えられる。またビジネス創造の各段階において，総合商社A社が

組織として蓄積してきたノウハウが，B社には不足しており，最大限に活かされたことも間違いない。それによって，A社はB社に対してパワーを持ち，販売総代理店の地位と商権の付与という見返りを得ることになったものと思われる。

　事例3においては，三菱商事の営業部門が，長年の医療ビジネスで蓄積してきたノウハウを活かしコーポレートスタッフ部門の支援によって策定した，レベルの高いビジネスプランが，国薬との交渉において力を発揮し，バリューチェーンの設計においてもその基礎になったことは間違いない。その上で，三菱商事による投資，子会社MCHによるSPDノウハウの効率的な移転，国薬菱商の営業展開などが実現している。

　事例4では，三井物産がメディカル・ヘルスケア領域で蓄積してきたノウハウ，さらにカザナやIHHとの企業間関係や自社海外ネットワークを通じて得た情報，それらを基に作成した，経験の少ない病院経営というビジネスに進出するためのビジネスプラン自体が，大きな価値を持ったと思われる。

2.5　機能の統合

　機能の統合は，ビジネス創造において総合商社が主として担当するマーケティングにおいて，その中核となるコンセプトであり，きわめて重要である。しかし，各章で述べたように，組織内の戦略や日本貿易会が示す8つの総合商社機能など，多岐にわたる統合の要素を含んでいるため，全てについて要約することは難しい。ここでは，各事例におけるビジネスの創造，つまりビジネスシステムの構築の段階で，特に重要と考えられる機能統合だけに焦点を当てて紹介する。

　まず，個別機能の統合の前提となる，総合商社組織内部におけるビジネス創造の動きに関する戦略の全社的な統合は，4つの事例全てにおいて実現されていることを確認しておく。そして，以下が重要な機能統合となる。

　事例1において最も重要であったのは，綿紡績企業等を取りまとめて，清国への輸出に向かい力を合わせる体制を作り上げた，三井物産のオーガナイザー機能であろう。三井物産は，わが国の綿紡績企業との密な企業間関係を活かして，彼らと一体となり，情報収集と調査を行い，米綿の輸入促進や技

術指導による製品の品質向上，業界団体を組織しての利害調整，現地での売込み，無口銭での取扱い等を進めた。市場創造を中心に，このビジネスを創造するため，バリューチェーン全てにわたって様々な機能を統合した。オーガナイザー機能をフルに発揮して，ビジネスシステムを構築し，事業を開発した。当時のわが国最大の総合商社である同社ならではの働きである。

事例2では，A社の専門家人材が，まだビジネス創造の戦力としては強くないB社の営業担当者との二人三脚で，ユーザーさらにその原材料調達に強い専門商社にアプローチして，市場創造機能を統合した働きが鍵であろう。また，A社のオーガナイザー機能・金融機能の発揮によって，巨大な販売代理店網ができ上がり，製品Dの国内販売を軌道に乗せることが可能になった。

事例3では，三菱商事の子会社MCHが蓄積したノウハウの導入によって実現される，病院のコスト削減というメリットの提供を切り札にした，医療材料に関する新しい形の購買代理店という事業を創り上げた，事業開発・経営機能が，このビジネス創造の中核であった。

事例4で最も重要な機能は，三井物産の投資を実現した金融機能と，それに伴うIHHへの経営参画による事業開発・経営機能の発揮であろう。この事例の場合，ビジネスシステムを構築してそれを動かすことが，収益モデルが動き出す前の重要なステップであった。

2.6　収益モデル

事例1と2は，共に古いビジネス創造の事例であり，総合商社の何らかの先行投資に対応して商権が成立し，その下で商取引，典型的なコミッション・ビジネスを展開することによる収益獲得が行われた。収益モデルは商取引であり，事例2の商権ビジネスは，今もA社子会社の化学品専門商社C社によって，オペレーションが担当されている。

事例3で，三菱商事と国薬の合弁企業である国薬菱商自体の収益モデルは，事例1・2と同様の商取引である。まず，先行投資的に行われるMCHのノウハウ導入に伴うサービス提供によって，サービスのユーザーである病院はコストダウンというメリットを享受する。それに対応して，病院が国薬菱商への発注を増やすことによって，国薬菱商の売上高・利益が拡大し，決算に

おける当期純利益が増える。それは，国薬菱商を関連会社（持分法適用会社）とする三菱商事の持分法投資損益と受取配当金という事業投資収益の増加などとなって，財務収益に反映される。したがって，三菱商事自体の収益モデルは，事業投資収益によるものである。

事例4でも同様に，三井物産の収益モデルは，関連会社（持分法適用会社）であるIHHが業績に基づいて計上する，当期純利益を反映した事業投資収益を中心にしている。

2.7 組織文化

（1） 総合商社の組織文化一般

既述のように，総合商社の組織文化は，ビジネス創造を常に求めるものである。

事例1で，三井物産のビジネス創造に向けた組織文化は明確であった。創業者である益田孝は，東洋の綿布市場が欧米人によって独占されていることをなげき，綿布の製造業を興して海外輸出を目指すべきとしている（栂井［1974］96頁）。そもそも同社は，貿易における商権をわが国商社に取り戻すことを目指して設立された経緯もあり，創業時から常に新たな貿易ビジネスを創造しようとする組織文化を持っていた。

事例2では，A社内における戦略統合による行動そのものが，同社のビジネス創造への強い志向を物語る。製品Dの市場創造の初期の段階で，A社社長の戦略的意思決定により，専門家を集めた営業組織を組成し，生産された製品D全てを買い取って在庫し販売したとされていること自体が，同社の組織文化をよく表現している。

事例3では，三菱商事本社が行う仕事の重要な1つが「新しい仕事を創ること」と明確に意識されていることが，同社のビジネス創造に向けた組織文化を示している。医療ビジネス分野で同社の事業展開は成功事例とされているが，それでも数多くの事業を手がけ，全てで成功してきたわけでもない。しかし，常に新しいビジネスを創造する動きは維持されている。

事例4については，三井物産の組織文化の表現として，現在も「挑戦と創造」や「自由闊達」があることを述べた。IHHの事例における同社の動きを

見る限り，そうしたビジネス創造に挑戦する組織文化は，今も生きているようである。

（2）　三菱商事と三井物産の組織文化の違い

　事例3で明らかにした，関連事業で地道に実績を積み上げていこうとする三菱商事の着実性と，事例4で記述した，経験の少ない病院事業の直接経営に，巨額の投資を行って進出する三井物産の積極性を見ると，古くから「人の三井，組織の三菱」とされてきた両社の文化の違いも理解できるように思われる。

　三菱商事は，戦後常に総合商社業界をリードする存在であった。また三井物産も，戦前は最大の総合商社であったし，戦後も三菱商事と並び称される代表的な存在である。しかし，医療ビジネスへの取組みについて両社を比較すると，違いが見える。

　三菱商事は，例えばトヨタ自動車との合弁企業であるグッドライフデザインで，地域内の中小病院や診療所の医療事務代行事業などを推進し，病院の内部でローソンを展開するなど，この領域での事業展開に積極的である。また事例3で紹介したMCH（エム・シー・ヘルスケア）のように，医療関連サービスで成功を収めている事業が多い。もっとも，三井物産のIHHの事例のような直接の病院経営については，参入しない方針とされていた。

　しかし同社は，2020年を目途にミャンマー現地企業との合弁で，総合病院による高度医療サービスを提供する予定であることを，2017年3月に発表した。直接の病院経営には参入しないという過去の方針を転換したもの，と考えられる。

　非資源分野で重要性を増す可能性のあるB2C型のサービス事業，その中でも今後の発展が見込まれる病院事業に関するこうした両社の動きを比較すると，組織文化の違いが見えるようである。経験の少ない病院事業の直接経営に，巨額の投資を行って一気呵成に進出した三井物産の積極性。それに対して，病院事業に急に進出するのではなく，地域の医療機関のサポート事業，医薬品卸売企業との包括的な業務提携を基にした中国での医薬品・医療材料の流通効率化事業などで，地道に関連実績を積み上げきて，その上で参入し

ようとする三菱商事の着実性。医療分野における病院経営に関する取組み方法の差は，古くから「人の三井，組織の三菱」とされてきた両社の文化の違い，あるいは典型的な商業資本として発展してきた三井と，産業資本として発展してきた三菱の，企業グループとしての文化の違いを，ある程度反映しているように思われる。

　組織文化の違いをきちんとした学問的な分析の対象として検証することは，簡単ではないが，総合商社の価値共創型企業システムを動かしている要素の1つとして，常にビジネス創造を志向する文化が，どの総合商社にもあることは間違いない。それが，総合商社の活動のバイタリティの基になり，好調な時は「商社夏の時代」とまでいわれるような絶頂期を経験するが，直近のような業績の大きな変動も生んでいる理由の1つとして指摘できるのではないか，と考える。

　そして，戦前戦後を通じて，常にライバルとして並び称されてきた，三菱商事と三井物産の病院事業への参入の仕方の差異は，同じビジネス創造を志向する文化であっても，そこに出自に基づく違いがあることを示しているのではないだろうか。

3 ▶ 研究課題に対する答え

　第5章から第8章の事例分析は，構築した価値共創型企業システムという理論的な枠組みを用いて，代表的な総合商社のビジネスの事例を，現実を基にして分析することを通じて，総合商社の働きの全体構造を整理して明確にすることを目指すものであった。

　ここまでの分析で，それは果たされたと考えている。

　総合商社の代表的なビジネスの事例を，価値共創型企業システムを用いて分析することによって，総合商社の企業間関係の構成や提供する価値，それがどこでどのようにして実現されているかなどを，全体の構造として整理し，明確にすることができた。そこでは，価値共創型企業システムの7つの要素，すなわち，①顧客（パートナー），②創造された市場と価値，③ビジネスシス

テム，④経営資源，⑤機能の統合，⑥収益モデル，そして⑦組織文化を共通の概念カテゴリーとして用い，現実を把握した上で，事例を分析した。

Yin［1994］のいう追試を繰り返すことによって，時代と取引対象，2つの区分軸に対応する4つの事例全てにおいて，総合商社の真の働きは，ビジネスシステムを自ら設計して構築し動かすことである，ということが明確になっている。そこでは，ビジネスシステム構築の前提として，特定の顧客企業つまり総合商社のビジネス創造のパートナーとの信頼関係の上に立った，密な企業間関係があったことが示された。そして，その企業間関係の上で，総合商社と顧客企業が一体となってそれぞれの経営資源を活用し機能を統合して，市場を創造しバリューチェーンを築き上げて，ビジネス全体の仕組みであるビジネスシステムを構築している。総合商社は，その結果としての収益モデルを稼働することによって，財務的な収益を得る。こうした行動の基礎には，総合商社独特の，常にビジネス創造を目指す組織文化がある。

このように，総合商社のビジネス創造の働きの全体構造を整理して明確にすることができ，本研究の課題2を解決したものと考えている。

本研究で設定した課題1と2で目指した，総合商社の企業間関係と価値実現の仕組みを説明できる理論的な枠組みの構築と，それを用いた総合商社の働きの全体構造の整理と明確化が，現実をふまえた研究として完了できたのではないだろうか。

またここでは，ビジネスシステムの構築こそが総合商社機能の本質としてのビジネス創造である，という点が何より重要であることを，あらためて確認しておきたい。

4 ▶ 明確にされた総合商社機能の本質

4.1 ビジネス創造者としての総合商社

先行研究では，総合商社の機能の本質はビジネス創造であるということが，研究者・実務家の見解として，コンセプト的に示されていた。そのこと自体は，正しいのではないかと考えられたが，各論者の説明は簡単なコンセプト

の提示に止まっており，それを全体的な構造として突き詰め，理論的な説明
として整理するまでに至っていなかった。そこで本研究の当初の目的を，第
3章で精緻化して，

　「総合商社の機能の本質とはビジネス創造であるというすでに示されている
　　コンセプトを，理論的な説明として全体構造の形で整理して示すこと」
を新たな目的として設定した。研究目的を達成するための3つの課題は，当
初から変更していない。

　課題1：総合商社の企業間関係は，どのように構成されているものなのか
　　　　　を解明し，提供する価値が何でありどこでどのようにして実現さ
　　　　　れているかを説明するための，理論的な枠組みを構築する。

　課題2：その理論的枠組みを用いて，代表的な総合商社のビジネスの事例
　　　　　を分析することを通じて，働きの全体構造を整理して明確にする。

　課題3：構築した理論的枠組みが，研究目的を果たすために妥当であった
　　　　　かどうか，検証してその正しさを確認する。

　ここまでの検討によって，課題1と2が解決されたと考えている。

　そこでその結果としての，総合商社の機能の本質に関する説明を，価値共
創型企業システムの構築とそれを用いた4つの事例研究によって得られたも
のとして，まとめて示すこととする。

　以下がそれである。

①　総合商社は，ビジネス創造に向けて特定企業との信頼関係に基づく密
　　な企業間関係を前提に，その企業をパートナーとして行動を開始する。
　　これが本研究で顧客企業と呼ぶ存在である。総合商社と顧客企業の間
　　には，経営資源の相互依存関係がある。

②　総合商社はこの関係を基に，顧客企業と一体となって，商品・サービ
　　スの新しいユーザー集合を開拓して，市場を創造し事業を開発する。

③　そのために総合商社は，自社の経営資源と，顧客企業の経営資源を合
　　わせて投入し，ビジネス創造に関連する様々な機能を内部・外部で統
　　合して用いる。ここで重要な総合商社の経営資源は，専門家人材，企
　　業ネットワークや企業ブランド，業務プロセス，巨大な資金力，情報
　　やノウハウと現実的なビジネスプランなどである。全社的な戦略統合

を受け，これらの経営資源をフルに活用して，情報・調査，リスクマネジメント，市場創造，事業投資（金融），事業の設計・開発，さらに合弁企業の経営などの機能をオーガナイズして統合する。

④ 経営資源の投入と機能の統合によって，バリューチェーンを構成し，全体を動かす仕組みを創り上げる。その総体としての仕組みがビジネスシステムである。

⑤ 構築されたビジネスシステムに基づいて収益モデルが稼働し，総合商社が，商取引あるいは事業投資による収益を獲得することになる。

⑥ 収益の大きさは，パートナーである顧客企業の，このビジネス創造によって実現された価値に対する評価によって，ある程度決まる。

⑦ このビジネス創造を通じて実現される価値は，単なる財務収益を超えて，より大きな社会経済的価値となる。

⑧ こうした総合商社の活動の基礎には，常にビジネス創造を目指す組織文化が息づいている。

⑨ 企業間関係の構成と様々な働きを基とする，価値を実現する仕組みの構築によって，総合商社はその本質的な機能として，ビジネス創造を行っている。

このように総合商社は，かつて中心であった収益モデルを基にコミッション・マーチャントとして評価されるのではなく，また近年の収益構造の変化を受けて事業投資会社あるいはインベストメント・バンクに近い存在とされるのではなく，収益という結果を生み出す基礎的な原因であるビジネスシステムを構築して価値共創型企業システムを動かす，ビジネス創造者として評価できる。言い換えると，総合商社機能の本質は，ビジネス創造なのである。

連結決算制度の下，総合商社の収益構造が，主としてコミッションを基にする営業利益から，ビジネス創造活動そのものでもある投資活動から生まれる事業投資収益に重点を移しつつある現状は，機能の本質，ビジネス創造が表面に出てきていることを示唆しているものと考えている。

4.2 総合商社のビジネス創造の特徴

言うまでもなく多くの企業は，新しいビジネスを創造しようと努力してい

る。しかし，総合商社のビジネス創造は，一般に見られる企業のビジネス創造とは大きく異なっている。

　第一に，総合商社のビジネス創造では，取引対象あるいは事業領域が限定されていない，ということである。事例分析で見たように，医療ビジネスに関連しても，病院向けの医療材料の流通効率化事業を展開したり，B2C型のサービス事業である病院経営に直接参画したりしており，取引対象に限界があるようには見えない。もちろん何の企業関係もノウハウもない領域に進出するのではなく，何らかの連続性がある領域に出ていくことは間違いないのであるが，ビジネス創造の機会があると判断すれば，そこに出ていこうとする。例えば，三井物産は，2000年代初めに手がけた廃家電の再商品化ビジネスにおいて，「商社がやらなくて，誰がやるのか」という気概をもって前に出たとされている（河野［2004］28頁）。

　歴史的に有名な事例として，かつての新日本製鉄がウナギの養殖を始めたり，北九州で娯楽施設（スペースワールド）を持ったりしたように，製造企業なども本業とほとんど関連性のないビジネスに進出することはあった。しかしそれは，本業縮小に伴い雇用維持のためにやむを得ず行う，あるいは遊休資源を有効活用する，などの面が強い展開であって，新日本製鉄（現在の新日鉄住金）の本来のビジネス創造は，本業である鉄鋼関連製品の新しい用途の開発など，本業とその周辺領域におけるものになるであろう。

　ところが総合商社は，そこにビジネス創造の機会があり，価値を共創するパートナーが見つかれば，取引対象あるいは事業領域にこだわりなく，その機会を活かそうとする。この柔軟性こそが，総合商社機能の本質であるビジネス創造を志向する者としての，本能ともいえる特徴なのである。

　第二に，総合商社のビジネス創造は，その企業規模の巨大さ，格付けの高さなどによる資金調達力を活かした，巨額の事業投資を伴うことが多い。かつての三菱商事のサウジ石油化学プロジェクトや三井物産のイラン・ジャパン石油化学プロジェクトなどは，数千億円規模の事業であり，今回の事例分析で取り上げた三井物産のIHHへの投資額も900億円を超える。このような巨額の事業投資を大きな困難なく行いながら，自ら新しいビジネスを創造する動きができる存在は，他にないのではないだろうか。

第三に，総合商社はビジネス創造にあたって投資を行うが，資金投入に止まらない。巨額のカネと多少のヒトを出して投資先のビジネスを支援・育成しようとはするが，その事業運営に直接関わる程度の小さいインベストメント・バンクや投資会社とは異なる。現在の総合商社は，投資先にその事業領域の知識・経験を持つ自社の専門家人材を投入した上で，その他の経営資源や内部・外部で統合する機能を活かして直接事業の運営に関わることによって，パートナーと共創する価値を最大化する。一定期間経過後は投資持分を売却することもあるが，それを最終的な目標とするインベストメント・バンクや投資会社とは異なり，長期間の企業間関係を前提に創造されたビジネスからの収益回収を目指す。

　このように総合商社のビジネス創造には，取引対象や事業領域が限定されない，巨額の事業投資を行う，そして自ら直接事業運営に参画することによって長期的な視点で価値を最大化する，という3つの特徴がある。

　総合商社はこうした特徴を持つ形でビジネスを創造することを，その機能の本質としている。

5 ▶ 枠組みの評価

5.1　価値共創型企業システムの枠組みの再確認

　既述のように，総合商社の価値共創型企業システムの枠組みは，7つの要素から成り立つ。①顧客企業（パートナー），②創造された市場と価値，③ビジネスシステム，④経営資源，⑤機能の統合，⑥収益モデル，および⑦組織文化である。

　総合商社は，①顧客企業（パートナー）と一体となってビジネスを創り出す関係を構築して，市場を創造する。結果としては，②創造された市場と価値が，重要な要素となる。

　そのために総合商社は，ビジネス全体の仕組みである，③ビジネスシステムを構築する。それこそが，総合商社にとってのビジネス創造である。

　ビジネス創造を目指して総合商社は，自社と顧客企業の④経営資源を合わ

せて投入し，組織内の戦略統合を前提に，関連する⑤機能の統合を内部・外部で行う。

③ビジネスシステムの構築と併行して，収益獲得の仕組みである⑥収益モデルができ上がり稼働する。それは，総合商社に財務的な収益をもたらす。その収益は，ビジネス創造が生み出した価値の顧客による評価にある程度基づいている。しかし顧客の評価する価値は，顧客にとっての財務的な収益などに限定されず，より大きな社会経済的価値を含む。そして企業としての総合商社の⑦組織文化が，ビジネス創造の活動の基盤になっている。

総合商社の価値共創型企業システムの枠組みは，上のような要素から成り立っており，それらが一体となって働いている。

5.2　枠組みの妥当性

このような価値共創型企業システムは，先行研究の問題点を克服し本研究の課題1を解決するために第2章で設定された以下の要件を，それぞれ満足した。

a）総合商社機能の本質とは何かを，企業間関係を基にそのビジネスモデルを明確にして，事実の分析を通じて正面から説明できる。

　⇒　4つの事例を用いて，企業間関係を基に総合商社のビジネスモデルを明確にした上で，事実の分析によって機能の本質を正面から説明した。

b）グループ経営における，本社と連結子会社・関連会社の役割分担を説明できる。

　⇒　事例2の商権ビジネスについて，今は，総合商社A社の子会社の専門商社C社がビジネスのオペレーションを全て担当し，A社はC社の経営管理などと，必要に応じて新しいビジネスの創造を担当する役割分担であることを示した。また事例3で，三菱商事本社は，主として投資先管理そしてビジネス創造を担当し，子会社・関連会社で商取引や物流を展開する体制であることを説明した。

c）総合商社のビジネスモデルを，オーガナイザー機能などをふまえて明確な形で整理して，すでに示されている総合商社はビジネス創造者で

あるとするコンセプトを，総合商社でしか生み出せない機能，機能の働きの結果である価値とその実現の仕組みと共に，全体構造として整理できる。

　　⇒　全ての事例について，総合商社のビジネスモデルつまり企業システムを，ビジネスシステムと収益モデルに区分して説明し，総合商社がオーガナイザーとして機能していること，様々な機能を統合し経営資源を投入して，ビジネス創造そのものであるビジネスシステム構築を成し遂げていることを示した。先行研究などにおいてすでに示されている総合商社はビジネス創造者であるとするコンセプトを，総合商社でしか生み出せない市場創造や事業開発，オーガナイザーなどビジネスを創造するための諸機能，その働きの結果として顧客と共創される価値，価値共創型企業システムというその実現の仕組みなどを明らかにすることによって，全体構造として明確な形で整理した。

d）ビジネスの構造を見た上で，総合商社の収益モデルが，商取引を中心にするものから事業投資を中心にするものに変化しても，総合商社が継続して存在していることの理由，そして総合商社の機能の本質は卸売業ではないことの理由を説明できる。

　　⇒　事例３や４で，総合商社本社の収益モデルは事業投資であったが，事例１や２と同様に，総合商社はそのビジネス創造の働きを活かしてビジネスシステムを構築し，その上で収益モデルを稼働させて収益を獲得している。収益モデルの変化は，総合商社の本質的な機能であるビジネスシステム構築の働きには影響を与えていない。要は，収益モデルが変化しても，総合商社は継続してその本質的な姿であるビジネス創造者として存在している。機能の本質が変化していないからこそ，総合商社は今も継続して企業として存在しているのである。そして，本研究の全体が示すように，総合商社の機能の本質は卸売業ではない。それは収益モデルの１つの形にすぎない。

e）以上を総合することによって，総合商社機能の本質を，明確な形で全体的な構造として説明できる。

⇒　本章でここまでの分析を総合して，総合商社機能の本質であるビジネス創造の働きを，明確な形で全体的な構造として説明できる，と確認した。

したがって，価値共創型企業システムの理論的枠組みは，「総合商社の企業間関係は，どのように構成されているものなのかを解明し，提供する価値が何でありどこでどのようにして実現されているかを説明する」（課題1）ことを可能にするものであり，「その理論的枠組みを用いて，代表的な総合商社のビジネスの事例を分析することを通じて，働きの全体構造を整理して明確に」（課題2）したものと判断できる。

結果，この理論的な枠組みは，本研究の目的を達成するために妥当なもので，「構築した理論的枠組みが，研究目的を果たすために妥当であったかどうか」（課題3）が検証され，枠組みの正しさが確認されたものと考える。

5.3　枠組みの課題

ただし，この枠組みも完全なものではなく，次のような課題がある。

企業システム（ビジネスモデル）を，ビジネスシステムと収益モデルに区分して議論しているが，その関連を十分整理できていない。例えば，総合商社の伝統的な商権ビジネスの収益モデルを成り立たせるための先行投資の動きは，ビジネスシステムの一部として見たが，ビジネスシステムの中で，収益モデルに関連する部分をどう捉えるのか。商権ビジネスにおいても，収益モデルを稼働する中で，小さな市場創造や事業開発は，常に行われている。本研究では収益モデルを限定的に狭く解釈して適用したが，ビジネスシステムの働きとの関連をどう捉えるのか，より精緻化した整理が必要と考えている。

また，現在においては多くの場合，総合商社の本社（親会社）がビジネス創造を担当し，子会社・関連会社が収益モデルのオペレーションを担当する，とした。しかし，実際のビジネス創造が，現場においてこの両者の間でどのように役割分担されて実現しているのかについても，十分追究できていない。オペレーションの現場の知識や経験がなければ，ビジネス創造を主体的に行うことはできない。

収益モデルがもたらす財務的な収益についても，キャッシュの裏づけがあ

る商取引による営業利益あるいは事業投資による受取配当金と，その裏づけのない持分法投資損益などを，同列に論じていいのか，という点に検討の余地がある。

　今後はこうした課題の解決を目指して，本研究の事例分析を深化すると共に，分析対象とする事例の数，特にサービスを取引対象とする事例の数を増やしつつ，理論の精緻化を図っていきたい。

6 ▶ 本研究の結論

　以上をまとめると，価値共創型企業システムというマーケティング理論を基礎として構築された理論的な枠組みを用いて事例分析を行うことによって，総合商社機能の本質はビジネス創造であるということを全体的な構造として説明できることが，本研究を通じて明らかになった。

　そのために構築した，価値共創型企業システムの枠組みは，本研究の目的を達成するために，妥当なものであった。

終章

1 ▶ 本研究のまとめ

　本研究は，総合商社の本質的な機能とは何かを明らかにすることを目指して，始めたものである。膨大な先行研究をレビューするうちに，すでに総合商社の機能の本質あるいは存在意義として，ビジネス創造が示されていることが理解された。しかしそれは，単なるコンセプトとしての提示であって，全体構造を示す説明として理論的に整理されたものではなかった。

　そこで研究目的を精緻化して，総合商社機能の本質はビジネス創造であるというコンセプトを，理論的に全体構造の形で整理して説明することを，新たな目的とした。

　そのための課題は3つあり，課題1は，総合商社の企業間関係の構成，提供する価値，その実現の方法を説明するための理論的な枠組みの構築，課題2はその理論的枠組みを用いた事例分析による働きの全体構造の整理と明確化，課題3は理論的枠組みが妥当であったかどうかの検証と確認，であった。

　先行研究のレビューによって問題点を抽出し，それを解決するための要件をまとめた上で，要件を満足すると考えられる理論的枠組み，価値共創型企業システムを構築した。課題1の解決である。

　分析対象とする事例の抽出については，時代の区分として，戦前，戦後から1990年代まで，2000年から現在の3つ，取引対象の区分として，モノとサービスの2つを設定した。取引対象の区分は，2000年から現在の時代の事例

に対応する。この時代の区分と取引対象の区分による2つの軸に沿って，最適と考えられる事例を4つ抽出し，歴史的リサーチとケース・スタディを用いて事例分析を行った。

4つの事例とは，明治時代の三井物産による綿製品の清国輸出，戦後高度経済成長期のA社による国内化学品の商権ビジネス，2000年以降の現在における，三菱商事の中国における医療材料の流通効率化事業と三井物産のアジアにおける医療サービス事業，である。

ここで価値共創型企業システムの要素は，①顧客企業（パートナー），②創造された市場と価値，③ビジネスシステム，④経営資源，⑤機能の統合，⑥収益モデル，および⑦組織文化の7つであった。この7つの要素を共通の概念カテゴリーとして，4つの事例を，歴史的リサーチとケース・スタディを用い分析して，同じ結果を得て追試を完了し，定性的な事例分析を終えた。

事例分析を通じて，総合商社の機能の本質はビジネス創造であるということを，全体構造として明確な形で説明した。課題2の解決である。

さらにこの理論的な枠組みの妥当性も確認して，課題3を解決した。3つの課題全てを解決し，研究目的を達成することができた。

2 ▶ インプリケーション

2.1 理論的インプリケーション

価値共創型企業システムの枠組みを用いて行った本研究の理論的インプリケーションは，以下の5つとなる。

第一に，総合商社でなければ発揮できない独自の機能は何か，他の業種が簡単には獲得することのできない総合商社だけの本質的な機能は何かを追究した結果，それが巨大なビジネス創造であるということを，初めて理論的な枠組みをもって全体構造として整理し，明確な形で現実をふまえて提示したことである。こうした機能を持っていなければ，その企業は総合商社として成立しないのである。これまでこのビジネス創造という総合商社の本質的な機能は，コンセプト的に言及されていただけであって，全体構造を見た説明

として提示されたことはなかった。

　第二に，総合商社のビジネスモデル（本研究では，企業システムと呼んだ）は，ビジネスシステムと収益モデルに区分され，ビジネスシステムの構築がすなわちビジネス創造であることを示した。これまでの総合商社論のほとんど全ては，この収益モデルに着目していた結果，関連する個別の機能を議論することはできても，その前提となっている機能の本質を正確に把握することができなかった。

　第三に，総合商社の中心的な収益モデルが，かつての商取引から事業投資に変化しても，今なお総合商社は従来通りの姿で存在している理由を，明確にすることができた。また現在の総合商社においては，多くの場合，伝統的な商権ビジネスのオペレーションを連結子会社・関連会社に移管して，本社は投資先管理とビジネス創造を主として担当する役割分担になっている。このことの意味も，グループ全体の構造を捉えて，明確にすることができた。

　第四に，その結果として，総合商社の機能の本質は卸売業ではないことを明確にした。今もなお，総合商社は産業分類で卸売業として捉えられており，その視点による学問的分析もある。この研究を通じて，卸売つまり商取引の機能自体は，総合商社の機能の本質，それがなければ総合商社ではないという機能の中核ではないことも，明らかにすることができた。

　第五に，総合商社が典型的なB2C型のサービス事業である病院経営に参画する事例の分析を通じて，総合商社の新しいビジネスシステムのあり方を示すことができた。そこで総合商社は，巨額の事業投資を行うことにより顧客企業と一体となって，自社の経営資源や機能をも活かしつつ，事業を開発しビジネスを創造していくことに集中している。収益モデルについては，伝統的な総合商社の機能であった商取引やロジスティクスなどによる営業利益ではなく，事業投資収益を前提とする。

　この結果を見ると，顧客との価値共創を分析するマーケティング理論を基礎に構築された価値共創型企業システムの理論的枠組みは，総合商社機能の本質を明確に説明するための，非常に効果的な枠組みであったことが理解できる。

2.2 実務的インプリケーション

本研究の実務的なインプリケーションは，次の3つである。

第一の実務的なインプリケーションは，海外からその存在意義を理解されにくい総合商社自身のために，何をしている企業・業種なのかを明確に説明することのできる，現実的な説明方法を準備したことである。総合商社自身も，ビジネス創造が核となる機能であることに気づいていたが，それを詳細な内容を持つ理論的な枠組みによって明確に示すことができていなかった。

第二の実務的なインプリケーションは，総合商社の持っている機能が，他の業種，例えば，専門商社，卸売業，あるいは製造業，金融機関などの機能とどう違うのか，何が同じなのかを，全体構造として機能の本質を捉えることによって示すことができたことである。このことは，個別の機能の分析をいくら精緻化しても本質を捉えることはできない，とする森下［1977］（24頁）の見解の正しさをそのまま示すものである。

第三に，上のようなことを総合して，総合商社という企業・業種が本来持っている特有のリスクがあることを，ビジネス創造が本質的な機能であるとの指摘によって，理解しやすくしていることである。2015年度決算のような業績の大きなブレも，この業種の機能の本質を理解していれば，ある程度は説明が容易になるものと考える。

今後はこうした点について，総合商社自身との意見交換も深めていき，彼らが自分たちの企業・業種の見方を再構成し，より合理的に海外に対しても説明できるようにしていくための，基礎的な材料を提供したいと考えている。

3 ▶ 本研究の限界と残された課題

本研究は，マーケティング理論あるいは広義の商学の観点に基づく，総合商社に関する現実をふまえた研究であった。

ここで，本研究の限界は，以下の3つであると考えている。

限界の第一は，本来の経営学など他の学問領域の蓄積の反映が十分でない可能性である。本研究は主として，第3章で述べたような広い商概念を前提

にしつつ，もっぱらマーケティング理論あるいは商学の観点を中心に，実務家的な見方も交えて総合商社機能を捉えようとした。その結果，狭義の経営学，すなわち企業経営における，組織，財務，情報，管理，戦略，人的資源などに関する学問の蓄積，あるいは経済学，社会学など周辺領域の蓄積の反映が十分ではなかったのではないか，と考えている。

　この限界に対応する課題は，今後の研究で，組織論，財務論，経営情報学，組織管理論，経営戦略論，人的資源管理論，取引費用経済学，社会システム論や制度論などの学問的蓄積を反映させて，総合商社機能論をより精緻なものにすることである。

　第二の限界は，研究対象の範囲が海外企業に及んでいないことである。

　今回の研究では，基本的にわが国の総合商社しか取り上げなかった。もちろん，総合商社は日本独自の企業・業種といわれており，厳密な意味でそれは真実である。しかし，似たような企業は，韓国などにもあるし，かつては外国政府がこうした業種を国内で育成しようとしていたこともあった。したがってこの限界に対応する課題は，より広く海外の総合商社類似の企業・業種をも，分析対象とすることである。

　欧米企業は一般に，大きなビジネスを始める際には，色々な企業による分業体制を採っているとされるが，総合商社はそれを自社で完結しようとする。こうした違いが，海外企業を分析対象とする場合の重要な論点となる。

　さらに第三の限界として上に関連し，本研究では，なぜこうした企業・業種がわが国だけで発展し，他の国では大きな発展をなしえなかったのか，その理由について，十分な分析ができなかった。

　したがって，この限界に対応する課題は，なぜ総合商社が日本で発展できたのか，なぜ海外では類似企業・業種が発展できなかったのか，その理由を，比較経営学的な視点もふまえて理論的に追及することである。これは，米国で総合商社を研究した上で成立した1982年輸出商社法が，十分効果を上げていない理由の研究にもつながる。また，当時の米国政府による日本の総合商社の機能の捉え方を見ることも，示唆を与える可能性がある。さらに，アジアなどの新興国における企業グループ形成の中で，総合商社的な存在がどのような働きを示しているのかも，明治時代のわが国における総合商社の働き

との対比も含めて，興味深い論点となる。

　最後に，総合商社に関する研究は，経営史の観点を中心に数多く行われてきたが，マーケティング理論の観点，特に市場創造と機能統合を中心とする見方での研究は，なかった。今後もこうした見方による総合商社に関する議論が一層広く行われ，商学あるいはマーケティングの観点で見た総合商社機能の本質という本研究の結論が，さらに精緻化されていくことも，大きな意味での課題であることを指摘しておきたい。

おわりに

　本書において説明したように，近年の総合商社は，資源価格の変動の影響を受けて，業績を上下させており，2015年度には三菱商事と三井物産がそろって赤字となった。海外のアナリストは，総合商社が何をしているのか理解できない存在である，と指摘している。わが国の研究者やマスメディアも，総合商社が果たしている本質的な機能，総合商社の存在意義については，明確な形での説明はできていないように見える。

　こうした状態は，グローバルな市場を意識して資金調達をする総合商社の経営にとっては，決して望ましいものではないであろう。つまり，果たしている本質的な機能が何であるのか，明確に国内外に向けて情報発信することができなければ，いつまでも日本独自の何をしているのかよく分からない組織として見られてしまう。

　まだこれから精緻化していくべき部分もあるが，本書でまとめたように，価値共創型企業システムの枠組みで見ると，総合商社は，ビジネス創造を本質的な機能とする企業・業種なのである。事例研究のためにインタビュー調査を行い現役の商社マンの意見を聞いたが，このことは彼らにもある程度理解されているように思われた。また過去にも研究者からそうした指摘があり，三菱商事も近年出版された書籍などではビジネス創造を強調しているように見える。しかしその理解や指摘がコンセプト的なものに止まっているため，社会経済一般にその機能の本質を理解させることができていないようである。

　筆者は若かりし頃，総合商社に勤務してリアルな現場を知っており，また今回の博士論文執筆のために，かつての上司や同僚，インタビュー対象者などから親身に支援してもらう経験を持った。一人の研究者として，総合商社とは本質的に何なのかという点について，きちんと国内外に向けて説明するための現実的な方法を用意することは，この業界あるいは社会への恩返しであり，個人的な義務でもあると考えている。その意味で，本書で展開した論理は，その第一歩となりうるものと期待しているが，内容を精緻にして，現

場の商社マンあるいは内外の研究者との議論の場を持ち広げていくことができれば，より現実的な貢献をすることができるものと思慮している。研究者としての筆者の課題である。

　少子化を受けて，今後わが国経済が発展を続けていくためには，企業がグローバルな事業展開を進め，価値創造の力を強めていくしか道はない。しかし，若者の内向き志向と起業家精神の低さがマスメディアなどで指摘されているのも事実。こうした時代こそ，総合商社が，わが国企業のグローバル市場でのさらなる発展を牽引し，本質的な機能であるビジネス創造の働きを果たしていくことができれば，その意義は大きい。これからの総合商社がますます発展していくことを期待している。

垰本　一雄

参考引用文献

[日本語文献]

秋本育夫 ［1961］「貿易商社」松井清編『近代日本貿易史（第二巻）』有斐閣，129-240頁。

朝日新聞経済部編 ［1985］『総合商社』朝日新聞社。

有田恭助 ［1976］『総合商社　未来の構図をさぐる［新版］』日本経済新聞社。

飯田信一 ［2015］「海外子会社の自律性と制度への戦略的対応─総合商社の海外子会社の事例研究に基づいて─」『横浜国際社会科学研究』第20巻第3号，51-71頁。

岩倉俊介 ［2015］「中国ヘルスケア産業において取り得る事業戦略とは〜コスト抑制と格差是正を目指す枠組み作りでのビジネス機会〜」『Mizuho Industry Focus』Vol.174，No.8，1-44頁。

上野征夫 ［2011］「変化する総合商社─変容をつらぬく理念＝三綱領─」三菱商事編『現代総合商社論－三菱商事・ビジネスの創造と革新』早稲田大学出版部，19-43頁。

内田勝敏 ［1967］『商社白書─日本の大商人の生態』講談社。

内田勝敏 ［1971］『総合商社─日本的コングロマリットの実態を探る』講談社。

内田勝敏 ［1973］「総合商社論─存在形態と機能分析」『経営史学』第8巻第1号，87-105頁。

檜田松瑩 ［2007］「"総合商社"の"挑戦と創造"」第9回日経フォーラム世界経営者会議10月30日セッション1-3「グローバル競争を勝ち抜く経営戦略」講演資料。

榎本俊一 ［2017］『2020年代の新総合商社論：日本的グローバル企業はトランスナショナル化できるか』中央経済社。

大澤春一 ［1951］「貿易業」持株会社整理委員会編『日本財閥とその解体』原書房（1973年復刻版），538-555頁。

大島久幸 ［2015］「商社」経営史学会編『経営史学の50年』日本経済評論社，271-279頁。

太田泰彦 ［1988］「医療機関向けサービス──16兆円市場に挑む（健康医療新市場を拓く）」『日経産業新聞』1988年4月1日，5頁。

大竹真由美 ［2017］「医療機器メーカーのビジネスチャンスと戦略」『MIZUHO Research & Analysis』No.12，250-256頁。

大西広 ［2015］『マルクス経済学［第2版］』慶應義塾大学出版会。

大森一宏 ［2011］「財閥と企業集団」大森一宏・大島久幸・木山実編著『総合商社の歴史』関西学院大学出版会，205-206頁。

岡崎哲二 ［2006］「戦前日本の綿紡績業における産業組織の進化」『経済志林』第73巻第4号，349-362頁。

奥和義［2011］「日本貿易の発展と構造—1885〜1913年—」『関西大学商学論集』第56巻第2号，29-50頁。

奥村宏［1994］『日本の六大企業集団』朝日新聞社。

小栗正嗣・小出康成・宮原啓彰・山口圭介・脇田まや［2011］「特集　商社の正体　第1章『商社』の不思議」『週刊ダイヤモンド』第99巻第37号，30-35頁。

帯刀与志夫［1963］「総合商社の新路線　流通革命にどう対応する」『週刊エコノミスト』第41巻第24号，32-39頁。

加藤幸三郎［2004］「日本における近代的紡績業の特質」『社会科学年報』第38号，135-145頁。

川辺信雄［1991］「商社」米川伸一・下川浩一・山崎広明編著『戦後日本経営史（第Ⅲ巻）』東洋経済新報社，137-220頁。

河村幹夫・林川眞善［1999］『総合商社ビッグバン』東洋経済新報社。

木山実［2009］『近代日本と三井物産—総合商社の起源—』ミネルヴァ書房。

木山実［2011］「平成不況期　商社『冬の時代』の再来と『夏の時代』への転換」大森一宏・大島久幸・木山実編著『総合商社の歴史』関西学院大学出版会，209-226頁。

キャリアインキュベーション［2012］「三井物産株式会社　コンシューマーサービス事業本部メディカル・ヘルスケア事業第一部医療サービス事業室　木田高志氏（2012.06）」『注目企業インタビュー』https://www.careerinq.com/industry/interview/company/mitsui/006170.shtml　（2017年12月18日アクセス）。

楠木建［2015］「総合商社は『経営人材が育つ場』」三菱商事編著『BUSINESS PRODUCERS 総合商社の，つぎへ』日経BP社，22-25頁。

久保巌［2012］『日本の7大商社　世界に類をみない最強のビジネスモデル』平凡社。

久保村隆祐編［2016］『商学通論［九訂版］』同文舘出版。

倉元大介［2014］「高齢化社会の課題にチャレンジ（医療・介護・健康）」日本貿易会（「日本の成長戦略と商社」特別研究会）『日本の成長戦略と商社：日本の未来は商社が拓く』東洋経済新報社，117-145頁。

黄孝春［1999］「戦前期日本における綿花輸入機構の変容とその論理」『人文社会論叢，社会科学篇』第1号，45-59頁。

黄孝春［2003］「繊維—環境変化に対応する繊維商社の機能進化—」島田克美・黄孝春・田中彰『総合商社—商権の構造変化と21世紀戦略—』ミネルヴァ書房，53-79頁。

公正取引委員会事務局編［1955］『再編成過程にある貿易商社の基本動向』公正取引協会。

河野英子［2004］「新分野に挑む商社—10プロジェクトのケーススタディ—」日本貿易会（商社とニューフロンティアビジネス特別研究会）編著『商社の新実像－新技術をビジネスにするその総合力－』日刊工業新聞社，25-133頁。

小島清・小澤輝智［1984］『総合商社の挑戦』産業能率大学出版部。

小島信明［2011］「新エネルギー・環境ビジネス―先行投資型事業開発―」三菱商事編『現代総合商社論－三菱商事・ビジネスの創造と革新』早稲田大学出版部, 207-225頁。

小島順彦［2005］「三菱商事　取引先と事業を創造するのが総合商社（総合商社『勝ち組』トップに直撃　『商社は変わった』と言い切れますか?）」『週刊東洋経済』第5994号, 36頁。

小島順彦［2009］「INNOVATION2009『持続的成長を目指して』」三菱商事個人投資家セミナー説明資料2009年6月。

後藤宏光［2015］「医薬卸・メディパルと三菱商事　中国の病院, 効率化支援」『日経産業新聞』2015年4月3日, 14頁。

西條都夫［2016］「月曜経済観測　2016年の世界経済は　三井物産社長　安永竜夫氏」『日本経済新聞』2016年1月11日, 3頁。

境新一［2003］『企業紐帯と業績の研究―組織間関係の理論と実証―』文眞堂。

坂本雅子［2003］『財閥と帝国主義―三井物産と中国―』ミネルヴァ書房。

佐々木幹夫［2003］「三菱商事の価値創造経営」『証券アナリストジャーナル』第41巻第11号, 15-29頁。

佐藤郁哉［2008］『質的データ分析法―原理・方法・実践』新曜社。

塩見広太郎［2001］「商社の未来像」中谷巌編著『IT革命と商社の未来像―eマーケットプレースへの挑戦』東洋経済新報社, 143-160頁。

柴垣和夫［1965］『日本金融資本分析』東京大学出版会。

柴田明夫［2004］「商社の新たなビジネスモデル」日本貿易会（商社とニューフロンティアビジネス特別研究会）編著『商社の新実像－新技術をビジネスにするその総合力－』日刊工業新聞社, 135-177頁。

島田克美［1990］『商社商権論』東洋経済新報社。

島田克美［2003a］「事業と経営における総合商社の論理」島田克美・黄孝春・田中彰『総合商社―商権の構造変化と21世紀戦略―』ミネルヴァ書房, 1-20頁。

島田克美［2003b］「商社商権の変化と経営戦略の諸方向―総合商社再生への道を問う―」島田克美・黄孝春・田中彰『総合商社―商権の構造変化と21世紀戦略―』ミネルヴァ書房, 267-294頁。

島田克美［2004］「総合商社の新ビジネスモデルの行方」『化学経済』第51巻第7号, 76-85頁。

商社機能研究会編［1975］『現代総合商社論』東洋経済新報社。

商社機能研究会編［1981］『新・総合商社論』東洋経済新報社。

杉野幹夫［1990］『総合商社の市場支配』大月書店。

杉本晶子［1997］「医療の値段 第6部　関連サービスの課題④ 医療用具物流サービス拡大」『日経産業新聞』1997年11月12日, 19頁。

鈴木健［2008］『六大企業集団の崩壊—再編される大企業体制』新日本出版社。

鈴木浩三［1998］「問屋と総合商社の関係に関する考察—江戸期の問屋口銭を中心に—」『経営分析研究』第14号，139-146頁。

石油化学工業協会［2008］「国産化（1955〜1964）」石油化学工業協会（広報委員会）編『石油化学の50年—年表でつづる半世紀』7-24頁

芹澤彪衛・秋山穣［1951］『日本商業論—自由・独占・統制—』河出書房。

宋元旭・趙智賢［2015］「資源依存パースペクティブの自己評価—経営学輪講 Pfeffer（2003）—」『赤門マネジメント・レビュー』第14巻第11号，629-638頁。

大東英祐［1975］「なぜ〝総合〟商社なのか」『中央公論経営問題』第14巻第4号（冬季号），230-241頁。

垰本一雄［2015a］「総合商社論の課題：存在意義と基礎になるプロセスの構造化」『安田女子大学紀要』第43号，299-309頁。

垰本一雄［2015b］「価値共創型企業システムの源流—総合商社—」村松潤一編著『価値共創とマーケティング論』同文舘出版，171-189頁。

高田創［2014］「金融市場で商社はなぜ『勝者』になったか」『リサーチ TODAY』2014年11月17日，1-2頁。

高村直助［1971］『日本紡績業史序説（上下）』塙書房。

田中彰［2003a］「総合商社論の回顧と展望—商社の戦略転換とその評価をめぐって—」島田克美・黄孝春・田中彰『総合商社—商権の構造変化と21世紀戦略—』ミネルヴァ書房，21-52頁。

田中彰［2003b］「エネルギー—元売中心の業界秩序への『挑戦』—」島田克美・黄孝春・田中彰『総合商社—商権の構造変化と21世紀戦略—』ミネルヴァ書房，121-157頁。

田中彰［2003c］「21世紀型総合商社への展望と課題—最近の動向を手掛かりに」『化学経済』第50巻第7号，46-54頁。

田中彰［2012］『戦後日本の資源ビジネス—原料調達システムと総合商社の比較経営史』名古屋大学出版会。

田中鮎夢［2013］「商社・卸売業と日本の貿易：直接輸出対間接輸出」『国際貿易と貿易政策研究メモ』第20回，1-3頁。

田中隆之［2012］『総合商社の研究—その源流，成立，展開』東洋経済新報社。

田中隆之［2017］『総合商社—その「強さ」と，日本企業の「次」を探る』祥伝社。

田中良喜［2002］「トヨタ，医療支援サービス参入，社会貢献・ビジネス半々——病院の地域連携めざす」『日経産業新聞』2002年6月11日，22頁。

津田昇［1975］『総合商社—その機能と本質』産業能率短期大学出版部。

東洋経済新報社［1976］「新・比較企業論① 三井物産 VS. 三菱商事 陣頭指揮型と組織依存型の対決」『週刊東洋経済』第3967号，30-36頁。

栂井義雄［1974］『三井物産会社の経営史的研究—「元」三井物産会社の定着・発

展・解散―』東洋経済新報社。

長井実編［1989］『自叙益田孝翁伝』中央公論社（原著は1939年発行）。

中川敬一郎［1967］「日本の工業化過程における『組織化された企業者活動』」『経営史学』第2巻第3号，8-37頁。

中川敬一郎［1973］「コメント」『経営史学』第8巻第1号，122-125頁。

長沢康昭［1990］『三菱商事成立史の研究』日本経済評論社。

中谷巌［1998］「商社は生き残れるか―グローバル・ビジネス・クリエーターへの道―」中谷巌編著『商社の未来像』東洋経済新報社，1-32頁。

中谷巌［2001］「eマーケットプレースへの挑戦」中谷巌編著『IT革命と商社の未来像―eマーケットプレースへの挑戦』東洋経済新報社，15-46頁。

長廣利崇［2011］「コミッション・ビジネスと見込商売」大森一宏・大島久幸・木山実編著『総合商社の歴史』関西学院大学出版会，97-98頁。

西野和美［2006］「技術が生み出すビジネスモデル」伊丹敬之・森健一編『技術者のためのマネジメント入門―生きたMOTのすべて―』日本経済新聞出版社，262-296頁。

日経ビジネス編［1983］『商社―冬の時代』日本経済新聞社。

日本貿易会（調査グループ）編［2014a］『商社ハンドブック』。

日本貿易会（「日本の成長戦略と商社」特別研究会）［2014b］『日本の成長戦略と商社：日本の未来は商社が拓く』東洋経済新報社。

日本貿易会（広報・調査グループ）編［2015］『商社ハンドブック』。

日本貿易会（広報・調査グループ）編［2017］『商社～グローバルな価値創造に向けて～（商社ハンドブック2017）』。

萩本眞一郎［1996］「戦前期貿易商社の組織間関係―三菱商事における一手購買・販売契約と系列取引のケースを中心に―」松本貴典編『戦前期日本の貿易と組織間関係　情報・調整・協調』新評論，108-150頁。

橋本寿朗［1998］「総合商社発生論の再検討―革新的適応としての総合商社はいかにして生まれいでたか―」『社会科学研究』第50巻第1号，141-169頁。

橋本寿朗［2000］「日本経済発展の象徴であった総合商社の凋落（経済地球儀観測⑦）」有斐閣『書斎の窓』第497号，36-39頁。

林周二［1962］『流通革命』中央公論社。

林周二［1999］『現代の商学』有斐閣。

廣田康人［2011］「総合商社のいま―概要―」三菱商事編『現代総合商社論－三菱商事・ビジネスの創造と革新』早稲田大学出版部，3-18頁。

藤本秀文［2015］「そこが知りたい　戦略2016⑤　資源安・新興国減速，商社の道は　三菱商事社長　小林健氏」『日本経済新聞』2015年12月27日，5頁。

藤山知彦［2011］「経営の仕組みと世界の動向―考え方と行動のしかた―」三菱商事編『現代総合商社論－三菱商事・ビジネスの創造と革新』早稲田大学出版部，

45-71頁。

藤山知彦［2013］「世界の潮流と総合商社の役割」三菱商事編『新・現代総合商社論－三菱商事・ビジネスの創造と革新［2］』早稲田大学出版部, 47-72頁。

松井清［1952］『貿易商社論』有斐閣。

松島正博［1980］「オーストラリア─日豪貿易と鉱産資源開発─」柴垣和夫編『世界のなかの日本資本主義』東洋経済新報社, 221-253頁。

松本貴典［1996］「組織間関係と貿易」松本貴典編『戦前期日本の貿易と組織間関係　情報・調整・協調』新評論, 3-105頁。

松元宏［1979］『三井財閥の研究』吉川弘文館。

美里泰伸［1984］『総合商社の崩壊』番町書房。

三島康雄［1973］「三菱商事─財閥型商社の形成」『経営史学』第8巻第1号, 8-25頁。

水上達三［1987］『私の商社昭和史』東洋経済新報社。

御園生等［1961］「総合商社は斜陽であるか」『週刊エコノミスト』第39巻第21号, 6-20頁。

三井物産［2013］「コンシューマーサービス事業本部　事業説明会資料」2013年7月3日。

三井物産［2016］「ヘルスケア・サービス（HS）事業本部　事業説明会資料」2016年12月1日。

三井物産［2017］「新中期経営計画　Driving Value Creation」2017年5月9日。

三菱商事編［1986］『三菱商事社史（上巻下巻）』三菱商事。

三菱商事編［2011］『現代総合商社論－三菱商事・ビジネスの創造と革新』早稲田大学出版部。

三菱商事編［2013］『新・現代総合商社論－三菱商事・ビジネスの創造と革新［2］』早稲田大学出版部。

三菱商事［2015a］「ヘルスケア部のご紹介」三菱商事生活商品本部ヘルスケア部資料2015年1月。

三菱商事編著［2015b］『BUSINESS PRODUCERS　総合商社の, つぎへ』日経BP社。

三宅真也［2006］「総合商社における海外直接投資（FDI）の戦略的意味合い─フリースタンディング・カンパニー（FSC）との比較と商社ビジネスモデルの変化に関する考察を通じて─」『国際ビジネス研究学会年報2006年』, 79-91頁。

三宅真也［2014］「総合商社の企業間関係─『中間組織』の観点から─」『社学研論集』第23巻, 240-254頁。

宮坂義一［1985］「総合商社冬の時代とその脱出戦略」『世界経済評論』第29巻第10号, 47-56頁。

三輪宗弘［1996］「三井物産とソコニーの揮発油販売契約の交渉過程─海外支店の情報と提携の模索─」松本貴典編『戦前期日本の貿易と組織間関係　情報・調

整・協調』新評論，151-185頁。

向壽一［2003］「総合商社の金融機能―商業信用から持ち株会社化へ―」『立命館経営学』第42巻第3号，39-57頁。

村上貴史・吉田憲一郎［1999］「対談 日本企業をベースにした収益ではもう食っていけない（特集　総合商社は崩壊するか）」『週刊エコノミスト』第77巻第26号，20-22頁。

村松潤一［2009］『コーポレート・マーケティング―市場創造と企業システムの構築―』同文舘出版。

村松潤一［2015］「価値共創型企業システムとマーケティング研究」村松潤一編著『価値共創とマーケティング論』同文舘出版，154-170頁。

孟子敏［2008］「総合商社におけるコア機能の構造変化によるビジネスモデルの再構築」『イノベーション・マネジメント』No.5，119-139頁。

持株会社整理委員会編［1951］『日本財閥とその解体』原書房（1973年復刻版）。

森川英正［1976］「総合商社の成立と論理」宮本又次・栂井義雄・三島康雄編『総合商社の経営史』東洋経済新報社，43-78頁。

森下二次也［1977］『現代商業経済論［改訂版］』有斐閣。

八木大介／企業OBペンクラブ［1992］『全予測・総合商社の未来像―時代とともに変革を遂げる総合商社の経営戦略を読む―』マネジメント社。

山口一夫［1951］「日本経済と財閥」持株会社整理委員会編『日本財閥とその解体』原書房（1973年復刻版），1-154頁。

山口和雄［1990］「明治後期の商品取引―三井物産と反対商―」『三井文庫論叢』第24号，3-73頁。

山倉健嗣［1993］『組織間関係―企業間ネットワークの変革に向けて』有斐閣。

山倉健嗣［1995］「組織間関係と組織間関係論」『横浜経営研究』第16巻第2号，166-178頁。

山崎広明［1987］「日本商社史の論理」『社会科学研究』第39巻第4号，149-197頁。

山中豊国［1989］『総合商社―その発展と論理―』文眞堂。

ヤマムラ・コーゾー［1973］「総合商社論―近代経済学的理論よりの一試論」『経営史学』第8巻第1号，106-122頁。

吉田渉・C.K.タン［2014］「Asian100 IHHヘルスケア マレーシア『世界の病院』へ先陣」『日本経済新聞』2014年12月4日，9頁。

吉原英樹［1979］「総合商社研究の展望」『国民経済雑誌』第139巻第1号，63-83頁。

吉原英樹［2001］『国際経営［新版］』有斐閣。

米川伸一［1983］「総合商社形成の論理と実態：比較経営史からの一試論」『一橋論叢』第90巻第3号，319-343頁。

渡辺伸［2017］「わが社の海外戦略　伊藤忠商事　中国で病院参入へ」『日経産業新聞』2017年2月28日，5頁

［外国語文献］

Barney, J.B. [2001] *Gaining and Sustaining Competitive Advantage, 2nd ed.*, Prentice Hall.（岡田正大訳［2003］『企業戦略論―競争優位の構築と持続―【上中下】』ダイヤモンド社。）

Connor, L. [2016] "Region's Medical Tourism Boom Fuelled by Southeast Asians," *Southeast Asia Globe*, May 19, 2016, http://sea-globe.com/southeast-asians-drive-medical-tourism/.（2017年12月18日アクセス。）

Drucker, P.F. [1954] *The Practice of Management*, Harper & Row.（現代経営研究会訳［1956］『現代の経営』自由国民社。）

Hilferding, R. [1910] *Das Finanzkapital: Eine Studie über die jüngste Entwicklung des Kapitalismus*, Wiener Volksbuchhandlung Ignaz Brand.（岡崎次郎訳［1955-56］『金融資本論（上中下）』岩波書店。）

Howard, J.A. [1957] *Marketing Management: Analysis and Decision*, Richard D. Irwin.（田島義博訳［1970］『経営者のためのマーケティング・マネジメント―その分析と決定―（第4版）』建帛社。）

IHH [2013] *Annual Report 2012*, IHH Healthcare Berhad.

IHH [2017] *Annual Report 2016*, IHH Healthcare Berhad.

Itami, H., and K. Nishino [2010] "Killing Two Birds with One Stone: Profit for Now and Learning for the Future," *Long Range Planning*, Vol.43, Issues 2–3, pp.364-369.

Jones, G. [1998] "Multinational Trading Companies in History and Theory," in Jones, G., ed., *The Multinational Traders*, Routledge, pp.1-21.

Jones, G. [2000] *Merchants to Multinationals: British Trading Companies in the Nineteenth and Twentieth Centuries*, Oxford University Press.（坂本恒夫・正田繁監訳［2009］『イギリス多国籍商社史―19・20世紀―』日本経済評論社。）

Klang, D., M. Wallnöfer, and F. Hacklin [2014] "The Business Model Paradox: A Systematic Review and Exploration of Antecedents," *International Journal of Management Reviews*, Vol.16, Issue 4, pp.454-478.

Kotler, P. [1991] *Marketing Management: Analysis, Planning, Implementation, and Control, 7th ed.*, Prentice-Hall.（小坂恕・疋田聡・三村優美子訳［1996］『マーケティング・マネジメント―持続的成長の開発と戦略展開［第7版］』プレジデント社。）

Kotler, P., and K. L. Keller [2016] *Marketing Management Global Edition, 15th ed.*, Pearson Education.

Lai, L. [2017] "Singapore Tops for Medical Tourism, but Rivals Catching Up Quickly," *The Straits Times*, June 6, 2017, http://www.straitstimes.com/singapore/health/spore-tops-for-medical-tourism-but-rivals-catching-upquickly.（2017年12月18日アクセス。）

Macrae, N. [1967] "The Risen Sun," *The Economist,* Vol.223, No.6457, pp. ix-xxxii and No.6458, pp. vii-xxix.（河村厚訳 [1967]『日本は昇った』竹内書店。）

Maierbrugger, A. [2015] "Medical Tourism in Asia-Pacific Set to Cross $20bn by '19," *Gulf Times,* October 31, 2015, http://www.gulf-times.com/story/461110/Medical-tourism-in-Asia-Pacific-set-to-cross-20bn-.（2017 年 12 月18日アクセス。）

McCarthy, E. J. [1960] *Basic Marketing: A Managerial Approach,* Richard D. Irwin.

McLannahan, B. [2014] "Trading Houses Seek Fresh Markets," *Financial Times,* February 11, 2014, p.17.

MHTC（Malaysian Healthcare Travel Council）[2017] "A Million Medical Tourists for Malaysia in 2017," Press Release on April 24, 2017.

Peterson, P.G. [1971] *The United States in the Changing World Economy Volume I: A Foreign Economic Perspective,* U.S. Government Printing Office.

Pfeffer, J. [2003] "Introduction to the Classic Edition," in Pfeffer, J., and G. R. Salancik, *The External Control of Organizations: A Resource Dependence Perspective,* Stanford University Press, pp. xi–xxix.

Pfeffer, J., and G.R. Salancik [1978] *The External Control of Organizations: A Resource Dependence Perspective,* Harper & Row.

Porter, G., and H.C. Livesay [1971] *Merchants and Manufacturers: Studies in the Changing Structure of Nineteenth-Century Marketing,* The Johns Hopkins Press.（山中豊国・中野安・光沢滋朗訳 [1983]『経営革新と流通支配—生成期マーケティングの研究—』ミネルヴァ書房。）

Porter, M.E. [2001] "Strategy and the Internet," *Harvard Business Review,* Vol.79, No.3, pp. 62–78.

Porter, M.E., and V. E. Millar [1998] "How Information Gives You Competitive Advantage," in Porter, M.E. [1998] *On Competition,* Harvard Business School Press, pp.75-98.（竹内弘高訳 [1999]「情報をいかに競争優位につなげるか」『競争戦略論 I』ダイヤモンド社，131-174頁。）

Rai, J. [2016] "Hospital Chain Columbia Asia Raises $101 mn from Japan's Mitsui," *News Corp VCCircle,* July 28, 2016, https://www.vccircle.com/hospital-chain-columbia-asia-raises-101-mn-japans-mitsui/.（2017年12月18日アクセス。）

Rauch, J.E. [1996] "Trade and Search: Social Capital, Sogo Shosha, and Spillovers," *NBER Working Paper* 5618, National Bureau of Economic Research, pp.1-23.

Ravikiran [2017] "The Strong Growth of Pharma Markets in China, India, and Brazil," *Market Research Blog,* MarketResearch.com, September 5, 2017, http://blog.marketresearch.com/the-strong-growth-of-pharma-markets-in-china-india-and-brazil.（2017年12月18日アクセス。）

Roehl, T. [1998] "Is Efficiency Compatible with History?: Evidence from Japanese General Trading Companies," in Jones, G., ed., *The Multinational Traders,* Routledge, pp.201-212.

Schumpeter, J.A. [1928] "Unternehmer," in Elster, L., A. Weber, and F. Wieser, eds., *Handwöterbuch der Staatswissenschaften, Vierte Auflage, VIII.Band,* Gustav Fischer, pp. 476-487.（清成忠男訳［1998］「企業家」清成忠男編訳『企業家とは何か』東洋経済新報社，1-51頁。）

Sheard, P. [1992] "The Japanese General Trading Company as an Aspect of Interfirm Risk-Sharing," in Shard, P., ed., *International Adjustment and the Japanese Firm,* Allen & Unwin, pp.72-82.

Tan, C. K. [2017] "IHH Healthcare Strengthens Its Foothold in China," *Nikkei Asian Review,* June 9, 2017, https://asia.nikkei.com/Business/AC/IHH-Healthcare-strengthens-its-foothold-in-China.（2017年12月18日アクセス。）

Teece, D.J. [2010] "Business Models, Business Strategy and Innovation," *Long Range Planning,* Vol.43, Issues 2–3, pp.172-194.

The Economist [1995] "Japan's Trading Companies: Sprightly Dinosaurs?," *The Economist,* Vol.334, No.7901, pp.85-88.

Timmons, J. A. [1994] *New Venture Creation: Entrepreneurship for the 21st Century, 4th ed.,* Richard D. Irwin.（千本倖生・金井信次訳［1997］『ベンチャー創造の理論と戦略—起業機会探索から資金調達までの実践的方法論』ダイヤモンド社。）

Tremblay, J. F. [2000] "Shrinking Presence for Sogo Shosha," *Chemical and Engineering News,* Vol.78, No.14, pp.23-24.

U.S. Department of Commerce（International Trade Administration）[1987] *The Export Trading Company Guidebook,* U.S. Government Printing Office.

U.S. Department of Commerce（International Trade Administration）[2016] *2016 Top Markets Report Pharmaceuticals: A Market Assessment Tool for U.S. Exporters.*

Vargo, S.L., and R. F. Lusch [2008] "Service-Dominant Logic: Continuing the Evolution," *Journal of the Academy of Marketing Science,* Vol.36, pp.1-10.

Williamson, O.E. [1975] *Markets and Hierarchies: Analysis and Antitrust Implications,* The Free Press.（浅沼萬里・岩崎晃訳［1980］『市場と企業組織』日本評論社。）

Williamson, O.E. [1979] "Transaction Cost Economics: The Governance of Contractual Relations," *The Journal of Law & Economics,* Vol.22, No.2, pp.233-261.

Yin, R.K. [1994] *Case Study Research: Design and Methods, 2nd ed.*, Sage Publications.（近藤公彦訳［2011］『新装版ケース・スタディの方法［第2版］』千倉書房。）

Yoshino, M. Y., and T. B. Lifson [1986] *The Invisible Link: Japan's Sogo Shosha and the Organization of Trade*, The MIT Press.

联合资信评估［2014］『医药流通行业研究报告（联合研究报告2014.10.30)』联合资信评估。

[ホームページ]

エム・シー・ヘルスケア「医療材料・医薬品の調達・管理」http://mc-healthcare.co.jp/support/,「病院経営のパートナー」http://mc-healthcare.co.jp/partnership/（2017年12月18日アクセス)。

日本貿易会「具体的な商社機能」http://www.jftc.or.jp/shosha/function/index2.html#p01（2017年12月18日アクセス)。

日本綿業振興会「アメリカ綿Q&A」http://cotton.or.jp/america.html（2017年12月18日アクセス)。

三井物産「Business Innovation　患者さんと，医療にかかわる全ての人の未来を。三井物産のヘルスケアエコシステム」https://www.mitsui.com/jp/ja/innovation/business/healthcare/index.html　（2017年12月18日アクセス)。

三菱商事「ビジネスモデルの変化」http://www.mitsubishicorp.com/jp/ja/ir/individual/business/,「企業理念」http://www.mitsubishicorp.com/jp/ja/about/philosophy/（2017年12月18日アクセス)。

Columbia Asia Group "About Columbia Asia" http://www.columbiaasia.com/about-us　（2017年12月18日アクセス)。

IHH Healthcare Berhad "Board of Directors" http://www.ihhhealthcare.com/corporate-info-directors.php　（2017年12月18日アクセス)。

索引

■マ行

◆ 英文索引

◆ 主要文献著者名索引

著者略歴

垰本　一雄（たおもと　かずお）

1956年，広島市生まれ。

1981年，東京大学法学部卒業，1988年カーネギーメロン大学大学院経営学研究科（修士課程）修了（MBA），2017年広島大学大学院社会科学研究科マネジメント専攻（博士課程後期）修了（博士（マネジメント））。

三井物産，シティバンク，日本総合研究所（主任研究員），アーサー・ディ・リトル・ジャパン（マネジャー），日本ロシュ（CIO）などを経て，2011年から安田女子大学現代ビジネス学部現代ビジネス学科教授。その後，2019年より東京福祉大学社会福祉学部教授となり現在に至る。主として，総合商社論，顧客起点のマーケティング・システム，経営戦略論などを研究している。

主要著書・翻訳書に，『図解実践顧客満足経営』（東洋経済新報社，1998年），『シナリオプランニングの技法』（共訳，東洋経済新報社，2000年），『老舗企業の研究』［改訂新版］（共著，生産性出版，2012年），『価値共創とマーケティング論』（共著，同文舘出版，2015年）などがある。

■ 総合商社の本質―「価値創造」時代のビジネスモデルを探る―

■ 発行日――2018年3月26日　初　版　発　行　　　〈検印省略〉
　　　　　　2020年6月26日　初版第2刷発行

■ 著　者――垰本　一雄

■ 発行者――大矢栄一郎

■ 発行所――株式会社　白桃書房

　　　〒101-0021　東京都千代田区外神田 5-1-15
　　　☎ 03-3836-4781　℻ 03-3836-9370　振替 00100-4-20192
　　　http://www.hakutou.co.jp/

■ 印刷・製本――藤原印刷

©Kazuo Taomoto 2018　Printed in Japan　ISBN 978-4-561-26707-2 C3034

好 評 書

氏家　豊【著】
イノベーション・ドライバーズ
　　—IoT 時代をリードする競争力構築の方法

本体 3,000 円

湯川　抗【著】
コーポレートベンチャリング新時代
　　—本格化するベンチャーの時代と大手 ICT 企業の成長戦略

本体 2,800 円

鈴木智子【著】
イノベーションの普及における正当化とフレーミングの役割
　　—「自分へのご褒美」消費の事例から

本体 3,500 円

細谷祐二【著】
グローバル・ニッチトップ企業論
　　—日本の明日を拓くものづくり中小企業

本体 2,750 円

田尾桂子【著】
グローバルオペレーターが変える
ホテル経営
　　—マネジメント契約はホテル産業に何をもたらしたか

本体 3,000 円

上野恭裕【著】
戦略本社のマネジメント
　　—多角化戦略と組織構造の再検討

本体 3,650 円

倉重光宏・平野　真【監修】長内　厚・榊原清則【編著】
アフターマーケット戦略
　　—コモディティ化を防ぐコマツのソリューション・ビジネス

本体 1,895 円

―――――――――――　東京　白桃書房 神田　―――――――――――
本広告の価格は本体価格です。別途消費税が加算されます。